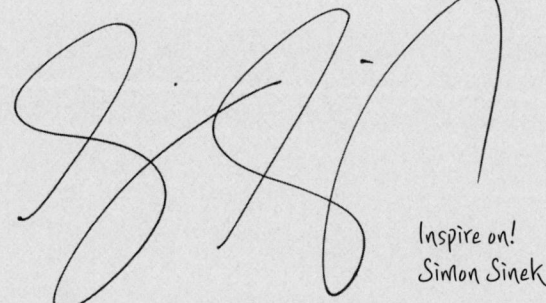

Inspire on!
Simon Sinek

START WITH WHY

Copyright ⓒ Simon Sinek, 2025
Korean translation rights ⓒ Moment of Impact PTE. LTD., 2025

All rights reserved including the right of reproduction in whole or in part in any form.
No part of this book may be used or reproduced in any manner for the purpose of training artificial intelligence technologies or systems.
This edition published by arrangement with Portfolio, an imprint of Penguin Publishing Group, a division of Penguin Random House LLC

이 책의 한국어판 저작권은 알렉스리 에이전시 ALA를 통해서 Portfolio, an imprint of Penguin Publishing Group, a division of Penguin Random House LLC 사와 독점계약한 모먼트 오브 임팩트에 있습니다.
저작권법에 의하여 한국 내에서 보호를 받는 저작물이므로 무단 전재와 복제를 금합니다.
인공지능 기술 및 시스템의 학습을 위해 이 책의 일부 혹은 전부를 사용하거나 복제하는 일체의 행위를 금지합니다.

15TH ANNIVERSARY
START WITH WHY

SIMON SINEK

How Great Leaders Inspire Everyone to Take Action

리더는 많다.
하지만 사람들의 마음을 움직이는 리더는 드물다.

대부분의 리더는 지위나 권력을 가진 사람일 수 있다.
하지만 진정한 리더는 우리의 내면을 깨우고,
스스로 움직이게 만드는 힘을 이끌어낸다.

우리는 그런 사람을 따른다.
억지로가 아니라, 마음에서 우러나서.
그들을 위해서가 아니라, 우리 자신을 위해서.

이 책은 그런 리더가 되고 싶은 사람을 위한 책이다.
누군가를 움직이고 싶은 사람,
그리고 자신을 움직여 줄 누군가를 찾고 있는 사람을 위한 책이다.

15주년 특별 개정판 서문
새로운 움직임의 시작

우리는 지금, 어느 때보다도 사람들의 마음을 움직이는 힘이 절실한 시대에 살고 있습니다. 인터넷이 발달하며 클릭 수, 좋아요, 구매 건수처럼 모든 것을 수치로 측정할 수 있게 되면서, 이 세상은 ROI^{Return on Investment}(투자 대비 수익률 - 옮긴이)와 단기 성과에만 집착하는 경향이 짙어졌습니다. 이런 집착에는 큰 대가가 따릅니다. 우리는 서로를 향한 신뢰를 잃고, 일에서의 기쁨을 놓치고 있으며, 무엇보다 우리가 하는 일이 단지 개인의 성공을 넘어 더 큰 의미의 일부라는 감각마저 희미해지고 있습니다. 다행히도 이 흐름은 되돌릴 수 있습니다.

우리가 '왜(WHY - 옮긴이)'에서 시작하는 법을 배운다면, 세상을 다시 움직일 수 있습니다.

저는 인생에서 가장 힘들었던 시기에 WHY라는 개념을 처음 떠올렸습니다. 당시 저는 일에 대한 애정을 완전히 잃고 깊은 어둠 속에 빠져 있었습니다. 겉으로는 아무 문제가 없어 보였습니다. 수입도 괜찮았고, 함께 일하는 고객들도 훌륭했습니다. 하지만 저는 그 일과 더 이상 연결되어 있다고 느끼지 못했습니다. 더는 그 일이 제게 의미를 주지 않았고, 성취감도 사라졌습니다. 뭔가 변화가 필요했습니다. 다시 열정을 되살릴 방법을 찾아야 했습니다.

아마도 제가 대학에서 문화인류학을 전공했고, 특히 서구 도시 문화 속 인간 행동에 깊은 흥미를 가졌던 것이 행운이었는지도 모르겠습니다. 일에 대한 열정을 완전히 잃은 상태에서, 저는 그 배경을 바탕으로 스스로의 문제를 풀어보기로 했습니다.

그렇게 탄생한 것이 바로 WHY와 골든서클The Golden Circle이라는 개념입니다.

그리고 그 결과는 제 인생을 통틀어 가장 놀라운 변화였습니다. WHY라는 개념을 발견하고 나서 저는 이전에 한 번도 느껴 보지 못한 열정을 되찾을 수 있었습니다. 동시에 세상을 바라보는 시각도 완전히 바뀌었죠. WHY는 놀라울 만큼 단순하고 강력하면서도 실천 가능한 개념이어서, 저는 이 아이디어를 즉시 친구들과 나누고 싶어졌습니다. 우리는 뭔가 마법 같은 것을 발견하면 자연스럽게 주변에 알리고 싶어지잖아요. 좋은 책을 읽거나 멋진 영화를 보면, 친구나 가족에게 꼭 추천하게 되듯이 말입니다. 그렇게 저는 제 경험을 소중한 사람들과 나눴고, 그들 역시 이 아이디어를 자신이 아끼는 사람들과 똑같이 나눴습니다.

제 친구들은 자기 주변 사람들에게도 WHY 개념을 직접 설명해 달라고 저를 초대했습니다. 저는 친구의 집 거실에 서서 사람들에게 WHY가 무엇인지 이야기했어요. 어떤 이들의 WHY를 찾아주는 일을 도와주곤 소액의 사례비를 받기도 했죠. 그렇게 거실에서 시작된 작은 이야기들이, 누군가 이 개념에 관심만 보이면 마다하지 않고 설명하고자 했던 저의 열정과 맞물려 더 많은 강연으로 이어졌습니다. 그리고 그 결과는 말 그대로 놀라웠습니다. WHY라는 새로운 개념을 받아들인 사람들은 다시 일에 대한 사랑을 느끼게 됐고, 자신의 경력과 비즈니스를 한층 성장시킬 수 있었습니다. 어떤 이들은 이 개념을 바탕으로 전혀 새로운 사업을 시작하기도 했습니다.

이 책에서 곧 만나시게 되겠지만, 아이디어를 퍼뜨리고 사회적 움직임을 만들어내는 데는 두 가지 핵심이 있습니다. 하나는 WHY로 시작하는 것이고, 다른 하나는 '혁신확산 법칙Law of Diffusion of Innovations'을 적용하는 것입니다. 저는 이 두 가지 원칙을 실제로 실험해 보기로 했습니다. 마케팅 예산이 크지 않아도, 막대한 자금이 없어도, 아이디어를 전파하거나 비즈니스를 성장시킬 수 있다는 것을 증명해 보이고 싶었거든요. 그리고 그 실험은 기대 이상으로 성공적이었습니다. 제 메시지는 전통적인 방식이 아닌 '입소문'으로 퍼져나갔습니다. 그것도 소셜 미디어가 본격적으로 확산되기 전의 일이었습니다. 저와 같은 신념을 가진 사람들이 그들의 친구와 가족, 소중한 사람들에게 이 아이디어를 전한 덕분이죠.

그 후, 믿기 어려운 일들이 차례로 벌어졌습니다. 제게 출판 기회를 연결해 준 사람도, 전문적인 에이전트가 아니었습니다(미국에서는 일반적으로 출판 에이전트를 통해 책 출간의 기회를 얻는다 – 옮긴이). 그 덕분에 펭귄랜덤하우스Penguin Random House와 인연이 닿아 바로 이 책을 쓸 수 있었던 것이죠. 테드엑스 퓨젓사운드TEDx Puget Sound에서 강연할 수 있었던 것도 마찬가지였습니다. 공식적인 신청 절차를 밟은 것이 아니라, 누군가가 저를 주최 측에 소개해 줬기 때문이었습니다. 그리고 그날의 강연은 TED.com에서 역대 두 번째로 많이 시청된 영상이 됐었죠.

그리고 지금, 『스타트 위드 와이』 15주년 기념판을 위한 새로운 서문을 쓰고 있는 이 순간도 결국 WHY에서 시작한 여정 덕분입니다.

세상은 이 책을 처음 썼을 때보다 훨씬 더 빠르게, 그리고 근본적으로 변하고 있습니다. 글로벌 비즈니스 환경은 말할 것도 없죠. 다행히도 이제는 '일에서 목적을 찾는다'는 개념이 낯설지 않습니다. 요즘은 '목적 지향적 스타트업'이나 '비콥 B Corp(기업의 사적 이익과 사회의 공적 가치를 동시에 고려하는 기업 또는 관련 인증 제도 – 옮긴이)' 같은 조직도 더 이상 혁신으로 간주되지 않습니다. 오히려 이제는 그것이 하나의 새로운 표준이 됐죠. '일을 통해 의미를 찾는다'는 개념은 이제 확고히 자리 잡았습니다.

세상이 점점 더 빠르게 변화할수록, 기업과 개인이 WHY, 즉 '왜 이 일을 하는가'에 집중하는 것이 그 어느 때보다 중요해지고 있습니다. 우리는 그것을 기준 삼아 복잡하고 산만한 세상 속에서 현명한 결정을 내려야 합니다. 지금까지 경험해 보지 못한 크고 복잡한 문제들에 직면한 상황에서 우리에게는 새로운 시대를 이끌 더 나은 리더가 절실합니다. 사람들의 마음을 움직이고 행동하게 만드는 리더, 바로 그런 리더가 필요합니다.

지난 수십 년간, 세상은 점차 이상주의를 잃어왔습니다. 예전의 존 F. 케네디 John F. Kennedy나 로널드 레이건 Ronald Reagan처럼 '세계 평화'나 '지구상의 평화'를 이상으로 외치는 지도자는 이제 찾아보기 힘듭니다. 사실, 지금은 그런 말을 꺼내는 것 자체가 어쩐지 촌스럽거나 낯간지럽게 느껴질 수도 있습니다. 하지만 세상을 바꾸는 원동력은 여전히 그 이상주의, 바로 'WHY에서 출발하는 힘'입니다. 그 힘이 우리를 새로운 것을 발명하고, 도전하며, 앞으로 나아가게 만듭니다. 그리고 그 여정 속에서 우리는 벅찬 울림과 깊은 성취감을 느끼게 됩니다.

이 작업이 세상에, 그리고 무엇보다 사람들의 삶에 끼친 영향을 떠올릴 때면 저는 그저 벅차고 감사한 마음뿐입니다. 이 책이 출간된 지 15년이 된 지금, 여러분과 제가 함께 만들어가고 있는 이 '움직임'을 기념하고자 개정판을 내놓으려 합니다. 여러 예시를 새롭게 업데이트하고, 이야기의 흐름을 다듬긴 했지만, 이 책이 전하고자 하는 핵심 메시지와 교훈은 처음과 다름없이 그대로입니다.

『스타트 위드 와이』를 처음 읽는 분이라면, 진심으로 환영합니다. 이 책이 세상을 바라보는 새로운 관점을 열어주는 계기가 되길 바랍니다. 다시 읽는 독자라면, 반갑습니다. 우리 주변의 사람들에게 깊은 울림을 전하고자 하는 이 여정에 함께해 주셔서 진심으로 감사합니다.

WHY에서 출발하는 사람들이 많아질수록, 더 많은 이들이 아침을 의미 있게 시작하고, 어디에 있든 안심할 수 있으며, 자신이 하는 일에서 깊은 만족을 느끼게 될 것입니다. 그리고 바로 그것이, 제가 이 아이디어를 계속 나누고 싶은 가장 큰 이유입니다.

WHY에서 시작하는 여정을 계속 함께해 주세요!

2025년
사이먼 시넥

차례

15주년 특별 개정판 서문 | 새로운 움직임의 시작   6
시작에 앞서 | 누구나 세상을 바꿀 수 있다   14

1부   WHY에서 시작하지 않는 세상

1장 우리가 다 알고 있다고 착각한다면   29
2장 당근과 채찍: 진짜 선택을 이끄는 것은 따로 있다   36

2부   세상을 이끄는 숨겨진 힘

3장 골든서클: 모든 것은 '왜'에서 시작한다   63
4장 말할 수 없는 끌림의 이유   84
5장 진정성에 필요한 세 가지: 명확성, 행동원칙, 일관성   103

3부   사람들이 따르는 리더는 무엇이 다른가

6장 지속 가능한 신뢰   129
7장 티핑포인트: 대세를 만들어내다   174

4부 신념을 공유하는 이들을 하나로 모으는 방법

8장 WHY로 시작하되, HOW로 움직여라 199

9장 WHY를 알면, HOW가 보이고, WHAT이 따라온다 228

10장 내가 무슨 말을 했느냐보다,
당신이 어떻게 들었느냐가 중요하다 236

5부 성공 뒤에 찾아오는 위기

11장 WHY가 흐릿해지는 순간, 진짜 위기가 시작된다 257

12장 위대한 기업과 한때 위대했던 기업 266

6부 나의 WHY를 발견하라

13장 우리 모두 WHY를 갖고 있다 309

14장 우리는 왜 이 일을 하는가 326

시작에 앞서

누구나 세상을 바꿀 수 있다

이 책은 사람들의 마음을 움직이는 리더들이 공통적으로 따르는 사고방식, 행동 방식, 그리고 의사소통의 패턴에 대한 이야기다. 사실 이런 능력을 '타고난 리더'들도 존재하지만, 이 능력이 특정 사람에게만 주어지는 것은 아니다. 우리 모두 이 패턴을 배울 수 있다. 약간의 훈련과 의지만 있다면, 어떤 리더나 조직이든 사람들이 아이디어를 내고 비전을 실현해 나가도록 힘을 보탤 수 있다. 누구나 리더가 되는 방법을 익힐 수 있다.

이 책은 단순히 잘못된 점을 고치기 위함이 아니다. 오히려 잘 작동하는 부분에 집중하고, 그것을 더욱 키워가는 데 목적이 있다. 나는 기존에 제시된 해결책이 틀렸다고 말하려는 것이 아니다. 충분한 근거에 기반한 해답이라면 대부분 타당하다. 하지만 처음부터 질문이 잘못됐거나, 문제의 본질을 제대로 이해하지 못한 채 출발한다면, 아무리 정답을 찾았다고 해도 결국에는 잘못된 방향으로 흐르게 된다. 진실은 언젠가 반드시 드러나게 되어 있다.

이제부터는 이 사고방식과 행동 패턴을 실제로 보여주는 사람들과 조직의 이야기를 살펴본다. 그들은 모두 WHY에서 시작했던 이들이다.

◇ 하늘을 나는 형제

야심 찬 목표, 대중의 폭발적인 관심, 서로 돕겠다고 자청하는 전문가들, 그리고 넉넉한 자금까지.

1800년대 후반, 새뮤얼 피어폰트 랭글리 Samuel Pierpont Langley는 인류 최초로 비행기를 조종한 사람이 되겠다는 목표를 품고 모든 준비를 갖췄다. 그는 스미스소니언협회 Smithsonian Institution의 고위 관료였고, 하버드대학교 Harvard University에서 근무한 경력도 있었다. 또 미국 해군사관학교 USNA, United States Naval Academy에서 수학을 가르쳤던 교수이기도 했다. 앤드루 카네기 Andrew Carnegie와 알렉산더 그레이엄 벨 Alexander Graham Bell 같은 영향력 있는 정재계 거물들과도 막역한 사이였다. 미 육군부는 랭글리의 프로젝트에 5만 달러를 지원했다. 당시로서는 막대한 자금이었다.

랭글리는 당대 최고의 인재들로 드림팀을 꾸렸고, 가장 정교한 장비와 자원을 총동원했으며, 언론은 그들의 행보를 연일 보도했다. 온 국민이 이 프로젝트의 성공을 기다리고 있었다. 그가 이끄는 팀과 자원만 보면, 성공은 시간 문제처럼 보였다. 하지만 세계 최초로 비행기를 띄운 주인공은 따로 있었다.

라이트 형제는 랭글리와 수백 킬로미터 떨어진 오하이오주 데이턴Dayton에서 자신들만의 비행기를 개발하고 있었다. 하늘을 날고자 하는 그들의 열정은 주변 사람들에게도 깊은 울림을 줬고, 마을의 몇몇 이들은 자발적으로 팀에 합류해 헌신적으로 돕기 시작했다. 하지만 그들에게는 지원금도, 정부 보조금도, 고위층 인맥도 없었다. 팀원 중에는 석사나 박사 학위는커녕 대학을 나온 이도 없었다. 형제 역시 마찬가지였다. 그들은 데이턴의 허름한 자전거 가게에 모여 스스로의 비전을 실현하기 위해 힘을 모았다.

1903년 12월 17일, 소수의 목격자가 지켜보는 가운데 인류가 처음으로 하늘을 나는 장면을 목도하게 된다.

더 많은 자금과 더 나은 조건, 더 높은 학력을 갖춘 랭글리 팀이 아닌, 라이트 형제가 성공할 수 있었던 이유는 무엇일까? 단순히 운 때문은 아니었다. 두 팀 모두 높은 동기와 열정을 갖고 있었고, 성실하게 일했으며 과학적 사고력도 뛰어났다. 양쪽 모두 같은 목표를 향해 달려가고 있었지만, 주변 사람들에게 진심으로 믿음을 불러일으키고, 함께 세상을 바꿀 기술을 현실로 이끌어낸 사람은 라이트 형제뿐이었다.

그 차이는 라이트 형제가 처음부터 WHY에서 출발했다는 데 있었다.

◇ **컴퓨터를 무기로 참전한 절친**

1965년, 캘리포니아대학교 버클리 캠퍼스University of California, Berkeley에서는 미국의 베트남전 참전에 반대하며 학생들이 입영 통지서를 공개적으로 불태우기 시작했다. 이 지역은 반정부, 반체제 정서의 온상이었고, 버클리와 오클랜드Oakland에서 벌어진 무력 충돌과 시위 장면은 전 세계로 방송됐다. 미국 전역은 물론 유럽에서도 반전운동이 빠르게 확산됐다. 결국 미국은 베트남에서의 군사 개입을 중단했다. 그로부터 3년이 지난 1976년, 이 지역에서는 또 다른 형태의 혁명이 시작됐다.

바로 애플컴퓨터Apple Computer 공동 창립자 스티브 워즈니악Steve Wozniak과 스티브 잡스Steve Jobs가 시작한 혁명이었다.

이 젊은 혁명가들은 세상이 돌아가는 방식에 도전장을 내밀며,

사람들의 인식을 바꿔놓을 만큼 큰 변화를 만들고자 했다. 하지만 그들은 돌을 던지거나 무장투쟁에 나서지 않았다. 오히려 기존 시스템의 규칙을 이용해 그 체제를 정면으로 뒤흔들기로 했다. 두 사람에게 그 전장은 '비즈니스'였고, 그들이 선택한 무기는 '퍼스널 컴퓨터'였다.

워즈니악이 애플I을 만든 무렵, 퍼스널 컴퓨터 혁명은 막 꿈틀대기 시작한 참이었다. 당시 컴퓨터 기술은 비즈니스용 도구로 인식됐고, 일반인이 사용하기에는 너무 비싸고 복잡했다. 하지만 돈에 연연하지 않던 워즈니악은 컴퓨터에서 더 숭고한 가능성을 봤다. 그는 '누구든 개인이 컴퓨터를 손에 쥘 수 있다면, 자원이 풍부한 대기업 못지않은 능력을 갖게 될 것'이라고 믿었다. 퍼스널 컴퓨터는 경쟁의 룰을 바꾸고, 세상이 돌아가는 방식을 다시 쓰게 될 도구였다.

언젠가는 한 사람이나 소규모 사업체도 대기업과 어깨를 나란히 할 수 있을 것이라 상상하며, 워즈니악은 누구나 쓸 수 있도록 쉽고, 가격도 부담 없는 애플I을 설계했고, 곧이어 더욱 개선된 애플II를 세상에 내놨다.

그러나 아무리 뛰어난 아이디어와 훌륭한 제품도, 사람들이 사지 않으면 아무런 의미가 없다. 당시 워즈니악의 '절친'이었던 스물한 살의 잡스는 그 점을 누구보다 잘 알고 있었다. 남는 전자 부품을 팔아본 경험이 있던 그는 단순한 세일즈맨 그 이상이었다.

그는 "세상에 흔적을 남기고 싶다"고 자주 말했고, 그 꿈을 실현하는 방법으로 회사를 세우기로 결심했다. 애플은 잡스가 혁명의 불씨를 당기기 위해 선택한 도구였다.

애플은 창업 첫해, 단 하나의 제품으로 100만 달러의 매출을 올렸다. 이듬해에는 1,000만 달러, 4년 차에는 1억 달러어치의 컴퓨터를 판매했다. 그리고 불과 6년 만에, 직원 수 3,000명에 기업 가치 10억 달러 규모의 회사로 성장했다. 유니콘 기업(기업 가치가 10억 달러 이상인 비상장 회사)이라는 개념조차 없던 시절, 애플은 이미 유니콘이었다.

퍼스널 컴퓨터 혁명에 참여한 사람이 잡스와 워즈니악만 있었던 것은 아니다. 당시 업계에는 유능한 인재가 많았고, 사실 두 사람은 비즈니스에 대해서 잘 알지도 못했다. 애플이 특별했던 이유는 회사를 빠르게 성장시킨 능력 때문도, 퍼스널 컴퓨터를 색다르게 바라본 관점 때문도 아니었다. 애플이 진정으로 특별했던 이유는, 그 성공의 패턴을 반복해 낼 수 있었다는 점이다. 애플은 컴퓨터 산업을 넘어 소형 전자기기, 음악, 휴대폰, 그리고 광범위한 엔터테인먼트 분야에 이르기까지 기존의 상식을 깨뜨리는 데 연이어 성공했다. 이유는 명확하다. 애플은 사람들의 믿음을 이끌어냈다.

애플은 처음부터 WHY에서 출발했다.

◊ 모두의 꿈을 이뤄낸 청년

마틴 루서 킹 주니어Martin Luther King Jr.는 완벽한 사람이 아니었다. 복잡한 면도 있었다. 민권법이 제정되기 전의 미국에서 고통받은 사람은 그만이 아니었고, 또렷한 목소리로 대중을 이끌 수 있는 웅변가도 여럿 있었다.

하지만 킹 목사에게는 특별한 능력이 있었다. 사람들의 마음을 움직이고, 행동하게 만드는 힘이었다. 그는 알고 있었다. 민권운동이 진짜 변화를 이루기 위해서는 자신과 몇몇 동지들의 노력만으로는 부족하다는 것을. 감동적인 연설이나 뛰어난 웅변만으로는 세상을 바꿀 수 없다는 것을. 진정한 변화에는 수많은 평범한 사람이 필요했다. 하나의 비전에 공감하고, 함께 나아가기로 결심한 이들 말이다.

1963년 8월 28일 오전 10시, 그들은 워싱턴 D.C.에 모였다. 이제 미국이 새로운 길로 나아가야 한다는 뜻을 전하기 위해서였다.

당시에는 소셜 미디어도, 이메일도, 집회 일정을 알려줄 웹사이트도 없었다. 그럼에도 약속된 시간에, 약속된 장소로 사람들이 몰려들었다. 그리고 계속해서 나타났다. 결국 25만 명이 수도에 모였다. 그들은 한 사람의 목소리를 듣기 위해, 그리고 역사에 남을 한 문장을 직접 마주하기 위해 그 자리에 있었다.

"I have a dream(나에게는 꿈이 있습니다-옮긴이)."

다양한 인종과 배경을 가진 사람들을 전국 각지에서 불러 모으고, 하나의 뜻으로 묶어낸다는 것은 결코 쉬운 일이 아니었다. 무엇이 바뀌어야 하는지를 아는 사람은 많았지만, 그 변화를 모두의 미래를 위한 일로 느끼게 만든 리더는 킹 목사뿐이었다.

킹 목사만이 바로 WHY에서 시작했다.

・・・

세상에는 '리더'가 있고, '사람들을 진심으로 이끄는 리더'가 있다. 라이트 형제는 유인 동력 비행 경쟁에서 가장 강력한 후보는 아니었다. 하지만 인류를 하늘로 이끌었고, 우리가 사는 세상을 완전히 바꿔놨다. 애플의 시장점유율은 미국 내에서도 작고, 전 세계적으로는 더 미미하다. 가정용 컴퓨터 제조 분야에서 선두에 오른 적도 없다. 그런데도 컴퓨터 산업은 물론, 다양한 산업에 큰 영향을 미쳤다. 킹 목사 역시 특별한 조건을 가진 인물은 아니었지만, 한 나라의 방향을 바꿨다.

그들의 목표는 특별하지 않았고, 세운 체계나 방식 또한 누구나 모방할 수 있는 것이었다. 그럼에도 라이트 형제, 애플, 킹 목사는 뚜렷하게 돋보였다. 이들은 평범함에서 벗어나 있었고, 그들이 남긴 영향력은 쉽게 흉내 낼 수 없었다. 이들은 아주 특별한 뭔가를 해낸, 극소수의 리더들이다. 그들은 사람들의 마음을 움직였다.

대부분의 사람이나 조직은 어떤 방식으로든 타인의 행동을 이끌어내야 할 필요가 있다. 누구는 구매를 유도하고 싶어 하고, 누구는 지지를 얻거나 표를 모으려 하며, 또 어떤 이는 주변 사람들이 더 열심히, 더 현명하게 일하길 바란다. 어떤 경우에는 그저 규칙만 지켜주면 된다고 생각하기도 한다.

사실 사람들을 움직이게 만드는 일 자체는 그리 어렵지 않다. 대부분 외부 자극에 기대기 때문이다. 매력적인 보상을 내걸거나 처벌을 암시하는 것만으로도 원하는 행동을 끌어낼 수 있다. 실제로 제너럴모터스GM, General Motors는 이런 방식으로 소비자들의 선택을 이끌어냈고, 무려 77년 동안 세계에서 가장 많은 자동차를 판매한 회사였다. 분명 업계에서는 확실한 리더였다. 하지만 그 산업을 이끈 리더는 아니었다.

반면 진정한 리더는 사람들로 하여금 자발적으로 움직이게 만든다. 이들은 외적인 보상이나 이익이 아니라, 사람들 마음속에 목적의식과 소속감을 심어준다. 사람들을 설득해서 끌어내는 것이 아니라, 그들 안에 있는 열망을 일깨워 따라오게 만든다.

그들이 이끄는 사람들은 지지자, 유권자, 고객, 구성원일 수 있다. 이들은 '그래야만 해서' 움직이는 것이 아니라, '그러고 싶어서' 행동한다. 스스로 의미를 느낀 사람들은 더 많은 비용을 감수하고, 불편함을 견디며, 때로는 개인적인 희생조차 받아들인다. 그들이 뭔가를 하는 이유는 철저히 개인적인 선택이자, 마음 깊은 곳에서 비롯된 결심이다.

사람들의 마음을 움직일 수 있는 리더와 조직은 많지 않지만, 그 형태와 규모는 실로 다양하다. 이들은 공공이든 민간이든, 소비자에게 제품을 파는 회사든 다른 기업을 상대하는 조직이든, 산업의 종류와 상관없이 존재한다. 어디에 있든 공통적으로 놀라운 영향력을 발휘하며, 가장 충성도 높은 고객과 직원이 이들 곁에 머문다. 수익성과 혁신성 면에서도 업계 평균을 훌쩍 뛰어넘고, 그 성과를 오래도록 유지해 낸다. 어떤 조직은 산업 전체의 흐름을 바꾸고, 어떤 리더는 세상을 움직인다.

라이트 형제, 애플, 킹 목사는 대표적인 예일 뿐이다. 할리데이비슨Harley-Davidson, 디즈니Disney, 사우스웨스트항공Southwest Airlines도 마찬가지다. 존 F. 케네디와 로널드 레이건 역시 사람들의 마음을 움직일 수 있는 리더였다. 이들은 어디에서 왔든, 어떤 분야에 있든 상관없이 공통점이 하나 있다. 사람들의 마음을 움직이는 모든 리더와 조직은 규모나 업종과 관계없이 똑같은 방식으로 생각하고, 행동하며, 소통한다. 그리고 그 방식은 대다수 사람과는 완전히 다르다.

만약 우리 모두가 사람들의 마음을 움직이는 이들처럼 생각하고, 행동하고, 소통하는 법을 배운다면 어떤 세상이 열릴까? 나는 그것이 소수의 특별한 사람만이 아니라, 대다수가 실천할 수 있는 능력이 되는 세상을 상상한다. 연구에 따르면 미국인의 약 80퍼센트는 자신이 꿈꾸던 일을 하지 않고 있으며, 그 꿈을 이룬 사람은 대다수 나이가 많은 기성세대라고 한다. 하지만 더 많은 이들이 사람들의 마음을 움직이는 조직을 만들 줄 안다면, 이 수치는 반대로 뒤집힐 수 있다. 열에 여덟은 자신의 일을 사랑하는 세상 말이다.

자신이 좋아하는 일을 하는 사람은 더 생산적이고 창의적이다. 퇴근 후에는 더욱 만족스러운 삶을 누리고, 가족에게도 긍정적인 영향을 준다. 직장 동료나 고객에게도 자연스레 따뜻하게 대한다. 사람들의 마음을 움직인 직원은 더 강한 회사를 만들고, 더 튼튼한 경제를 만든다.

그래서 나는 이 책을 썼다. 사람들이 스스로를 움직이게끔 만드는 일을 찾도록 돕고 싶고, 그렇게 신뢰와 충성심이 예외가 아니라 기본이 되는 회사, 경제, 세상을 함께 만들어가길 바란다. 이 책은 무엇을 하라고 지시하지 않는다. 어떻게 하라고 알려주지도 않는다. 이 책이 전하려는 것은 행동의 방식이 아니라, 행동하게 되는 이유다.

새로운 생각을 받아들일 준비가 되어 있고, 오래도록 지속될 성공을 만들고 싶으며, 그 성공이 혼자 힘만으로는 불가능하다고 믿는 사람이라면, 이 도전에 나서보길 바란다.

지금부터, WHY로 시작하라.

START WITH WHY

1부

WHY에서 시작하지 않는 세상

1장 | 우리가 다 알고 있다고 착각한다면

> 1월의 추운 어느 날, 마흔세 살의 한 남성이 한 나라의 최고 지도자로 취임 선서를 했다. 그의 곁에는 전임자가 함께했는데, 그는 15년 전 독일의 패배로 끝난 전쟁에서 군을 이끈 유명한 장군이었다. 그 젊은 지도자는 독실한 로마 가톨릭 신자였고, 취임을 축하하는 퍼레이드를 다섯 시간 동안 지켜본 뒤 새벽 3시까지 자리를 함께하며 축하의 밤을 보냈다.

누구 이야기인지 짐작이 가는가? 존 F. 케네디라고 생각했을지도 모르겠다. 대부분 그렇게들 생각한다. 하지만 사실 이 장면은 1933년 1월 30일, 아돌프 히틀러Adolf Hitler에 관한 이야기다.

여기서 중요한 것은 우리가 늘 어떤 가정을 하며 살아간다는 사실이다. 우리는 종종 불완전하거나 틀린 정보를 바탕으로 세상을 이해하고 판단한다. 방금 전의 예시도 마찬가지다. 내가 정보를 일부러 다 말하지 않았고, 그 탓에 많은 사람이 그 주인공을 케네디라고 생각했을 것이다. 하지만 결정적인 단서였던 날짜 하나가 추가되자 생각이 완전히 바뀌었을 것이다.

이 점이 중요한 이유는, 우리의 행동이 이런 가정이나 믿고 있는 사실에 의해 좌우되기 때문이다. 우리는 '안다고 생각하는 것'을 근거로 결정을 내린다. 불과 몇 세기 전까지만 해도 대다수 사람은 지구가 평평하다고 믿었다. 이 믿음은 실제 행동에 큰 영향을 미쳤다. 사람들이 멀리 항해하지 못한 것도 그 때문이었다. 너무 멀리 나가면 지구 끝에서 떨어질지도 모른다는 두려움에, 대부분은 자기 주변을 벗어나려 하지 않았다.

하지만 지구가 둥글다는 단 하나의 사실이 밝혀지자 세상은 달라지기 시작했다. 사람들은 전보다 훨씬 더 넓은 세상을 누비게 됐고, 이로써 현대적 의미의 세계화가 시작됐다. 새로운 교역로가 열리고, 천문학·의학·수학 등 새로운 지식이 세계 곳곳으로 퍼져나가며 온갖 혁신과 발전이 이어졌다. 잘못된 가정 하나를 바로잡았을 뿐인데, 그 변화는 지구상의 거의 모든 사회의 흐름을 완전히 바꿔놨다.

조직은 어떻게 만들어지고, 의사결정은 어떻게 이뤄질까? 우리는 정말 어떤 조직이 성공하고, 어떤 조직이 실패하는지 그 '이유'

를 제대로 알고 있을까? 아니면 그냥 알고 있다고 가정하고 있는 것은 아닐까? 성공의 정의는 사람마다 다르다. 정해진 금액만큼 돈을 벌거나, 매출 목표를 달성하거나, 승진하거나, 창업하거나, 선거에서 이기거나, 가난한 사람을 돕거나, 체중을 감량하거나, 혹은 깨달음을 얻는 일일 수도 있다.

하지만 우리가 그 목표를 이루기 위해 움직이는 방식은 놀랄 만큼 비슷하다. 어떤 사람은 그냥 즉흥적으로 결정하기도 하지만, 대부분은 뭔가 정보를 모아보려 한다. 그 방식은 공식적일 수도, 비공식적일 수도 있다. 시장조사나 설문조사를 하기도 하고, 때로는 인터넷을 뒤지거나, 친구나 동료의 조언을 구하거나, 혹은 과거의 경험을 되짚어 보며 나름의 기준을 세우기도 한다. 목표가 무엇이든, 과정이 어떻든, 우리는 가능한 한 근거 있는 판단을 내리려 한다. 그리고 그보다 더 중요한 것은, 올바른 결정을 하고 싶어 한다는 점이다.

아무리 많은 자료를 모아도, 모든 결정이 항상 옳을 수는 없다. 어떤 결정은 별 탈 없이 지나가지만, 어떤 것은 커다란 결과를 낳기도 한다. 결국 우리가 내리는 결정은 '세상이 이럴 것'이라는 인식에 기반하지만, 그 인식이 실제와 꼭 일치하는 것은 아니다. 앞부분에서 내가 묘사한 인물을 케네디라고 확신했던 사람도 많았을 것이다. 어쩌면 돈을 걸 수도 있었을 테고. 하지만 결국 그것도 하나의 가정에 근거한 판단이었다. 그러다 날짜라는 단 하나의 정보가 더해지는 순간, 상황에 대한 인식은 전혀 다른 모습으로 바뀌었을 것이다.

좋은 결과가 나왔다고 해도, 그 근거가 잘못된 가정일 수도 있다. 일이 잘 풀리면, 우리는 그 이유를 알고 있다고 믿는다. 하지만 정말 그럴까? 원하는 결과가 나왔다고 해서, 그 방식을 반복할 수 있다는 뜻은 아니다.

주변에 직접 주식 투자를 하는 친구가 있다. 수익을 내면 자기가 똑똑해서 그렇다고 한다. 반대로 손실이 나면 시장 탓을 한다. 그 마음은 이해한다. 하지만 결국 하나만 맞을 수 있다. 그 친구의 성공과 실패가 정말 그의 통찰력과 판단 착오 때문이었다면, 결과에 대한 책임도 온전히 그에게 있어야 한다. 반대로 결과가 운에 달려 있었다면, 성공도 그저 운이 좋았던 것일 뿐이다. 성공과 실패의 원인을 상황에 따라 다르게 해석하는 것은 모순이다. 기준은 하나여야 한다.

그렇다면 어떻게 해야, 우리가 내리는 모든 결정이 우리 손안에서 최상의 결과로 이어질 수 있을까? 논리적으로 생각하면, 더 많은 정보와 자료를 모으는 것이 핵심일 것이다. 실제로 우리는 그렇게 한다. 책을 읽고, 콘퍼런스에 참석하고, 팟캐스트를 듣고, 친구나 동료에게 조언을 구한다. 더 많이 알기 위해서다. 그래야 무엇을 어떻게 해야 할지를 판단할 수 있다고 믿기 때문이다.

하지만 경험상, 정보도 조언도 충분했는데 결과가 기대와는 달랐던 순간이 분명 있었을 것이다. 아니면 효과가 잠깐뿐이거나, 예상치 못한 변수가 생긴 경우도 있었을 것이다. 그런가 하면 이런 경우도 있다. 이 장의 처음에 히틀러라고 정확히 짚은 사람이 있다면 기억해 둘 만하다. 내가 제시한 정보는 히틀러와 케네디 모두에게 해당되는 것이었다. 결국 둘 다 가능했던 셈이다. 그래서 우리는 늘 조심해야 한다. '안다고 믿는 것'이 실제와 같지 않을 수도 있기 때문이다. 아무리 근거 있는 조사에 기반한 가정이라 해도, 우리를 엉뚱한 길로 이끌 수 있다.

사실 우리는 이 점을 어렴풋이 알고 있다. 정보도 조언도 충분했는데 일이 기대만큼 풀리지 않으면, 어딘가에서 중요한 단서 하나를 놓쳤다고 생각한다. 그래서 다시 자료를 찾아보고, 새 정보를 얻으려 애쓰고, 무엇을 해야 할지를 다시 고민한다. 그리고 또다시 같은 과정을 반복한다. 하지만 기억해야 할 것이 있다. 애초에 잘못된 가정에서 출발했다면, 아무리 많은 정보를 쌓아도 길이 틀어질 수밖에 없다. 이성적이고 분석적인 사고만으로는 충분하지 않다. 정보에만 의존하지 말고, 우리의 사고 바깥에 존재하는 다른 요소들도 함께 고려해야 한다.

정보가 없거나, 알고 있는 조언과 사실을 일부러 무시하고 직감을 따랐는데도 일이 잘 풀리는 경우가 있다. 오히려 기대보다 더 좋은 결과가 나오는 경우도 있다. 이처럼 우리는 이성과 직감 사이를 오가며 선택하고 결정하며 살아간다. 어떤 선택지를 고를

지 수없이 고민하고, 끝없이 따지고 분석하지만, 결국에는 다시 처음으로 돌아오게 된다. '반복 가능한 성공'을 어떻게 만들어낼 수 있을까? 어떻게 해야, 우리가 내리는 모든 결정이 통제 가능한 방식으로 최상의 결과를 만들어낼 수 있을까?

이와 관련해 흥미로운 일화가 하나 있다. 미국 자동차 회사 임원들이 일본 공장의 조립 라인을 견학하러 간 일이었다. 미국과 마찬가지로 일본 공장에서도 생산 마지막 단계에서 자동차 문을 경첩에 끼우는 작업이 이뤄졌다. 그런데 어딘가 낯선 장면이 있었다. 미국에서는 이 단계에서 직원이 고무망치로 문 가장자리를 두드려 딱 맞게 조정하는 과정이 반드시 포함된다. 그런데 일본 공장에서는 그 작업을 하는 사람이 보이지 않았다. 의아해진 미국 임원들이 도대체 언제 문짝을 제대로 맞추는지 물었다. 그러자 안내하던 일본인은 쑥스럽게 웃으며 이렇게 답했다.

"우리는 설계할 때부터 딱 맞게 만들어둡니다."

일본 공장은 문제가 생긴 뒤에 데이터를 모아 해결책을 찾지 않았다. 처음부터 원하는 결과가 나오도록 모든 것을 설계해 둔 것이다. 그리고 원하는 결과가 나오지 않으면, 그것은 시작 단계에서 내린 결정이 잘못됐기 때문이라는 사실을 그들은 알고 있었다.

조립 라인을 통과한 자동차만 보면 미국산이든 일본산이든 문짝은 그럴듯하게 맞아 있었다. 하지만 일본은 문을 두드릴 직원을 따로 두지도 않았고, 고무망치를 구매할 필요도 없었다. 무엇보다도 일본 차의 문은 더 오래가고, 충돌 상황에서도 구조적으로 더 튼튼했을 가능성이 높았다. 그 모든 차이는 단 하나, 처음부터 딱 맞도록 설계됐기 때문에 생긴 것이었다.

미국 자동차 회사의 고무망치는 많은 조직과 리더가 문제를 해결하는 방식의 은유처럼 보인다. 예상한 결과가 나오지 않으면, 원하는 결과를 억지로 끼워 맞추기 위해 임시방편의 전술을 동원한다. 단기적으로는 효과가 있을 수 있다. 하지만 그렇게 만들어진 해결책이 과연 구조적으로 얼마나 견고할까?

많은 조직이 '명확한 목표'와 '그 목표를 실현하기 위한 고무망치'로 움직이는 세상에 살고 있다. 반면 더 많은 것을 이루는 조직, 구성원들의 최고 역량을 끌어내는 조직, 특별히 큰 영향력을 행사하는 조직은 처음의 의도를 제품, 기업문화, 인재 채용에 이르기까지 일관되게 반영한다. 결과만 보면 겉모습은 비슷할 수 있다. 하지만 진정한 리더는 눈에 보이지 않는 가치를 아는 사람이다.

우리가 내리는 모든 지시, 세우는 모든 계획, 바라는 모든 결과는 결국 하나에서 시작된다. 바로 '결정'이다. 누군가는 원하는 결과를 얻기 위해 문짝을 억지로 끼워 맞추는 쪽을 택할 것이다. 반면 어떤 이는 전혀 다른 방식에서 출발한다. 두 방식 모두 단기적으로는 비슷한 결과를 낼 수 있다. 하지만 오직 하나의 방식만이 예측 가능하고 지속적인 성공으로 이어진다. 애초부터 문이 맞도록 설계해야 하는 이유를 아는 쪽의 방식이다.

2장 당근과 채찍: 진짜 선택을 이끄는 것은 따로 있다

◊ 조종할 것인가, 마음을 움직일 것인가

오늘날 시장에 나와 있는 대부분의 제품이나 서비스는 비슷한 품질과 기능, 비슷한 가격, 비슷한 수준의 서비스를 가진 대안이 얼마든지 있다. 선발주자로서의 이점First Mover's Advantage이 있다 해도 길어야 몇 개월이면 사라진다. 정말 새로운 것을 내놓더라도, 곧 누군가가 비슷하거나 더 나은 것을 들고 나온다.

그런데 기업들에 고객이 왜 우리 제품을 고르는지 물어보면, 대부분 이렇게 답한다. 품질이 뛰어나서, 기능이 좋아서, 가격이 싸서, 서비스가 훌륭해서. 다시 말해, 정작 고객이 자사를 선택한 진짜 이유를 모른다는 뜻이다. 이것은 꽤 흥미로운 사실이다. 고객에 대해 이 정도밖에 모른다면, 기업은 구성원들이 왜 이 조직에서 일하는지도 모를 가능성이 높다.

그렇다면 고객이 왜 우리를 택했는지도, 구성원이 왜 우리와 함께하는지도 모르는 조직이, 어떻게 더 많은 고객을 끌어들이고, 어떻게 구성원의 충성심을 유지하며, 또 새로운 인재를 유치할 수 있을까? 이것이 현실이다. 많은 기업이 자신들의 성공을 이끄는 진짜 원동력이 무엇인지 정확히 알지 못한 채, 불완전하거나, 더 나아가 완전히 틀린 전제 위에서 중요한 결정을 내리고 있다.

사람의 행동에 영향을 줄 수 있는 방법은 딱 두 가지뿐이다. 조종하거나, 마음을 움직이거나. 조종이라는 개념이 꼭 나쁘다는 뜻은 아니다. 오히려 아주 흔하고, 비교적 무해한 전략이다. 사실 우리 모두 어릴 적부터 조종이라는 것을 해왔다.

"이거 줄 테니까 내 베프 해줄래?"

이 같은 말은, 원하는 것을 얻기 위해 세대를 넘어 아이들이 써온 고전적인 협상 전술이다. 그리고 사탕을 건네며 새 친구를 기대했던 아이들은 이렇게 말할 것이다.

"이거, 진짜 통하더라."

비즈니스든 정치든, 조종은 판매와 마케팅 전반에 깊이 뿌리내려 있다. 전형적인 조종의 방식에는 가격 인하, 한정 할인과 같은 프로모션, 공포심 조성, 열망을 부추기는 메시지, 사회적 압력, 혁신에 대한 약속 등이 있다. 이런 방법들은 고객의 구매나 유권자의 투표, 지지와 같은 행동을 유도하는 데 쓰인다.

고객이 왜 자사 제품을 고르는지 모르는 조직일수록, 이런 조종전략에 훨씬 많이 의존하게 된다. 그럴 법도 하다. 조종은 실제로 '먹히는' 전략이기 때문이다. 하지만 이것이 영향력을 끌어내는 주된 방식이 되어버리면, 문제가 생기기 시작한다.

◇ 헤어나기 어려운 최저가 경쟁의 딜레마

기업들은 가격 경쟁에 나서는 것을 꺼리면서도 결국 그 길을 택하게 된다. 그만큼 효과가 크기 때문이다. 때로는 그 효과가 너무 강력해 유혹을 뿌리치기조차 어렵다. 많은 전문 서비스 업체가 큰 프로젝트를 따낼 기회가 생기면, 결국 가격을 낮추는 쪽을 택한다. 어떻게 그 결정을 정당화하든, 가격 인하는 매우 강력한 조종 수단이다. 가격을 충분히 낮추면 사람들은 결국 지갑을 연다. 시즌 말이 되면 소매업계에서는 재고가 빨리 팔리도록 가격을 낮춘다. 가격만 충분히 낮추면 진열대는 순식간에 비워지고, 다음 시즌을 위한 공간이 생긴다.

하지만 가격 경쟁에 뛰어든 순간, 기업은 반드시 대가를 치르게 된다. 때로는 그 선택이 깊은 딜레마가 되기도 한다. 가격으로 승부하는 방식은 마치 헤로인과 같다. 단기적으로는 효과가 뚜렷하지만, 반복할수록 끊기 어려운 습관이 된다. 한 번 저렴하게 제품을 구매한 고객은 예전 가격을 다시 받아들이려 하지 않는다. 기업은 더 낮은 가격을 요구받고, 이익은 점점 줄어든다. 줄어든

마진을 메우려면 더 많이 팔아야 하고, 가장 손쉬운 방법은 또다시 가격을 낮추는 것이다. 그 과정에서 비용 절감도 무리하게 이뤄진다. 그렇게 '더 싸게, 더 많이'의 고리가 반복되며 기업은 가격 인하와 원가 절감에 중독된다.

마약 세계에서는 이런 사람을 중독자라고 부른다. 비즈니스 세계에서는 그들의 제품을 '대체 가능한 상품commodity'이라 부른다. 보험, 가정용 컴퓨터, 이동통신, 인터넷, 그리고 셀 수 없이 많은 소비재가 그렇게 전락했다. 가격 경쟁을 반복한 끝에 '그저 그런 것'이 되어버린 목록은 끝이 없다. 그리고 대부분의 경우, 그렇게 만든 것은 기업 자신이었다. 가격을 낮추는 것이 고객을 끌어들이는 효과적인 전략이라는 점은 분명하다. 하지만 진짜 문제는, 그렇게 해서 어떻게 수익을 유지할 것인가에 있다.

한동안 월마트Walmart는 이 공식을 비껴간 예외처럼 보였다. 가격 경쟁 하나로 엄청난 성공을 거뒀기 때문이다. 하지만 그 성공에도 만만치 않은 대가가 뒤따랐다. 규모의 경제 덕분에 가격 전략의 약점을 어느 정도 피할 수는 있었지만, '무조건 싸게'에 집착한 결과, 각종 스캔들에 휘말렸고 평판에도 큰 타격을 입었다. 거의 모든 문제는 '어떻게든 더 싸게 팔기 위해' 무리하게 비용을 줄이다가 생겨난 것이었다.

가격 경쟁은 반드시 뭔가를 잃게 만든다. 당신은 가격을 낮춰 얻게 된 그 수익을 위해, 어디까지 감수할 준비가 되어 있는가?

◇ 혜택의 유혹, 점점 커지는 대가

GM은 한때 미국 자동차 시장에서 점유율 1위를 차지하겠다는 야심찬 목표를 품고 있었다. 1950년대, 미국 소비자에게 주어진 선택지는 네 개 제조사뿐이었다. GM, 포드Ford, 크라이슬러Chrysler, AMCAmerican Motors Corporation. 외국 자동차 브랜드들이 본격적으로 시장에 진입하기 전까지, GM은 사실상 업계를 지배했다. 예상대로 새로운 경쟁자들의 등장은 그 절대적 우위를 유지하기 어렵게 만들었다. 그럼에도 GM은 20세기 대부분의 시간 동안 자신이 일군 지위를 굳건히 지켜냈다.

하지만 시간이 지나며 상황은 바뀌기 시작한다. 1990년부터 2007년까지 GM의 미국 내 시장점유율은 35퍼센트에서 23.8퍼센트까지 떨어졌다. 같은 기간, 토요타Toyota는 7.8퍼센트에서 16.3퍼센트로 점유율을 두 배 이상 끌어올렸다. 그리고 마침내 2008년, 70년 넘게 세계 1위를 지켜오던 GM이 토요타에 그 자리를 내주게 된다. 하지만 미국 자동차 제조사들을 위협한 것은 토요타만이 아니었다. 그해는 미국 소비자들이 국산차보다 수입차를 더 많이 산 첫해로 기록되기도 했다.

1990년대, GM은 무너지는 점유율을 붙잡기 위해 인센티브 전략을 쏟아냈다. 대표적인 수단이 바로 '현금 환급', 캐시백 프로모션이었다. 차량 구매 시 500달러에서 7,000달러까지 돌려주는 이 파격적인 혜택은 실제로 효과가 컸다. 매출은 다시 오르기 시작했다.

하지만 이 전략은 오래가지 못했다. 캐시백이 반복될수록 수익성이 악화됐고, 결국 2007년에는 차량 한 대당 평균 729달러의 손실을 보게 된다. 더 이상 지속할 수 없다는 판단 아래, GM은 캐시백을 줄이겠다고 발표했고, 그 즉시 매출은 곤두박질쳤다. 혜택이 사라지자 고객도 사라졌다. 정가로 차를 사는 것은 손해라는 인식이 이미 퍼져 있었기 때문이다. 소비자들은 어느새 '캐시백 없이는 못 사는 사람들'이 되어 있었다.

이처럼 프로모션은 강력하다. '1+1' '사은품 증정'처럼 흔한 혜택이지만, 그것이 사람의 행동을 유도하는 '조종'이라는 사실을 우리는 쉽게 잊는다. 예를 들어 휴대폰을 고를 때를 떠올려보자. 비슷한 가격, 비슷한 기능, 비슷한 브랜드의 제품이 두세 개쯤 있을 것이다. 그런데 그중 하나가 할인이나 무료 보조폰, 무이자 할부 같은 혜택을 붙였다면? 그 작지만 눈에 띄는 차이가 선택을 결정짓는다. 기업 간 거래에서도 마찬가지다. 여기서는 '프로모션'을 '부가가치 value added'라고 부르지만 본질은 같다. 뭔가를 공짜로 얹어줘야 거래가 이뤄진다.

이런 전략이 얼마나 치밀하게 활용되고 있는지는 '낙전수입 Breakage'이라는 용어만 봐도 알 수 있다. 이는 고객이 혜택을 다 쓰지 못하고 남긴 돈, 즉 기업 입장에서 '안 써서 남는 수익'을 말한다. 기프트카드가 대표적이다. 잊어버리거나 다 쓰지 못하거나,

유효기간이 지나면 그 금액은 고스란히 기업의 수익이 된다. 한 연구에 따르면, 미국 성인의 절반가량이 기프트카드, 바우처, 스토어 크레딧을 사용하지 않아, 약 150억 달러 규모의 '공짜 돈'이 기업에 흘러간다고 한다.

게다가 이 수익에는 '숨은 갱신Inertia'이라 부를 만한 소비 패턴도 포함되지 않았다. 프로모션으로 제공되는 구독, 멤버십 서비스 등의 무료 체험이 끝난 뒤에도 구독을 해지하지 못하고 계속 요금을 내는 소비자들이 적지 않다. 이유는 단순하다. 깜빡했거나, 해지 방법이 너무 복잡하기 때문이다. 숨은 갱신은 요즘 널리 쓰이는 전략이다. 일부 회사는 취소를 못 하도록, 아니면 다음 달로 미루게끔 아예 해지 절차를 고의로 어렵게 만든다. '구독 취소' 버튼은 눈에 잘 띄지 않고, 전화로만 해지가 가능하게 만들기도 한다.

한 친구는 패블레틱스Fabletics라는 브랜드 멤버십에 가입했는데, 매달 59.95달러를 내면서도 실제로는 아무것도 구매하지 않았다. '이번 달 건너뛰기'를 지정할 수 있었지만 매월 1일부터 5일 사이 로그인해 직접 선택해야 했다. 친구는 몇 번을 놓친 뒤, 결국 해지를 결심했지만, 그 과정도 쉽지 않았다. 명확한 해지 경로는 보이지 않았고, 고객센터로 들어가 10분 넘게 채팅 상담을 한 끝에 겨우 해지가 완료됐다. 이쯤 되면 고의가 아니라고 보기 어렵다.

이 모든 사례는 한 가지를 말해준다. 프로모션은 단기적으로는 효과가 크지만, 장기적으로는 그만큼의 대가를 요구한다. 소비자도, 기업도 말이다. 당장 지갑을 열게 만드는 데 성공할 수는 있어도, 그 관계가 오래가지 않을 수 있다. 실제로 미국 연방거래위원회FTC, Federal Trade Commission(미국의 소비자 보호 기관 - 옮긴이)는 기업이 구독을 쉽게 해지할 수 있도록 의무화하는 규제를 시행 중이다. 앞으로 이런 전략이 얼마나 지속 가능할지, 곧 판가름 날 것이다.

◊ **공포의 힘, 머리에 겨눠진 바나나**

어떤 사람이 주머니에 바나나를 넣은 채 총을 들고 있는 척하며 은행을 턴다고 하자. 실제로는 아무도 총에 맞을 일이 없지만, 법적으로는 무장 강도로 간주된다. 중요한 것은 피해자가 실제로 위협을 느꼈느냐가 아니라, 위협을 느끼도록 만든 행동 그 자체다. 공포가 행동을 유도한다는 사실을 강도는 잘 알고 있었다. 진짜든 상상이든, 공포는 가장 강력한 조종 수단이다.

한때 비즈니스 업계에는 이런 말이 있었다.

"IBM을 샀다고 해서 해고된 사람은 없다."

수십 년 동안 IBMInternational Business Machines은 '안전한 선택'으로 여겨졌고, 구성원들은 덜 알려진 회사를 선택했다가 낭패를 볼 위험을 감수하지 않았다. 설령 IBM 제품에 문제가 생겨도, 그 선택에 책임을 묻는 일은 드물었다. 두려움, 그것도 실제보다 훨씬 더 막연하고 추상적인 두려움이 때로는 구성원으로 하여금 자신의 본래 역할마저 저버리게 만든다. 공포는 조직의 이익에 반하는 결정까지 이끌어낼 수 있다.

공포가 작동하기 시작하면, 사실과 수치는 뒷전이 된다. 공포는 생존을 위한 본능 깊숙이 자리한 감정이기 때문이다. 테러가 그토록 강력한 이유도 같은 맥락이다. 실제 테러를 당할 확률은 극히 낮지만, '혹시'라는 감정은 사회 전체를 얼어붙게 만들 수 있다.

공포는 악의적인 조종만을 위한 무기가 아니다. 부모는 자녀에게 올바른 행동을 가르칠 때 종종 공포를 이용한다. 윤리의식을 강조할 때도, 아동 안전을 증진하고, 안전벨트 착용을 촉구하는 공공 캠페인에서도 마찬가지다. 과거 한 공익광고에서는 한 남성이 달걀을 들고 나와 이렇게 말했다.

"이게 당신의 뇌입니다."

그러고는 달걀을 뜨거운 프라이팬에 깨뜨린다. 지글지글 익어가는 소리를 배경으로 그가 말한다.

"이게 마약을 한 당신의 뇌입니다. 질문 있으신가요?"

또 다른 광고는 이렇게 말한다.

"코카인을 하면 섹시해지는 게 아닙니다. 목숨을 잃는 겁니다."

정치인들이 상대 후보가 세금을 올릴 것이라거나, 경찰 예산을 줄일 것이라고 말하는 것도 마찬가지다. 뉴스가 "당신의 건강이 위험합니다, 밤 11시에 확인하세요"라고 말하는 순간, 우리는 리모컨을 손에 쥔다. 이 모든 것은 공포를 자극해 특정 행동을 유도하려는 시도다. 기업들도 예외는 아니다.

"더 늦기 전에 가입하세요."

"하루 36초마다 누군가 심장마비로 죽습니다."

"지금 놓치면 끝입니다."

보험 광고, 병원 안내문, SNS 홍보 문구까지, 모든 곳에서 우리는 두려움을 자극받는다. 포모FOMO, Fear of Missing Out(유행에 뒤처지고 소외될지도 모른다는 두려움―옮긴이)를 비롯해 죽음의 공포까지 이용한 판매는 결국 소비자의 머리에 비유적인 총을 겨누는 것과 같다. 그리고 때로 그 총은 실제 총이 아니라 그냥 바나나일 수도 있다.

◊ **열망의 메시지, 오래가지 않는 약속**

"금연은 내가 한 일 중 가장 쉬운 일이었다. 나는 벌써 천 번도 넘게 해봤으니까."

금연을 시도했지만 매번 실패했던 경험을 마크 트웨인Mark Twain이 특유의 유머로 표현한 말이다.

공포가 우리를 어떤 위험에서 멀어지게 만든다면, 열망은 반대로 어떤 바람직한 목표를 향해 나아가게 만든다. 마케팅 세계에서는 '열망을 부추기는 메시지'가 중요하다고 자주 말한다. 원하는 것을 얻을 수 있을 것처럼 느끼게 하거나, 더 쉽게 도달할 수 있을 것처럼 보이게 하는 메시지다.

"운명의 상대를 만나보세요."

"몸매, 자신 있게 드러내세요."

"단숨에 부자 되는 법."

이 모든 말들은 우리가 바라는 모습, 갖고 싶은 것을 이용해 선택을 유도하는 방식이다. 이런 메시지는 본래 긍정적인 성격을 띠지만, 실은 우리 안의 불안이나 조급함, 자제력의 빈틈을 노린다. 언젠가 우리 모두 그런 시기를 겪는다. 이미 건강한 생활 습관을 갖고 있는 사람이라면 "쉽게 살 빼는 여섯 가지 비법" 같은 말에 흔들리지 않는다. 반대로 그런 습관이 없는 사람일수록 더욱 쉽게 끌린다. 우리는 다이어트 방법을 계속 바꾸면서도, 결국에는 다시 처음으로 돌아오는 경우가 많다. 하지만 어떤 방법을 택하든, 꾸준한 운동과 식습관 관리가 따라야 한다. 다시 말해, '지속적인 실천'이 핵심이다.

새해가 되면 헬스장 등록자가 1월 한 달 동안 약 12퍼센트 늘어난다고 한다. 많은 이들이 더 나은 삶을 시작하겠다는 다짐으로 문을 두드리는 것이다. 하지만 연말까지 꾸준히 다니는 사람은 그중 극히 일부다. 나는 이렇게 말하곤 한다.

"열망으로 헬스장 회원권을 팔 수 있다. 하지만 누군가를 일주일에 세 번씩 움직이게 하려면, 진심을 흔드는 뭔가가 필요하다."

열망을 부추기는 메시지는 행동을 자극할 수는 있지만, 대부분 오래가지 못한다. 외부의 기대, 불안, 조급함, 자존감의 기복, 그리고 인간이라는 존재가 지닌 복잡한 심리 psychological fruit salad 가 어우러지면서, 우리는 '되고 싶은 모습'에 쉽게 마음이 흔들린다.

이런 열망 기반의 조종은 소비자 대상 마케팅뿐 아니라 기업 세계에서도 자주 나타난다. 성과를 내고 싶은 마음은 누구에게나 있다. 그래서 많은 경영자가 컨설팅을 받고, 새로운 시스템을 도입하며, 변화에 나선다. 하지만 '만년 다이어터'가 그렇듯, 대개 문제는 시스템 자체가 아니라 그것을 '지속하지 못하는 데' 있다.

나 역시 그런 경험이 많다. 성공을 위해 여러 시스템을 도입하고 방법을 바꿔봤지만, 2주 뒤면 어느새 원래대로 돌아가 있었다. 나는 종종 '모든 열망을 이루게 해주면서, 동시에 새로운 시스템을 도입하지 않아도 되는 시스템이 있다면 얼마나 좋을까' 생각한다. 하지만 그런 것이 있다 해도, 아마 오래 못 가고 다시 예전으로 돌아갔을 것이다.

우리는 종종 조급함에 이끌려, 장기적인 목표에 단기적인 해결책으로 반응한다. 한 경영 컨설턴트 친구가 대기업의 프로젝트에 참여한 적이 있다. 그 회사는 목표와 비전을 달성하겠다고 결심했지만, 실제 의사결정은 늘 '더 빠르고, 더 저렴한' 쪽으로 기울었다. 그녀는 이렇게 말했다.

"그들은 항상 처음부터 제대로 할 시간과 예산은 없다고 말해요. 하지만 결국에는 처음에 하지 않았던 걸 다시 하느라 더 많은 시간과 돈을 쓰게 되죠."

마치 늘 새로운 다이어트를 시도하는 사람처럼 말이다.

◇ **소셜 미디어, 그리고 눈에 보이지 않는 압력**

껌 광고는 이렇게 우리를 유혹한다.

"치과의사 다섯 명 중 네 명은 트라이던트Trident를 선호합니다."

다른 광고에서도 이런 멘트로 소비자를 부추긴다.

"유수 대학에서 진행한 이중맹검 연구에 따르면…."

"전문가들이 인정한 제품이라면, 당신에게도 좋습니다."

"100만 명이 넘는 고객이 만족한 상품."

이들 문장은 하나의 전략을 품고 있다. 바로 사회적 압력이다.

마케터들이 '많은 사람'이나 '전문가들'이 이 제품을 선호한다고 강조하는 것은 제품의 우수함을 객관적으로 증명하려는 것이 아니다. '다수가 선택했으니 당신도 따라야 하지 않겠냐'는 메시지를 은근히 주는 것이다. 이 전략이 효과적인 이유는 명확하다. 우리는 공동체에 속하고 싶어 하고, 다른 사람들이 더 잘 알고 있을지도 모른다는 불안을 안고 살아간다. 사회적 압력은 '타인이 옳기 때문'이 아니라, '내가 틀릴까 봐' 힘을 발휘한다. 중요한 것을 놓칠까 봐, 혹은 시대에 뒤처질까 봐 생기는 두려움. 그것이 우리를 움직인다.

유명인 광고는 이 압력을 더욱 정교하게 만든다. '저 사람이 쓴다면 틀림없겠지'와 같은 반응을 기대한다. '나도 저 사람처럼 되고 싶다'는 열망까지 동시에 자극할 수 있다면 금상첨화다. 대표적인 사례가 게토레이Gatorade의 '마이클 조던처럼 되자Be Like Mike'

캠페인이다. 1992년 처음 등장한 이 광고는 '이 음료를 마시면 마이클 조던Michael Jordan처럼 될 수 있다'는 꿈을 심었다. 이 캠페인은 이후 #BeLikeMike라는 해시태그로 부활해 수차례 다시 회자됐고, 비교적 최근 2020년에도 인기를 끌었다.

조던처럼 농구의 전설과 스포츠 음료의 조합은 설득력이 있다. 하지만 모든 유명인 광고가 그만큼 자연스러운 것은 아니다. 넷플릭스Netflix의 〈기묘한 이야기Stranger Things〉에서 '일레븐Eleven'을 연기한 배우 밀리 보비 브라운Millie Bobby Brown은 2018년, 미국의 대표적인 IT 기업, 시스코Cisco의 광고 모델로 기용됐다. 하지만 그녀가 유명하다는 사실을 제외하면, 당시 염력을 쓰는 캐릭터로 잘 알려진 열네 살 배우가 이 기업에 어떤 가치를 제공했는지는 불분명하다. 단순한 인지도만으로는 부족하다. 중요한 것은 그 유명인이 진짜로 사회적 압력을 만들어낼 수 있느냐다.

소셜 미디어는 이 판을 완전히 바꿔놨다. 사람들은 이제 누군가의 영향을 받기보다, '영향력을 행사하는 사람'이 되길 원한다. 유명세는 이제 하나의 비즈니스가 됐고, 인플루언서는 단지 유명인들이 아닌 하나의 채널이자 콘텐츠가 됐다. 전통적인 유명인들은 단순히 얼굴값을 활용해 수익을 창출했다면, 오늘날의 인플루언서들은 광고 수익과 스폰서십을 위해 직접 콘텐츠를 제작한다. 그들 자신이 곧 콘텐츠이고, 콘텐츠가 곧 그들이다.

예컨대 〈사인펠드Seinfeld〉(1989년부터 1998년까지 방영된 NBC 시트

콤-옮긴이)는 전성기 시절 회당 3,000만 명의 시청자를 모았고, 마지막 회에는 7,600만 명이 시청했다. 반면 침실에서 춤추는 영상으로 이름을 알린 인플루언서 찰리 더밀리오Charli D'Amelio는 틱톡TikTok에서 영상 하나당 평균 1,250만 회 이상의 조회 수를 기록하고, 수십억 개의 '좋아요'를 받는다. 미스터비스트MrBeast로 알려진 유튜버 지미 도널드슨Jimmy Donaldson은 영상 한 편당 조회 수가 1~2억 회에 달한다. 이들은 광고 수익과 후원만으로도 매년 수천만 달러를 벌어들인다.

이제 사람들은 누군가의 팔로워가 되기보다, 팔로워를 거느린 사람이 되길 원한다. '사회적 압력을 행사하고 싶은 열망'이, 어느새 가장 큰 열망이 된 시대다. 2019년 한 연구에 따르면, 13세에서 38세 사이 응답자 중 86퍼센트가 인플루언서를 꿈꿨고, 그중 12퍼센트는 이미 자신이 인플루언서라고 생각하고 있었다. 우리가 껌을 고르던 시절, "치과의사 다섯 명 중 네 명"이 주던 영향력은 오늘날 SNS 속 '좋아요' '팔로워' '댓글'에 비하면 아무것도 아닙니다.

◊ **참신함의 한계, 진짜 혁신은 따로 있다**

모토로라Motorola가 치열한 휴대폰 시장에 새로운 모델을 출시하며 이렇게 선언했다.

"디자인과 기술의 획기적인 혁신을 통해, 모토로라는 최초의 기술이 집약된 새로운 휴대폰을 만들었습니다. 항공기용 알루미늄, 내장형 안테나, 화학 에칭 키패드를 결합해, 두께가 단 13.9밀리미터에 불과한 초슬림 기기를 완성했습니다."

수백만 명이 그 신제품을 사기 위해 몰려들었다. 2004년, 모토로라 레이저RAZR는 그야말로 '잇 아이템'이었다. 레드카펫 위의 유명인들, 심지어 총리들까지 들고 다니던 바로 그 제품. 판매량은 5,000만 대를 돌파했다. 모토로라의 CEO였던 에드워드 잰더Edward Zander는 이렇게 자평했다.

"레이저는 기존의 기준을 뛰어넘는 혁신으로, 무선산업의 미래를 새롭게 정의한 제품입니다."

그야말로 아이폰iPhone 이전 시대의 '아이폰' 같은 존재였다.

하지만 정말 그랬을까? 출시 4년도 채 되지 않아, 잰더는 자리에서 물러났고 모토로라 주가는 절반 이하로 떨어졌다. 경쟁사들은 레이저의 기능을 손쉽게 따라잡았고, 더 나은 제품을 내놨다. 결국 레이저는 특별할 것 없는 제품이 됐고, 모토로라도 다시 평범한 제조사로 돌아갔다. 모토로라가 저지른 실수는 단순했다. 참신함을 '혁신'으로 착각한 것. 이런 착각은 기술 회사만의 문제가 아니다.

1960년대 콜게이트Colgate 치약은 단 두 가지 종류뿐이었다. 하지만 경쟁이 치열해지자 판매량이 줄기 시작했고, 콜게이트는 제품에 '기능'을 더해 신제품을 출시하기 시작했다. 불소 함유, 미백, 치석 방지, 그리고 반짝이나 줄무늬가 있는 모양… 매번 '혁신'이라며 내놓은 제품들은 단기적으로는 효과를 봤다. 그렇게 반복하다 보니, 오늘날 콜게이트는 성인용만 해도 무려 41가지 종류의 치약을 판매하고 있다(아동용 10종은 제외하고도 말이다).

이쯤 되면 문제는 명확하다. 참신함에 의존하는 전략은 가격 경쟁과 비슷하다. 계속 반복되면, 헤어나기 어려운 소용돌이에 빠진다. 콜게이트만의 문제가 아니라, 치약산업 전반이 그렇다. 이제는 선택지가 너무 많다. 너무 많아서, 도대체 어떤 제품을 골라야 할지 알 수 없을 지경이다. 한 회사가 같은 제품에 너무 많은 버전을 내놓는다면, 참신함을 판매 전략으로 이용하고 있다는 신호다. 참신함은 일시적인 돌파구일 수 있지만, 오래가지 않는다. 진짜 혁신은 다르다. 특별하고, 희귀하며, 무엇보다도 명확하다.

진정한 혁신은 산업 자체를 바꾼다. 때로는 사회 전체를 바꾸기도 한다. 토머스 에디슨Thomas Edison의 전구, 아이작 메릿 싱어Isaac Merritt Singer의 전기 재봉틀, 테슬라Tesla의 전기차, 넷플릭스의 스트리밍 서비스, 아마존Amazon의… 뭐, 거의 모든 것. 이런 제품과 기업은 비즈니스의 방식, 삶의 방식, 산업의 기준을 송두리째 뒤흔들었다.

이 기준으로 보자면, 모토로라의 레이저는 '혁신'이라기보다는 그저 잠깐 반짝였던 멋진 기기였다. 금속 바디, 내장 안테나, 평면 키패드, 얇은 두께. 단지 '새로웠던' 것일 뿐이다. 사람들이 잠시 열광할 수는 있었지만, 그 이상은 아니었다. 참신함이 나쁜 것은 아니다. 참신함은 일시적으로 매출을 높이는 데 효과가 있을 수 있다. 하지만 그것만으로는, 절대 오래가지 못한다. 모토로라의 레이저가 그랬다.

결국 시장은 아이폰으로 넘어갔다. 아이폰은 단지 버튼을 없애고 터치스크린을 넣어서 성공한 것이 아니다. 진짜 변화는 그 이면에서 일어났다. 애플은 제품 디자인뿐 아니라, 업계의 권력 구조 자체를 뒤집었다. 아이폰이 나오기 전까지만 해도, 휴대폰의 기능과 혜택은 제조사가 아니라 통신사가 결정했다. T-모바일[T-Mobile], 버라이즌 와이어리스[Verizon Wireless], 스프린트[Sprint], AT&T[American Telephone and Telegraph] 같은 회사들이 모토로라, 노키아[Nokia], 에릭슨[Ericsson], LG 등에 "이런 폰을 만들어라"라고 말하던 시절이었다. 그러던 중, 애플이 등장해 이렇게 말했다.

"이제는 우리가 정합니다."

AT&T만이 그 제안을 받아들였고, 독점 계약을 맺게 된다. 그 순간부터 게임은 완전히 달라졌다. 통신사가 주도하던 시장에서, 제조사가 중심이 된 시장으로 바뀐 것이다. 이 변화 덕분에 소비자 중심의 설계가 가능해졌고, 이어서 또 하나의 혁신. 앱 스토어를 통해 다운받는 서드파티[Third-Party] 앱 생태계까지 열리게 된다.

참신하다고? 하지만 진짜 중요한 것은 그 안에 담긴 혁신의 본질이다.

◇ **모래성 위의 조종전략**

경찰이 제보자에게 보상금을 내거는 이유는 관계를 맺기 위해서가 아니다. 이것은 단 한 번, 필요한 정보를 얻기 위한 거래일 뿐이다. 고양이를 잃어버렸을 때 찾아준 사람에게 보상을 약속한다고 해도, 그 사람과 앞으로 특별한 관계를 맺고 싶다는 것은 아니다. 그저 고양이만 돌아오면 된다. 이런 '당근과 채찍' 방식은 한 번만 일어나거나, 드물게 요구되는 행동을 이끌어낼 때 효과적이다. 경찰이 보상을 내거는 것도 위험을 감수하더라도 제보자가 나서게 만들기 위해서다. 프로모션처럼, 보상이 충분히 크다고 느껴지면 사람들은 움직인다.

문제는 이런 방식을 정치인이 남용한다는 데 있다. 요즘 정치권을 보면 조종이 지닌 일회성 거래의 특성과 진정한 감동이 만들어내는 장기적 신뢰의 차이를 잘 모르거나 애초에 신경조차 쓰지 않는 듯하다. 상대를 흠집 내고, 단일 이슈만 부각하며, 공포심이나 부푼 희망을 자극하는 전략은 선거에서 표를 얻는 데는 효과적일 수 있다. 하지만 사람들의 마음을 얻지는 못한다. 오히려 유권자들은 자신이 조종당하고 있다는 느낌을 받고, 정치 자체에 점점 냉소적으로 변해간다. 정치인이 무슨 말을 하든, 결국 자기들만을 위한 행동이라는 인식이 굳어지는 것이다. 그리고 선거철이 되면, 또다시 똑같은 말과 행동이 반복된다. 기업에서는 이것을 '재구매 유도'라고 부른다.

재구매와 충성심은 전혀 다르다. 재구매는 고객이 여러 번 제품을 사는 것이라면, 충성심은 더 나은 제품이나 더 낮은 가격이 있는데도 여전히 그 기업을 선택하는 것이다. 충성고객은 경쟁사 제품을 비교할 생각조차 하지 않는다. 충성심은 쉽게 얻을 수 없다. 반면 재구매는 조종전략만 잘 짜면 비교적 쉽게 유도할 수 있다. 물론 그만큼 비용도 든다.

미국 자동차 업계는 뼈아픈 교훈을 통해 이 진실을 배웠다. 상황이 좋고 자금이 풍부할 때는 조종이 잘 작동했다. 하지만 2008년 석유파동이 닥치자, 그 모든 프로모션과 인센티브는 더 이상 유지될 수 없는 것이 됐다(1970년대에도 비슷한 일이 있었다). 조종을 통해 얻는 단기 성과는 결국 그 전략을 얼마나 오래 유지할 수 있느냐에 달려 있다. 즉 끝없는 호황을 전제로 한 불안정한 기반 위에 사업을 세운 셈이다. 충성고객은 외부 유혹에 쉽게 흔들리지 않지만, 평소에는 그 진가가 눈에 띄지 않는다. 진짜 그들이 빛을 발하는 순간은 상황이 어려울 때다.

조종은 충성심을 키우지 못한다. 게다가 돈이 든다. 아주 많이 든다. 그리고 위기가 닥쳤을 때, 충성고객이 없다면 기업은 훨씬 더 큰 비용을 치르게 된다. 9·11 테러 이후, 사우스웨스트항공은 뜻밖의 수표를 여러 장 받았다. 어떤 고객은 1,000달러 수표에 이런 메모를 함께 보냈다.

"지난 수년 동안 사우스웨스트항공 덕분에 좋은 여행을 했습니다. 지금처럼 어려운 시기에, 작게나마 보탬이 되고 싶었습니다."

그 수표들이 회사의 재무 상태를 바꾼 것은 아니다. 하지만 숫자로는 환산할 수 없는 가치를 보여줬다. 고객들은 이 회사를 단순한 항공사로 보지 않았다. 함께 걷는 동반자처럼 느끼고 있었다. 수표를 보내지 않은 사람들 역시 조용히 회사를 지지했다. 그 충성심은 눈에 보이지 않지만, 사우스웨스트항공을 누구보다 단단하게 지탱했다. 그 결과, 이 항공사는 2021년까지 무려 48년 연속 흑자를 냈다. 그 어떤 항공사도 이루지 못한 기록이다.

이처럼 충성심에 투자해야 한다. 그것은 단지 거래를 넘어서, 위기의 순간 우리 곁을 지켜줄 든든한 존재를 만드는 일이기 때문이다. 고객과 기업, 유권자와 후보자, 리더와 팀원 사이에 '우리는 이 일을 함께 해나간다'는 믿음을 만든 사람만이, 진정한 리더라 할 수 있다.

◇ 돈을 버는 사이, 우리가 치르는 대가

요즘 사람들은 어떤 제품을 선택해야 할지 점점 더 헷갈려 한다. 조종에 의존하는 방식이 보편화되면서, 소비자들은 어떤 브랜드의 제품이나 서비스를 골라야 할지 판단하기 어려워졌다. 나는 가끔 "요즘은 치약 고르는 것도 시험 문제 같다"고 농담을 하곤 한다. 물론 치약은 비유일 뿐이다. 우리가 매일 내려야 하는 수많은 결정이 다 치약을 고르는 일처럼 복잡하고 피로하다. 어느 로

펌을 고를지, 어디 대학에 진학할지, 무슨 차를 살지, 어떤 회사를 선택할지, 누구에게 표를 줄지…. 그 모든 선택의 순간마다 우리를 설득하려는 광고, 프로모션, 메시지들이 쏟아진다. 더 강하게, 더 자극적으로, 더 집요하게. 그 결과는 뻔하다. 스트레스.

이것은 비단 소비자만의 문제가 아니다. 파는 쪽도 마찬가지다. 기업들도 시장에서 눈에 띄기 위해 점점 더 애를 먹는다. 경쟁자들은 매일같이 뭔가 새로운 것을 시도하고, 조금이라도 더 나은 제품을 내놓는다. 그러니 마케터들은 끊임없이 새로운 프로모션, 새로운 온라인 캠페인, 새로운 기능을 만들어내야 한다. 게다가 단기 성과에만 집중한 전략이 수년간 반복되면서 수익성은 바닥을 친다. 이런 구조 속에서 조직 내부의 스트레스는 점점 더 커진다. 조종이 일상이 되면, 결국 누구도 이기지 못한다.

이 모든 상황은 우연이 아니다. 오늘날 비즈니스 현장이 이토록 스트레스로 가득 찬 이유를, 정신의학자 피터 C. 와이브로Peter C. Whybrow 박사는 이미 2005년에 간파했다. 그의 책『미국인의 집착증American Mania』은 지금 읽어도 놀랄 만큼 유효하다. 와이브로는 말한다. 우리가 앓고 있는 각종 궤양, 고혈압, 우울증, 불안장애, 심지어 암에 이르는 수많은 질병이 단지 나쁜 음식이나 트랜스지방 때문만은 아니라고.

진짜 원인은, "더 많이, 더 빠르게, 더 자주"를 외치며 끝없이 조급함을 유도하는 기업의 방식에 있다. 우리 뇌의 보상 회로는 과

부하 상태에 이르렀고, 단기 성과만을 좇는 이 시스템은 결국 우리의 건강마저 갉아먹고 있다는 것이다. 이것이 우리가 치러야 했던 대가다.

◇ **효과적이라는 이유만으로 옳다고 할 수는 없다**

조종이 위험한 이유는 효과가 있기 때문이다. 실제로 조종은 '먹힌다'. 그래서 수많은 기업과 조직이 업종과 규모를 불문하고 이 전략을 채택했다. 그 결과, 어느 순간부터 이 방식은 '당연한 선택'처럼 자리 잡았다. 이처럼 모든 조직이 조종을 일상처럼 받아들이기 시작하면서, 스스로 만들어낸 흐름 속에 갇히게 됐다. 이제는 누가 먼저 시작했든, 모두가 '이 방식밖에 없다'는 압박감을 느끼며, 그 구조 안에 순응하게 된다. 자신들이 만든 시스템에 오히려 조종당하는 셈이다. 가격 인하, 프로모션, 공포를 자극하는 문구, 열망을 부추기는 메시지, 보기에는 새로워 보이는 기능들…. 이 모든 수단은 단기적으로는 효과를 낼 수 있다. 하지만 반복될수록 조직과 시스템은 점점 약해지고 만다.

더 큰 문제는 많은 리더가 이 방식 외에 다른 길이 있다는 생각조차 하지 않는다는 점이다. 심지어 일부는 대안을 찾을 의지도 없다. 이들은 마치 자극에 중독된 사람처럼, 또 다른 단기 성과를 좇아 내달릴 뿐이다. 그 순간의 성취감은 달콤할 수 있지만, 결국 조직의 체력을 갉아먹게 된다.

2008년 금융위기는 그런 조종이 어떤 결과를 낳는지 극단적으로 보여주는 사례다. 주택시장의 붕괴와 그에 뒤이은 금융업계의 붕괴는, 일련의 조종에 의해 내려진 결정들에서 비롯됐다. 과도한 대출, 단기 성과를 부추기는 인센티브, 반대 의견을 봉쇄하는 문화… 그 모든 결정은 충성심 없는 단기적인 '거래'였고, 효과적이었지만 그만큼 큰 대가를 치렀다. 모두의 이익을 위해 움직인 사람은 거의 없었다. 왜 그랬냐고? 그래야 할 이유가 없었기 때문이다. 그들에게는 즉각적인 보상만 있었고, 그 이상의 목적이나 신념은 없었다.

 이런 식으로 스스로 무너진 것은 금융업계만이 아니었다. 미국 자동차 기업들 역시 수십 년간 같은 방식으로 움직여 왔다. 조종에 조종을 더하고, 단기 의사결정을 또 다른 단기 전략 위에 쌓아 올린 결과, 결국 흔들리거나 무너지는 수밖에 없었다. 조종이 전면에 자리 잡은 조직의 결말은, 언제나 같은 방향을 향한다. 그런데도 조종은 오늘날의 '표준'이 되어버렸다. 이것이 우리의 현실이다.

 하지만 다른 길도 있다.

START WITH WHY

2부

세상을 이끄는
숨겨진 힘

| 3장 | # 골든서클:
모든 것은 '왜'에서 시작한다

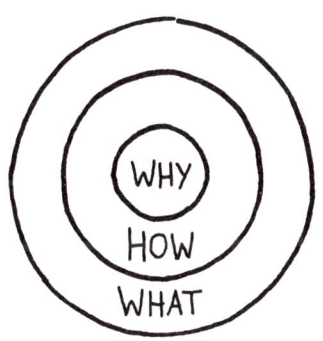

사람들의 행동을 이끌기 위해 조종 대신 '마음을 움직이는 방식'을 택한 리더들이 있다. 그런 리더들은 개인이든 조직이든, 분야를 막론하고 모두 똑같은 방식으로 생각하고 행동하며 의사소통한다. 의식하든 그렇지 않든, 그들은 내가 '골든서클'이라 부른 자연스러운 패턴을 따르고 있다. 그리고 이 방식은 우리가 일반적으로 하는 방식과는 정반대다.

나는 이 특별한 패턴에 어떤 이름을 붙일까 고민하던 중 '황금비 The Golden Ratio'를 떠올렸다. 수학자, 생물학자, 건축가, 예술가, 음악가, 자연주의자 들은 고대 이집트 시대부터 이 단순한 수학적 비율에 매료되어 왔다. 피타고라스Pythagoras부터 레오나르도 다빈치 Leonardo da Vinci까지, 수많은 이들이 균형과 아름다움의 공식을 찾기 위해 황금비를 연구했다. 잎사귀의 대칭이나 눈송이의 기하학적 구조처럼, 자연 속에서도 황금비의 질서를 발견할 수 있다.

내가 이 개념에 특히 매력을 느낀 이유는, 황금비가 다양한 분야에 폭넓게 적용될 수 있을 뿐 아니라, 겉으로는 무질서해 보이는 현상 속에서도 일정한 법칙과 결과를 도출해 낸다는 점 때문이다. 마치 자연의 복잡함 속에서 일정한 질서를 찾아내듯, 골든서클은 인간의 행동에서도 예측 가능한 패턴을 보여준다. 다시 말해, 우리가 왜 그런 행동을 하는지 이해하는 데 도움을 준다. 골든서클은 우리가 어떤 일을 시작할 때, '왜'라는 질문부터 던진다면, 우리가 이룰 수 있는 것은 훨씬 더 많아진다는 사실을 우리에게 말해준다.

왜 어떤 리더와 조직은 특별한 영향력을 가질 수 있었을까? 골든서클은 이 질문에 기존의 통념과는 다른 관점으로 접근한다. 이 관점을 통해 우리는 애플이 어떻게 여러 산업에서 연달아 혁신을 일으킬 수 있었는지 이해할 수 있다.

사람들이 왜 할리데이비슨 로고를 문신으로 새기는지, 사우스웨스트항공이 어떻게 수십 년간 흑자를 이어올 수 있었는지도 설명된다. 마틴 루서 킹 목사의 민권운동에 왜 그토록 많은 이들이 자발적으로 참여했는지, 존 F. 케네디가 세상을 떠난 뒤에도 왜 그의 달 착륙 프로젝트가 계속 추진됐는지 또한 이 관점으로 설명할 수 있다. 골든서클은 이들이 어떻게 사람들의 마음을 움직이고, 조종이 아닌 감동으로 행동을 이끌어냈는지를 보여준다.

골든서클은 세상을 바꾸는 거대한 비전뿐 아니라, 조직문화, 리더십, 인재 채용, 제품 개발, 마케팅, 영업 등 크고 작은 다양한 분야에 실용적으로 적용할 수 있는 프레임이다. 직원 몰입도와 고객 충성도, 나아가 하나의 아이디어가 어떻게 사회적 움직임으로 확장되는지도 이 틀로 설명할 수 있다.

그리고 이 모든 변화는 골든서클의 중심에서 시작된다. 바로 WHY다. 이제 골든서클을 어떻게 적용할 수 있을지 살펴보기에 앞서, 우선 이 개념의 구조부터 바깥에서 안으로, 하나씩 정의해 보자.

• WHAT: 대부분의 회사, 조직, 개인은 자신이 무엇을 하는지, 즉 WHAT을 알고 있다. 어떤 제품을 만들고, 어떤 서비스를 제공하며, 어떤 일을 맡고 있는지 설명하는 것은 어렵지 않다. WHAT은 분명하고, 누구나 쉽게 말할 수 있다.

- HOW: 어떤 회사나 사람들은 자신이 어떻게 그 일을 해내는지, 즉 HOW도 알고 있다. 이를 '차별화된 가치 제안' '고유한 프로세스' 'USP^{Unique Selling Proposition} 전략(독창적인 제품 강점을 소비자에게 반복해서 전달하는 마케팅 전략 - 옮긴이)', 혹은 '자신만의 강점'이라 부르기도 한다. HOW는 그들의 방식이 무엇과 어떻게 다른지, 왜 더 나은지를 설명한다. WHAT만큼 눈에 띄지는 않지만, 많은 이들은 HOW가 선택의 기준이 되고 구매를 유도하는 핵심 요소라고 믿는다. 하지만 HOW만으로는 사람들의 마음을 움직일 수 없다. 무엇보다 중요한 것이 하나 빠져 있다.

- WHY: '왜 그 일을 하는가?', 즉 WHY를 명확히 설명할 수 있는 사람이나 조직은 많지 않다. 여기서 말하는 WHY는 돈이 아니다. 돈은 그저 결과일 뿐이다. WHY는 존재 이유, 목적, 신념에 관한 질문이다. 당신의 회사는 왜 존재하는가? 당신은 왜 이 일을 시작했는가? 그리고 왜 사람들이 그 이야기에 귀 기울여야 하는가?

대다수 사람은 생각하고 행동하며 말할 때 바깥에서 안으로 간다. WHAT에서 시작해, HOW를 거쳐, WHY로 향한다. 가장 분명한 것에서 가장 모호한 것으로 가는 방식. 익숙하고 쉬워 보이기 때문이다. 그래서 우리는 늘 무엇을 하는지를 말하고, 가끔은 어떻게 하는지도 말하지만, 그 일을 왜 하는지는 거의 말하지 않는다.

하지만 진정한 리더와 뛰어난 기업은 다르다. 이들은 규모나 업종을 막론하고 예외 없이, 생각하고 행동하며 의사를 전달할 때 골든서클의 '안쪽'부터 시작한다.

◇ 사람들은 WHY를 보고 선택한다

애플의 사례로 시작해 보자. (나는 애플을 자주 예로 든다. 브랜드 인지도가 높고, 제품 설명이 간결하며 다른 브랜드와 비교하기 쉽기 때문이다. 애플은 젊은 세대와 기성세대 모두에게 존경받는 몇 안 되는 브랜드이자, 오랜 세월 동안 지속적으로 혁신을 이어온 드문 기업이다. 수많은 이들의 열정적인 지지를 받아온 애플은 골든서클 원리를 설명하는 데 아주 적합한 사례다.)

만약 애플이 여느 회사처럼 행동했다면, 그들의 마케팅도 골든서클의 바깥에서 안으로 흐르는 방식이었을 것이다. 우선 자신들이 '무엇을' 하는지를 말하고, 다음으로 '어떻게' 경쟁사보다 나은지를 설명한 뒤, 마지막으로 구매를 유도했을 것이다. 즉 소비자 행동인 구매를 최우선 목표로 삼는 방식이다. 실제로 애플이 그랬다면 그들의 마케팅 문구는 이렇게 들렸을지 모른다.

> 우리는 훌륭한 컴퓨터를 만듭니다.
> 디자인이 세련되고, 사용하기 쉬우며, 사용자 친화적입니다.
> 하나 사시겠습니까?

그다지 설득력 있는 문구는 아니다. 하지만 많은 기업이 이런 방식을 통해 제품을 판매한다. 먼저 "저희 신차가 출시됐습니다"라고 WHAT을 알리고, "가죽 시트에 연비도 뛰어나고 금융 혜택도 좋습니다"라며 어떻게 더 나은지 HOW를 설명한다. 그리고 마지막에는 "지금 구매하세요"라는 메시지를 더해 행동을 유도한다.

이런 패턴은 소비자 시장뿐 아니라 기업 간 거래 시장에서도 흔하다.

"저희는 ○○로펌입니다. 소속 변호사들은 모두 명문대 출신이며, 업계의 주요 고객들과 함께 일해왔습니다. 저희와 계약하세요."

정치권도 마찬가지다.

"이 후보는 세금과 이민에 대해 이런 공약을 내세웁니다. 다른 후보와는 다르죠? 그러니 이 후보에게 투표하세요."

이런 식의 의사소통은 모두 경쟁자보다 '더 낫다'는 점을 내세우며 차별성을 강조하는 데 초점을 맞춘다.

반복하지만, 사람들의 마음을 움직이는 리더와 조직은 그렇게 하지 않는다. 이들은 규모나 업종을 불문하고 예외 없이, 골든서클의 안에서 바깥으로 사고하고 실천하며 메시지를 전달한다.

애플의 사례를 다시 살펴보자. 이번에는 애플이 실제로 사용한 방식대로 마케팅 문구를 써보겠다. 아래 문장이 바로 WHY에서 시작한 대표적인 예다.

> 우리는 무엇을 하든 현실에 도전하고자 합니다.
> 우리는 다르게 생각하는 삶의 가치를 믿습니다.
> 그래서 우리는 디자인이 아름답고, 사용하기 쉬운, 사용자 친화적인 제품으로 현실에 도전합니다.
> 그 결과, 우리는 훌륭한 컴퓨터를 만듭니다.
> 하나 사시겠습니까?

앞서 살펴본 예시와는 완전히 다른 메시지다. 전달되는 감정 자체가 다르다. 두 번째 문장을 읽었을 때 훨씬 더 구매하고 싶은 마음이 든다. 달라진 것은 단지 정보의 순서뿐이다. 여기에는 속임수도, 조종도, 무료 증정도, 열망을 자극하는 메시지도, 유명인의 얼굴도 등장하지 않는다.

애플은 단순히 순서를 바꾼 것이 아니다. 자신들이 '무엇을' 하는지와는 직접적인 관련이 없을지라도, 그들이 믿는 WHY, 즉 신념, 대의, 목적을 가장 먼저 전달했다. 애플의 WHAT, 즉 그들이 만든 컴퓨터와 소형 전자제품들은 단지 제품이 아니라, 애플이 추구하는 가치와 신념을 증명해 주는 실체였다. 물론 디자인이나 사용자 경험도 중요한 요소였지만, 그것만으로는 그렇게 높은 충성도와 열광적인 지지를 만들어낼 수 없었다. 애플의 제품은 애플의 WHY를 눈에 보이게 만든 매개체였다.

다른 기업들도 뛰어난 디자이너나 엔지니어를 고용해서 예쁜 제품, 편리한 제품을 만들 수 있고, 애플을 따라 해볼 수도 있다. 실제로 어떤 기업은 애플의 직원을 스카우트하기도 했다. 하지만 결과는 같지 않았다. 왜일까? WHAT과 HOW만 복제해서는 효과를 낼 수 없기 때문이다. 애플이 시장에서 압도적인 영향력을 행사할 수 있었던 진짜 이유는, 따라 하기 거의 불가능한 뭔가를 갖고 있었기 때문이다. 앞으로 여러 번 강조하겠지만, 꼭 기억해 두길 바란다.

사람들은 WHAT, 즉 '무엇을' 하느냐보다 WHY, 즉 '왜' 하느냐를 보고 선택한다.

애플이 매번 혁신적인 제품을 만들어내고, 그토록 높은 충성도를 유지할 수 있었던 것은 단순히 WHAT 때문이 아니다. 문제는 대부분의 조직이 눈에 보이는 특징과 혜택을 앞세워 자사 제품이나 서비스가 더 낫다는 논리를 펼친다는 데 있다. 때로는 경쟁사와의 비교를 내세우기도 하고, 은유나 유추를 쓰기도 하지만, 결국 핵심은 같다. 기업은 WHAT을 팔려 하고, 소비자는 WHY를 산다. 이것이 바로 '바깥에서 안으로' 메시지를 전달한다는 의미다. WHAT과 HOW를 먼저 내세우는 방식이다.

반면 '안에서 바깥으로' 메시지를 전하는 방식은 다르다. WHY는 그 제품을 사야 할 이유가 되고, WHAT은 그 믿음을 입증하는 구체적인 증거가 된다. 우리는 눈앞에 보이는 WHAT을 통해 어떤 제품이나 브랜드, 아이디어에 왜 끌리는지를 설명하고 정당화한다.

WHAT은 외부 요인이지만, WHY는 훨씬 더 깊은 내면의 요인이다. 현실적으로 보자면 애플이 특별할 이유는 없다. 애플도 그냥 '한 회사'일 뿐이다. 델Dell, 에이수스ASUS, 에이서Acer, 레노버Lenovo, HPHewlett-Packard 같은 경쟁사들과 본질적으로 다를 것이 없다. 그들 모두가 기업이고, 모두가 회사를 구성하는 형태를 갖추고 있다. 어찌 보면 그것이 전부다. 회사는 결국 하나의 형태다.

이들은 모두 컴퓨터를 만들고, 모두 나름의 체계를 갖추고 있다. 효과적인 시스템이 있는가 하면, 제대로 작동하지 않는 시스템도 있다. 동일한 수준의 인재와 자원을 활용할 수 있고, 똑같이 광고대행사나 컨설팅 회사도 이용할 수 있다. 모두가 유능한 관리자, 디자이너, 엔지니어를 두고 있고, 잘되는 제품도 있고 그렇지 않은 제품도 있다. 애플도 마찬가지다.

그런데 왜 유독 애플만 그토록 압도적인 성공을 거뒀을까? 어떻게 시간이 지날수록 더 많은 혁신을 일궈냈을까? 왜 애플만 다른 기업보다 훨씬 높은 수익을 지속할 수 있었을까? 어떻게 그토록 보기 드문 단단한 팬층을 구축할 수 있었을까?

다시 말하지만, 사람들은 '무엇을' 하느냐보다, '왜' 하느냐를 보고 선택한다. 애플이 그렇게 높은 유연성을 발휘할 수 있었던 이유도 여기에 있다. 우리는 애플의 컴퓨터를 구매하는 데 주저함이 없고, 아이폰, 애플워치, 애플TV, 에어팟AirPods 같은 전혀 다른 제품군도 거리낌 없이 받아들인다. 소비자도, 투자자도, 애플이 다양한 분야에서 새로운 제품을 내놓는 것을 자연스럽게 여긴다. 애플을 특별하게 만든 것은 WHAT이 아니다. WHY다. 애플은 그들의 WHY, 즉 믿음과 신념을 제품이라는 구체적인 형태로 세상에 보여줬다.

물론 제품 자체도 중요하다. 하지만 애플 제품이 특별한 이유는 단순한 품질 때문이 아니다. 애플의 제품, 즉 WHAT은 애플이 믿는 바를 증명하는 구체적 증거다. WHAT과 WHY가 분명하게 연결되어 있을 때, 사람들은 그 기업을 '진짜'라고 느낀다. 애플이야말로 그런 기업이다. 애플이 하는 모든 일은 '현실에 도전하라'는 그들의 WHY를 반영한다. 어떤 제품을 만들든, 어떤 업계에 있든 "다르게 생각하라Think Different"는 신념은 언제나 선명하게 드러난다.

매킨토시Macintosh 출시 당시 애플은 복잡한 컴퓨터 언어 대신 그래픽 사용자 인터페이스GUI, Graphical User Interface를 탑재한 운영체제를 선보이며 컴퓨터 사용의 기존 방식을 뒤흔들었다. 대부분의 기술 기업이 기업 고객을 대상으로 가장 큰 시장을 노릴 때, 애플은 집에 앉아 있는 개인에게도 그와 같은 힘을 주고 싶어 했다. 애플은 제품뿐 아니라 말과 행동에서도 일관되게 WHY를 드러냈다. 그들의 WHY는 이후 아이팟iPod과 아이튠즈iTunes로 이어졌고, 이들은 음악산업의 유통 구조에 도전하는 혁신이었다. 특히 개인이 음악을 소비하는 방식을 보다 자연스럽게 반영한 변화였다.

당시 음악산업은 앨범 판매가 주된 수익원이었고, 음악 감상은 주로 집에서 이뤄졌다. 그러다 1979년 소니Sony가 워크맨Walkman을 출시하면서 음악은 집 밖으로 나왔다. 이어 디스크맨Discman도 등장했지만, 들을 수 있는 음악의 양은 카세트테이프나 CD 수에 따라 제한받았다. 이후 mp3 포맷이 등장하고 디지털 압축 기술이 발전하면서, 작고 저렴한 기기에 수많은 곡을 저장해 들을 수 있게 됐다. 우리는 점점 앨범을 수집하던 습관에서 곡을 모으는 방향으로 옮겨갔다. 하지만 음악산업은 여전히 음반 중심의 낡은 구조를 고수했고, 이런 흐름에 발맞추지 못했다.

이때 애플은 아이팟을 선보이며 이렇게 말했다.

"주머니 속 1,000곡."

단 한 문장으로 WHY를 이야기했다. 아이팟과 아이튠즈를 통해 mp3와 mp3 플레이어가 일상에 주는 가치를 한마디로 전달했다. 제품에 대한 장황한 설명은 없었다. 소비자는 이 메시지를 통해 자신이 왜 이 제품을 갖고 싶은지 스스로 이해할 수 있었다. 애플은 소비자의 이야기를 전했다.

흥미로운 점은, 애플이 이 기술을 개발한 첫 기업이 아니라는 것이다. 최초의 대용량 휴대 mp3 플레이어는 싱가포르 기업 크리에이티브 테크놀로지Creative Technology에서 만든 젠Zen이었다. 애플은 크리에이티브가 시장에 진입한 뒤 무려 22개월이나 지나서야 아이팟을 출시했다. 선발주자의 이점을 누리지 못한 것이다. 가

정용 PC의 사운드 블라스터Sound Blaster 개발사였던 크리에이티브는 기술적으로도 디지털 사운드 분야에서 훨씬 앞서 있었고 더 유리한 입장이었다.

하지만 크리에이티브는 자사 제품을 "5GB MP3 플레이어"라고 광고했다. 기술 사양을 내세운 WHAT 중심의 메시지였다. 반면 애플은 "주머니 속 1,000곡"이라는 WHY 중심의 메시지를 전했다. 겉보기에는 비슷한 말 같지만, 사람들에게 전하는 의미는 전혀 달랐다. 크리에이티브는 그들이 만든 것이 무엇인지 설명했고, 애플은 왜 우리가 그것을 필요로 하는지 설득했다.

우리는 마음이 먼저 움직인 뒤에야 WHAT을 고려한다. 살지 말지를 먼저 결정하고, 그다음 5GB를 살지 10GB를 살지 고민하는 것이다. 이처럼 WHAT은 WHY를 뒷받침해 주는 증거로서 힘을 발휘한다. 결국 사람들은 WHAT이 아니라 WHY에 끌린다. 애플도 그랬다. 제품을 팔 때 늘 WHY에서 시작했다.

아이팟이 크리에이티브의 젠보다 실제로 더 나은 제품이었는지는 아무도 확신할 수 없었다. 초기 아이팟은 배터리 수명이 짧았고, 교체도 불편했으며, 전원이 갑자기 꺼지는 등 결함이 많았다. 어쩌면 젠이 더 나았을지도 모른다. 하지만 사람들은 크게 신경 쓰지 않았다. 사람들은 '무엇을' 하느냐보다, '왜' 하느냐를 보고 선택한다. 그리고 애플은 자신들의 WHY를 명확히 전달했다. 바로 그 점이 애플이 놀라운 수준의 혁신을 거듭하며, 때로는 애플보다 더 자격 있어 보이는 기업들을 제치고, 자신들의 핵심 분야가 아닌 산업에서조차 성공할 수 있었던 이유다.

WHY가 모호한 기업은 이와 반대다. 조직이 스스로를 WHAT으로만 정의하면, 결국 그들이 정의한 일 외에는 아무것도 할 수 없게 된다. 애플의 경쟁사들은 각기 다른 제품이나 서비스를 만들고, 차별화된 가치를 강조했지만, 진정한 자유를 누리지는 못했다.

예컨대 컴퓨터 제조사인 게이트웨이^{Gateway}는 2003년 평면 TV 시장에 진출했다. 이 회사는 이미 수년 동안 평면 모니터를 생산해 왔기에, 기술적으로는 TV를 만들 만한 자격이 충분했다. 하지만 소비자들은 게이트웨이를 가전 브랜드로 받아들이지 않았고, 결국 2년 만에 TV 사업을 접고 '핵심 사업'으로 복귀했다.

델도 비슷했다. 2002년에는 개인용 정보 단말기인 PDA$^{Personal\ Digital\ Assistant}$(디지털 주소록이라 보면 된다)를, 2003년에는 mp3 플레이어를 출시했지만, 모두 몇 년을 채 넘기지 못하고 철수했다. 델은 품질 좋은 제품을 만들 수 있었고, 기술력도 충분했다. 하지만 문제는 브랜드 이미지였다. 델은 자신을 컴퓨터 회사로 정의해 왔고, 사람들도 델을 그렇게 인식했다. 그래서 델이 만든 mp3 플레이어나 PDA를 구매하는 일은 자연스럽지 않았다. 느낌이 어색했던 것이다.

반면 애플은 어땠을까? 아이폰이 출시될 때마다 사람들은 몇 시간씩 줄을 서서 기다렸고, 출시일을 미리 달력에 표시해 두고 온라인 주문을 서둘렀다. 왜일까? 사람들은 애플을 단순한 컴퓨터 회사 이상으로 봤기 때문이다. 델은 그 이상으로 여겨지지 않았다. 그래서 소형 전자기기 시장 진출도 오래가지 못했다. 결국 델은 매출 부진을 이유로 이 사업을 접고 다시 '핵심 사업'에 집중하겠다고 선언했다. 기업이 WHY를 잃은 채 WHAT으로만 자신을 규정하는 한, 그들은 늘 그 자리, 그 사업 안에 갇혀 있을 수밖에 없다.

애플은 경쟁사와 달리 WHAT이 아니라 WHY로 자신을 정의했다. 이들은 컴퓨터 회사가 아니라, 현실에 도전하고 개인에게 더 간편한 대안을 제시하는 브랜드였다. 2007년에는 사명도 '애플컴퓨터'에서 '애플Apple'로 바꿨다. 컴퓨터 회사에 그치지 않는 정체성을 명확히 드러낸 것이다. 실무적인 관점에서는 회사명이 큰 의미가 없을 수도 있다. '컴퓨터'라는 단어 하나가 애플이 할 수 있는 일, 즉 WHAT을 제한하지는 않는다. 하지만 애플 스스로의 인식, 즉 자신을 바라보는 방식에는 분명한 한계가 있었다. 이 사명 변경은 실질적 변화라기보다는 철학적 변화였다.

애플의 WHY는 1970년대 후반 창립 당시부터 만들어졌고, 오랜 시간 스티브 잡스의 리더십 아래 지속됐다. 애플은 어떤 제품을 만들든, 어떤 산업으로 확장하든 그 WHY는 변하지 않았다. 그리고 기존 통념에 도전하겠다는 애플의 철학은 결국 현실이 됐다. 퍼스널 컴퓨터 시장의 흐름을 바꾸고, 소형가전에서는 소니와 필립스Philips 같은 전통 강자에 맞섰으며, 휴대폰 시장에서는 모토로라, 에릭슨, 노키아 등 기존 강자들의 사업 모델을 흔들었다. 다양한 산업에 진출해 주도권을 잡으며 애플은 '컴퓨터 회사'라는 개념 자체를 바꿔놨다. 애플이 '무엇을' 하든, 사람들은 '왜' 애플이 존재하는지를 알 수 있었다.

하지만 애플의 경쟁사들은 달랐다. 이들도 한때는 분명한 WHY를 지니고 있었고, 이는 그들이 수십억 달러 규모의 기업으로 성장할 수 있었던 주요 요인 중 하나였다. 그러나 시간이 흐르면서 대부분의 기업이 그 WHY를 잃고 말았다. 이제 이들은 자신을 WHAT으로 정의한다. "우리는 ○○을 만듭니다"라는 식이다. 이들은 목적을 추구하던 기업에서 단순히 제품을 판매하는 기업으로 변했다. 그렇게 되면 소비자의 구매를 이끄는 기준은 가격, 품질, 서비스, 기능 등 눈에 보이는 요소들이 된다. 그리고 기업과 제품은 점차 대체 가능한 상품으로 전락한다.

다들 알고 있듯, 가격이나 품질, 서비스, 기능만으로 차별화하려는 기업들은 오랫동안 충성도 높은 고객을 확보하지 못한다. 경쟁에 드는 비용도 크고, 매일같이 스트레스를 감수해야 한다. 반면 지속 가능한 성공을 원하고 경쟁자들과 묶이지 않길 바라는 기업에 WHY는 필수다.

시장에서 어떻게 차별화될지만 고민하는 기업은, 그들이 무엇을 하든 어떻게 하든 결국에는 '상품'을 파는 회사로 인식된다. 우유만 해도 생산자는 브랜드마다 차이가 있다고 말하지만, 그 차이를 아는 사람은 전문가뿐이다. 대중에게는 모든 우유가 비슷하게 느껴지고, 그래서 우리는 그것들을 하나로 묶어 '상품'이라 부른다.

실제로 이처럼 시장에 나와 있는 대부분의 제품과 서비스는 그것이 소비자 대상이든 기업 대상이든 상관없이 모두 WHAT과 HOW에만 집중하고 WHY는 무시한다. 그러니 우리는 이들을 모두 동일한 상품으로 취급하고, 그럴수록 기업들은 다시 WHAT과 HOW에만 더 집중한다. 이 악순환이 반복된다. 그리고 바로 그런 기업들만이 매일같이 '어떻게 차별화할까?'라는 고민으로 하루를 시작한다.

반면 WHY가 분명한 기업은 이런 걱정을 하지 않는다. 자신이 다른 조직과 다르다고 확신하며, 그것을 굳이 설득하거나 복잡한 보상 체계를 설계하지도 않는다. 그들은 애초에 다르며, 모두가 그것을 알고 있다. 그들은 어떤 말을 하든, 어떤 행동을 하든 언제나 WHY에서 출발한다.

애플이 성공한 이유가 뛰어난 마케팅 때문이라고 말하는 사람들이 있다. 몇몇 마케팅 전문가는 "애플은 라이프스타일을 판다"고 주장한다. 하지만 정말 그렇다면, 왜 그들은 애플처럼 장기적인 성공을 거둔 브랜드를 다시 만들어내지 못했을까? '라이프스타일'이라는 표현은 결국 특정 방식으로 살아가는 사람들이 애플을 자신의 삶에 들였다는 사실을 인정할 뿐이다. 애플이 그 라이프스타일을 만들어낸 것도, 의도적으로 판매한 것도 아니다. 단지 그런 방식으로 살아가는 사람들이 애플에 끌린 것이다. 할리 데이비슨이 어떤 이들의 라이프스타일에 맞고, 구찌Gucci 구두가 또 다른 이들과 어울리듯, 핵심은 브랜드보다 그 사람의 삶의 방식이 먼저라는 점이다. 기업의 제품이 그들의 WHY를 보여주는 증거가 되듯, 어떤 브랜드나 제품은 개인의 WHY를 드러내는 상징이 되기도 한다.

어떤 이들은 애플의 경쟁력이 제품 품질에서 나온다고 말한다. 심지어 애플 직원 중에도 그렇게 말하는 사람이 있다. 물론 품질은 중요하다. WHY가 아무리 분명해도, WHAT이 엉망이면 모든 것이 무너진다. 하지만 최고일 필요는 없다. 아주 뛰어나지 않아도, 충분히 '좋은' 제품이면 된다. '더 낫다'거나 '최고'라는 것은 상대적인 개념이다. WHY 없이 단순 비교부터 시작하면, 그 비교는 판단에 아무런 도움도 되지 않는다.

예를 들어보자. 페라리Ferrari F430 스포츠카는 혼다 오디세이Honda Odyssey 미니밴보다 나은가? 여섯 명의 가족이 함께 탄다면, 당연히 페라리는 좋은 선택이 아니다. 반면 누군가에게 깊은 인상을 주고 싶다면, 혼다 미니밴은 아마 적합하지 않을 것이다(물론 누구를 감동시키려는지에 따라 다를 수 있다. 나 역시 섣불리 단정해서는 안 되겠지만). 결국 제품이 존재하는 이유와, 그 제품을 원하는 이유가 먼저 맞아떨어져야 한다.

혼다 오디세이에 적용된 기술 일부는 페라리보다 실제로 나을 수 있다. 연비는 확실히 낫다. 하지만 이런 설명이 페라리를 '갖고 싶어 하는' 사람의 마음을 바꾸지는 못한다. 어떤 사람은 이성보다 감정으로 반응한다. 페라리를 좋아하는 사람에게 기술력은 단지 자신의 애정을 정당화하는 구체적 증거일 뿐이다. 이미 페라리의 매력에 푹 빠진 사람과는 객관적인 대화가 이뤄질 수 없다. 그래서 페라리를 선택한 사람이 추가 요금을 내고라도 빨간색을 고집하는 반면, 혼다 오디세이를 사는 사람은 차 색깔에 그다지 신경 쓰지 않는 것이다.

애플의 컴퓨터가 더 낫다고 주장하는 사람들에게 반론을 제기하는 것 또한 의미가 없다. 그들의 기준에서는 애플이 분명히 낫기 때문이다. 애플의 WHY에 공감하는 사람은 애플 제품이 객관적으로도 더 뛰어나다고 느낀다. 그렇기에 그들의 생각을 바꾸려는 시도는 거의 무의미하다. 공통된 판단 기준 없이 누가 더 낫고, 누가 더 떨어지는지를 논하는 것은 말싸움밖에 되지 않는다. 브랜드 충성도가 높은 사람들은 자신에게 중요한 기능에 그렇지 않은 요소들까지 내세우며 서로 자신이 옳다고 주장한다. 이것이 많은 기업이 차별화를 끊임없이 외치는 이유다. 그들은 오직 하나만이 옳다는, 잘못된 전제 위에 서 있다.

하지만 양쪽이 모두 옳다면 어떨까? 어떤 사람에게는 매킨토시가 또 다른 사람에게는 PC가 더 적합하다면? 이것은 '무엇이 더 낫냐'는 논쟁이 아니라, '무엇이 더 잘 맞느냐'는 이야기다. 그러니 제대로 된 논의를 하려면, 무엇보다 먼저 각자의 WHY부터 명확히 해야 한다.

◊ **성공을 지속하기 위한 하나의 길**

자신의 WHY가 무엇인지 알아야만 성공하는 것은 아니다. 하지만 성공을 오래도록 유지하고, 혁신성과 유연성을 동시에 갖추기 위해서는 WHY를 아는 것이 유일한 방법이다. WHY가 흐릿해지면, 처음 성공을 가능하게 했던 성장과 충성도, 그리고 사람들의 마음을 움직이게 했던 동기를 유지하기가 훨씬 더 어려워진다. 다시 말해, 사람들이 자발적으로 행동하도록 만드는 방식 대신, 조종전략이 자연스럽게 선택되기 시작한다. 조종은 단기적으로는 효과가 있을 수 있지만, 장기적으로는 그 대가가 크다.

경영대학원에서 자주 다뤄지는 철도 회사 사례를 보자. 1800년대 후반, 철도 회사들은 오늘날의 구글Google이나 아마존에 비견될 만큼 거대한 기업이었다. 그들은 미국 전역에 선로를 깔며 나라의 지형까지 바꿔놨고, 엄청난 성공을 거뒀다. 하지만 어느 순간 WHY를 잊고, 자신들이 철도 사업을 하는 기업이라는 WHAT에만 몰두하게 됐다. 시야가 좁아진 이들은 철도라는 기존 사업에만 투자하며 선로, 침목, 엔진에 자금을 집중했다. 그러다 20세기 초, 비행기라는 새로운 기술이 등장했고, 그렇게 강력했던 철도 회사들은 하나둘씩 몰락했다. 만약 그들이 스스로를 철도 업체가 아니라 '장거리 대중 운송 사업자'로 정의했다면 어땠을까? 생각의 관점이 달랐다면, 아마도 놓쳤던 기회를 포착했을 것이고, 오늘날 항공산업의 주도권을 쥐고 있었을지도 모른다.

이 사례는 다른 많은 산업에 묘한 질문을 던진다. 자신과 산업의 정체성을 WHAT으로 규정한 기업들이 과연 앞으로도 살아남을 수 있을까? 오랫동안 같은 방식으로 일해온 탓에, 이들은 새로운 기술에 맞서거나 새로운 관점을 받아들이는 데 큰 어려움을 겪는다. 이는 앞서 살펴본 음악산업의 사례와도 닮았다. 음악산업 역시 새로운 기술로 소비자의 행동이 달라졌는데도, 이에 맞춰 비즈니스 모델을 바꾸지 못했다. 그리고 그와 비슷한 균열은 신문, 출판, 영화, 방송업계 등 예전 방식으로 형성된 여러 산업에서도 보이고 있다. 이들은 하나같이 가치를 재정의하지 못한 채, 다른 업계에서 등장한 기업들이 자신들의 고객을 데려가는 모습을 지켜보고 있을 뿐이다.

만약 음악 회사들이 WHY를 분명히 알고 있었다면 어땠을까? 아마도 아이튠즈 같은 서비스를 먼저 만들어낸 것은 애플이 아니라 그들이었을 것이다. 결국 이런 산업들이 변화에 적응하려면 처음 시작할 때 품었던 목적과 대의, 신념으로 되돌아가야 한다. "경쟁에서 살아남으려면 우리는 무엇을 해야 할까?"가 아니라 "우리는 처음에 왜 이 일을 시작했는가?" "지금 이 시대의 기술과 시장 환경을 고려할 때, 우리의 WHY를 실현하려면 무엇을 해야 하는가?"를 자문해야 한다. 이것은 어디까지나 내 생각이 아니라, 생물학이라는 단단한 기반 위에 선 이야기다.

4장 | 말할 수 없는 끌림의 이유

'소속감'에 대한 갈망은 인간의 가장 근본적인 욕구 중 하나로, 나라와 문화를 불문하고 모든 사람에게 공통적으로 존재한다. 이 욕구는 이성적인 판단이 아니라 본능에 가깝다. 소속감은 주변 사람들과 가치관이나 신념을 공유할 때 느끼는 감정이다. 소속됐다고 느낄 때 우리는 연결감을 느끼고, 동시에 마음이 놓이고, 안전하다고 느낀다. 인간은 그런 감정을 끊임없이 갈망하며 스스로 찾으려 한다.

소속감은 우연히 생기기도 한다. 고향 사람이라고 무조건 친한 것은 아니지만, 낯선 도시에서 동향인을 만나면 순식간에 마음이 통하는 느낌을 받는다. 같은 주 출신이라도 별다른 인연은 없지만, 먼 타지에서 만났을 때는 특별한 유대감을 느낀다. 해외에서 자국인을 마주쳤을 때 유독 반갑고 편안한 것도 같은 이유다.

나 역시 그런 경험이 있다. 한번은 호주 여행 중, 버스를 타고 가다가 누군가의 미국식 억양을 들었다. 나는 본능적으로 고개를 돌려 말을 걸었고, 금세 대화를 나누게 됐다. 같은 언어를 쓰고, 같은 속어를 이해하는 우리는 낯선 도시 한복판에서 짧지만 강한 소속감을 느꼈다. 그 순간만큼은 그 어떤 승객보다도 그 낯선 이가 더 믿음직하게 느껴졌다. 결국 며칠 뒤, 우리는 따로 만나 커피도 마셨다. 이처럼 우리는 어디에서든, 우리와 비슷한 가치나 신념을 가진 사람에게 더 쉽게 마음을 연다.

이 소속감에 대한 갈망은 때때로 이성적인 판단을 넘어선다. 우리는 소속되고 싶은 마음에 기꺼이 시간과 돈을 쓰고, 때로는 비합리적인 행동도 서슴지 않는다. 그래서 우리는 자신과 닮은 조직이나, 자신이 믿는 바를 공유하는 사람들과 함께 있고 싶어 한다.

문제는 많은 기업이 사람들의 이런 본능을 이해하지 못한 채, 자신이 '무엇을' 하는지, 자사 제품이 '어떻게' 더 뛰어난지를 이야기하는 데 그친다는 점이다. 물론 그런 정보는 관심을 끌 수는 있다. 하지만 '나도 이들과 함께하고 싶다'는 마음, 즉 소속감을 자극하기는 어렵다.

반면 어떤 회사가 WHY, 즉 그들이 믿는 신념과 존재 이유를 명확히 전달하고, 그것이 우리의 믿음과 겹친다면, 우리는 종종 무리해서라도 그 브랜드를 삶 속에 들이고 싶어진다. 단지 제품이 더 좋아서가 아니라, 그 브랜드가 우리의 가치와 신념을 대변해 주는 '상징'이 되기 때문이다.

소속감을 향한 본능은 역으로, 어울리지 않는 것들을 가려내는 데도 탁월하다. 말로 설명하기는 어렵지만, 우리는 무엇이 자연스럽게 어울리고, 무엇이 부자연스러운지를 '느낌'으로 안다. 예를 들어 델이 mp3 플레이어를 출시했을 때, 뭔가 이상하게 어울리지 않았다. 델은 스스로를 컴퓨터 회사로 규정했고, 그 정의 안에서는 오직 컴퓨터만이 자연스러웠다.

반면 애플은 자신을 더 높은 사명을 가진 기업으로 정의했다. 그렇기 때문에 그 사명에 부합하는 것이라면 어떤 제품이든, 어떤 파트너십이든 어색하지 않았다. 2004년, 애플이 반항적인 이미지의 아일랜드 록 밴드 U2와 함께 한정판 아이팟을 선보였을 때, 사람들은 그 조합에 전혀 이질감을 느끼지 않았다. 물론 음반 판매량이나 팬 수만 본다면 바브라 스트라이샌드 Barbra Streisand 가 훨씬 우세했을지도 모른다. 하지만 애플이 스트라이샌드와 협업했다면 같은 반응은 나오지 않았을 것이다. U2는 애플처럼 기존의 경계를 허무는 정신을 공유했고, 그래서 두 브랜드는 본능적으로 '잘 어울렸다'.

기억하는 독자도 있겠지만, 애플의 오래된 TV 광고 "I'm a Mac and I'm a PC(나는 맥이에요. 나는 PC예요 - 옮긴이)" 시리즈는 맥 사용자들이 스스로를 어떻게 인식했는지를 완벽히 보여준다.

광고 속에서 '맥'은 늘 청바지에 티셔츠를 입은 젊고 여유로운 사람이다. 그는 느긋한 태도로 유머를 던지며 '체제'를 가볍게 조롱한다. 반면 'PC'는 정장을 입은, 다소 나이 든 고지식한 인물로 그려진다. 맥을 쓰는 사람들 사이에 어울리려면, 광고 속 맥처럼 보여야 했다.

이에 마이크로소프트Microsoft는 "I'm a PC"라는 광고 캠페인으로 응수했다. 이 광고에는 교사, 과학자, 음악가, 아이 등 다양한 사람들이 등장해 "나는 PC예요"라고 말한다. 컴퓨터 운영체제의 95퍼센트를 점유한 회사답게, 마이크로소프트는 '모두의 PC'를 강조했다. 다시 말해, PC의 세계에 속하려면 '다수의 일원'이 되어야 했다.

어느 쪽이 더 낫고 못한 문제가 아니다. 어디에 소속되고 싶은지, '나는 체제에 도전하는 쪽인가, 다수 속에서 안정감을 느끼는 사람인가'를 스스로에게 묻는 문제일 뿐이다.

우리는 자신의 신념을 분명히 전달하는 리더와 조직에 끌린다. 그들은 우리에게 소속감을 주고, 특별한 존재처럼 느끼게 하며, 외롭지 않다는 안도감을 준다. 이런 정서적 연결은 우리가 그들에게 충성을 바치게 만드는 힘이 되기도 한다. 위대한 리더들이 공통적으로 지닌 능력은 바로, 사람들의 마음을 가까이 이끌어내는 힘이다. 그리고 같은 리더나 조직에 끌린 사람들 사이에서도 자연스럽게 유대감이 생긴다.

WHY로 시작하는 기업은 바로 이런 소속감을 만들어내는 브랜드를 구축한다. 팬클럽은 대부분 고객에 의해 자발적으로 시작되며, 종종 기업의 개입 없이 성장한다. 그들은 단지 제품에 대한 애정을 나누려는 것이 아니라, 자신과 비슷한 사람들과 함께 있고 싶은 마음에서 모인다. 브랜드는 곧, 그들이 공유하는 가치와 신념을 상징하는 기호가 된다.

애플 사용자들은 서로에게서 유대감을 느꼈고, 할리데이비슨을 탄 사람들 역시 마찬가지였다. 마틴 루서 킹 목사의 "I Have a Dream" 연설에 이끌려 모인 사람들도 그랬다. 인종이나 종교, 성별을 뛰어넘어, 같은 신념과 가치관을 품은 이들은 한자리에 서 있었다. 그들은 '우리는 하나다'라는 사실을 머리가 아니라, 가슴으로, 직감으로 알고 있었다.

◇ **사랑을 설명할 수 없는 이유**

골든서클은 단순한 소통 구조가 아니다. 이 원리는 인간 행동의 진화 과정과 깊은 연관이 있으며, WHY의 힘은 단지 의견이 아니라 생물학적 사실에 기반한다. 인간의 뇌를 위에서 아래로 단면으로 살펴보면, 골든서클의 세 가지 단계는 뇌의 세 가지 주요 구조와 정확히 일치한다.

가장 바깥에 해당하는 WHAT은 호모사피엔스의 뇌인 신피질 neocortex에 해당한다. 이 부위는 언어, 이성과 분석적 사고를 담당한다. 반면 중간 영역에 해당하는 HOW와 WHY는 대뇌변연계 limbic brain에 속한다. 이 부위는 신뢰, 충성심 등 우리가 느끼는 거의 모든 감정을 담당하며, 동시에 인간의 행동과 의사결정을 실제로 이끌어내는 역할을 한다. 하지만 이 부위는 언어를 사용할 수 없다.

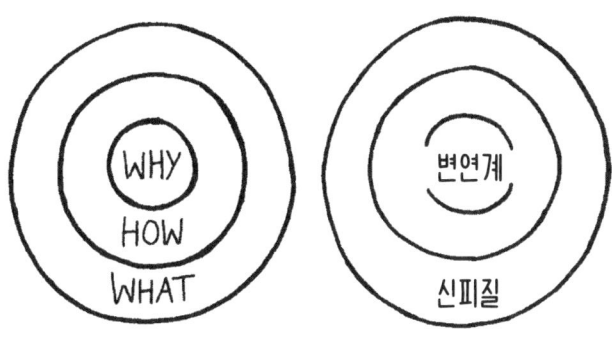

우리가 바깥에서 안으로 소통할 때 WHAT, 즉 '무엇을' 하는지부터 말하면 상대는 다양한 정보, 기능, 특징 등을 논리적으로 이해할 수 있다. 그러나 그런 방식은 행동을 유도하지 못한다. 반대로 안에서 바깥으로, 즉 WHY부터 시작해 전달하면 행동을 조절하는 변연계와 직접 소통하게 되면서 사람들은 직관적으로 반응하고, 이후 신피질이 그 결정을 이성적으로 합리화한다.

감정을 관장하는 뇌에는 언어 기능이 없기에, 우리는 감정을 말로 표현하기 어렵다. 예컨대 누군가를 사랑하는 이유를 설명해

보려 하면 종종 애매하거나 빗겨간 표현을 쓰게 된다. "그 사람은 재밌고 똑똑해요"라고 말하지만, 그런 사람은 세상에 많다. 그런데 우리는 왜 하필 그 사람을 사랑하게 됐을까? 이유는 분명 있지만, 논리적으로 설명되지는 않는다. 우리가 정말 말하고 싶은 것은 '그 사람이 주는 감정'이다. 하지만 그 감정을 언어로 포착하는 일은 쉽지 않다. 그래서 우리는 종종 비논리적인 말로 감정을 설명하려 한다.

"그 사람이 나를 완전하게 해줘요."

"그 사람은 날 정말 잘 알아요."

도대체 이런 말을 어떻게 객관적으로 입증할 수 있을까? 이런 비이성적인 표현들이야말로, 우리가 감정적으로 어떤 결정을 내렸고, 그것을 이성으로 설명하려 한다는 증거다. 결국 우리는 어떤 사람이 '그냥 맞는 것 같다'는 직감을 통해 사랑에 빠진다. 그 이유는 머리가 아니라 마음, 아니 정확히 말해 '본능'이 먼저 알아차린 것이다.

다른 결정을 내릴 때도 마찬가지다. 마음이 이끄는 대로 행동했을 때는 그 이유를 말로 설명하기 어렵다. 이는 의사결정을 관장하는 뇌 부위가 언어를 담당하지 않기 때문이다. 그래서 우리는 직감으로 내린 결정을 이성적으로 합리화하려 애쓴다. 이 같은 특성은 설문조사나 시장조사에서도 마찬가지다. 소비자에게 왜 우리 제품을 선택했는지를 묻는다고 해서 진짜 동기가 드러나는 것은 아니다. 그들이 그 선택을 '어떻게 이해하고 있는가'는 알수 있지만, 왜 그렇게 행동했는지는 여전히 베일에 싸여 있다. 이유를 모르는 것이 아니라, 설명하기 어려운 것이다. 왜냐하면 결정을 내리는 뇌와, 그 결정을 언어로 설명하는 뇌는 서로 다른 곳에 존재하기 때문이다.

우리는 이런 결정을 두고 "그냥 느낌이 좋아서"라고 말한다. 하지만 실제로 마음에서 뭔가를 결정하는 일은 없다. 모든 결정은 변연계에서 이뤄진다. 우리가 '느낌'이라는 단어로 표현하는 것도 우연이 아니다. 의사결정과 감정을 동시에 관장하는 부위가 바로 이곳이기 때문이다. 우리는 때로 '가슴이 시키는 대로' '직감에 따라' 결정한다고 말하지만, 실은 모두 변연계에서 비롯된다.

변연계는 매우 강력하다. 때로는 이성과 분석을 거스르는 판단을 내리기도 한다. 모든 데이터를 분석해도 결론이 잘 나지 않을 때, 우리는 결국 직감을 따른다. 신경과학자 리처드 레스탁^{Richard} $_{Restak}$은 『벌거벗은 뇌$^{The\ Naked\ Brain}$』에서 이런 과정을 설명한다. 사람에게 이성적인 사고만으로 결정을 내리게 하면, 대부분 과하게 고민하거나 결정을 미루게 된다는 것이다. 레스탁에 따르면 이성적 판단은 시간이 오래 걸릴 뿐 아니라 결과가 좋지 않을 때도 많다.

반면 직감, 즉 변연계 기반의 판단은 더 빠르고 결과도 더 나은 경우가 많다. 시험을 볼 때 첫 느낌대로 답을 고르라는 조언도 바로 이 때문이다. 생각을 오래 할수록 틀릴 가능성만 커진다. 우리 뇌는 본능적으로 옳은 답을 아는 경우가 많다. 하지만 그 이유를 언어로 설명하지 못하면 자신을 의심하게 되고, 결국 외부 근거에 의존하게 된다. 이때부터 상황은 더 복잡해진다.

예를 들어 TV를 새로 사려고 한다고 치자. 온라인 쇼핑몰을 돌아다니며 다양한 제품을 비교하고, 평점이 높은 제품의 후기도 꼼꼼히 읽지만 여전히 어떤 모델이 자신에게 맞는지 잘 모르겠다. 한참을 고민한 끝에 하나를 선택하고 '구매하기' 버튼을 누른다. 그런데도 뭔가 찜찜하다. 그러다 친구 집에 가보니, 마지막까지 고민했던 '다른 제품'이 놓여 있다. 친구는 새 TV가 얼마나 좋은지 자랑을 늘어놓는다. 그러자 갑자기 질투가 생긴다. 실제로 그 제품이 더 좋은지는 알 수 없지만, 괜히 '그걸 살 걸 그랬나?' 하는 생각이 든다.

WHY를 전달하지 못하는 기업은 우리에게 오직 숫자, 사양, 특징 같은 '팩트'만 던진다. 이런 정보만으로는 쉽게 결정하기 어렵고, 결정을 내린다 해도 확신이 부족하다. 그래서 불안한 상태가 지속된다. 이때 욕망이나 두려움, 의심이나 환상을 자극하는 조종전략이 힘을 발휘한다. 우리는 감동도 설렘도 없는 선택을 하게 되고, 감정은 따라오지 않는다. 그 이유는 단 하나다. 그 기업들이 우리에게 진짜 중요한 이유를 이야기하지 않았기 때문이다.

그들은 WHY를 말하지 않는다.

사람들은 '무엇을' 하느냐보다, '왜' 하느냐를 보고 선택한다. WHY를 전달받지 못하면 사람들은 스트레스와 의심 속에서 결정을 내린다. 반면 애플의 맥이나 할리데이비슨의 오토바이에 끌린 사람들은 어떤 브랜드를 고를지 고민할 필요조차 없었다. 그들은 자신의 결정에 확신이 있었고, 고민은 오로지 '어떤 모델을 고를까'뿐이었다. 이들에게도 제품의 기능이나 장점 같은 객관적인 요소는 물론 중요했다. 하지만 그것이 구매를 결정짓거나 충성심을 만들지는 않았다. 결정은 이미 감정적인 차원에서 끝난 상태였고, 그 이후에야 이성적 기준들이 '구체적으로 무엇을 고를 것인지'를 정하는 데 쓰였다.

이처럼 WHY에서 출발해 HOW와 WHAT으로 이어지는 순서야말로, 골든서클이 말하는 완벽한 의사결정 구조다. 감정적 요소에서 출발한 뒤, 이성적 요소를 통해 결정을 언어로 설명하고 합리화하는 것. 우리가 흔히 말하는 "감성과 지성 hearts and minds을 사로잡는다"는 말이 바로 이 과정을 뜻한다.

여기서 '감성'은 감정을 관장하는 변연계를, '지성'은 언어와 이성을 담당하는 신피질을 가리킨다. 대부분의 기업은 지성을 사로잡는 데는 능하다. 제품의 기능이나 장점을 비교해서 보여주면 되기 때문이다. 하지만 감성을 사로잡으려면 훨씬 많은 노력이 필요하다.

의사결정의 생물학적 구조를 보면 '감성과 지성'이라는 표현에서 왜 감성이 앞에 오는지 그 의미가 분명해진다. 왜 우리는 '지성과 감성'이라고 말하지 않을까? 마치 '예술과 과학art and science'이라는 표현에서도 늘 예술이 앞서는 것처럼. 어쩌면 우리 언어의 무의식, 곧 언어 기능이 없는 변연계가 보내는 미묘한 신호인지도 모른다. 진정한 리더십은 감정에서 시작해야 한다는 것. 진짜 결정은 WHY에서 시작되어야 한다는 것이다.

WHY가 없으면 결정은 어려워진다. 우리는 의심이 들면 과학적 근거와 데이터를 찾아 결정의 방향을 잡으려 한다. 기업에 "왜 WHAT이나 HOW부터 시작하느냐"고 물으면, 그들은 고객이 그런 품질, 서비스, 가격, 기능을 원했기 때문이라고 답한다. 데이터도 그렇게 말한다고 한다. 만약 결정을 내리는 뇌와 그것을 설명하는 뇌가 같은 부위라면, 고객이 원하는 대로 주는 전략도 그럴듯해 보일 수 있다.

하지만 현실은 다르다. 기업이 고객이 원하는 기능을 모두 제공한다 해도, 판매가 획기적으로 늘거나 충성도 높은 관계가 생기는 일은 드물다. 포드 창립자 헨리 포드Henry Ford는 이렇게 말한 것으로 알려져 있다.

"내가 사람들에게 무엇을 원하는지 물었다면, 그들은 더 빠른 말을 원한다고 대답했을 것이다."

이 말 속에는 위대한 리더의 본질이 담겨 있다. 위대한 리더와 조직은 대중이 보지 못하는 것을 본다. 우리는 미처 요구할 줄도 몰랐던 것을 그들은 먼저 제안한다. 컴퓨터 혁명 초기에 사용자들은 그래픽 사용자 인터페이스를 상상조차 하지 못했지만, 애플은 그것을 제공했다. 항공업계의 경쟁이 치열하던 시기, 고객 대부분은 더 많은 서비스를 요구했지만 사우스웨스트항공은 오히려 '적은 서비스'를 선택해 성공했다. 그리고 국가가 어려움에 처했을 때, 지도자 대부분은 국민에게 "나라가 당신을 위해 무엇을 해줄 수 있는가"를 말했을 것이다. 하지만 존 F. 케네디는 정반대로 말했다.

"나라가 당신을 위해 무엇을 해줄 수 있는지를 묻지 말고, 당신이 나라를 위해 무엇을 할 수 있는지를 물어보십시오."

위대한 리더는 직감을 믿는다. 그들은 과학보다 예술을 먼저 이해하고, 지성보다 감성을 먼저 움직인다. 그들은 최고의 결정이 감정에서 비롯된다는 것을 알고 있다. 그리고 감정은 대부분 말로 설명하기 어렵다는 사실도 안다.

◇ 보이지 않는 것에 숨겨진 진실

"흰옷은 더 하얗게, 색깔 옷은 더 선명하게."

세탁 세제 광고에서 흔히 들을 수 있는 문구다. 오랫동안 세제 업계는 이 슬로건을 핵심 가치로 삼아 경쟁해 왔다. 시장조사에서도 소비자들은 그렇게 말했다. 데이터는 분명했고, 주장도 정당했다. 하지만 사람들이 진짜로 원한 것은 따로 있었다.

　세제 제조사들은 소비자에게 세제에서 무엇을 기대하는지를 물었고, 소비자들은 흰옷은 더 하얗게, 색깔 옷은 더 선명하게 만들어주는 세제를 원한다고 대답했다. 다시 말해, 옷이 어느 정도 깨끗해지는 것이 아니라 아주 깨끗해지길 바랐던 것이다. 그래서 브랜드들은 각기 다른 방식으로 차별화를 시도했다. 어떤 회사는 단백질 성분이 더 효과적이라고 주장했고, 다른 회사는 색상 강화제를 강조했다. 그렇게 오랜 시간 경쟁이 이어졌다.

　그러다 어느 날, 한 소비재 기업이 인류학자들을 고용해 소비자의 실제 행동을 관찰하게 했다. 그 결과는 놀라웠다. 세탁물을 건조기에서 꺼낸 사람들은 그 옷을 빛에 비춰보며 얼마나 하얗고 선명해졌는지 비교하지 않았다. 그들이 가장 먼저 한 행동은 '냄새를 맡는 것'이었다. 이 발견은 단순하면서도 강력했다. 사람들은 눈에 보이는 것보다, 보이지 않는 것을 더 중요하게 여기고 있었던 것이다.

　어떤 세제는 깨끗하게 빨아주는 것은 기본 전제다. 그것이 세제가 하는 일이다. 하지만 소비자에게 정말 중요한 것은 옷이 '얼마나 잘 세탁됐는가'가 아니라, 세탁물을 꺼냈을 때 퍼지는 '깨끗하고 상쾌한 냄새'였다. 잘못된 전제를 바탕으로 업계 전체가 엉뚱한 방향으로 나아가는 일은 비단 세제업계에만 있는 것이 아니다.

휴대폰 회사들은 사람들이 더 많은 옵션과 버튼을 원한다고 믿었지만, 애플은 버튼이 하나뿐인 아이폰을 내놨다. 독일 자동차 회사들은 미국 소비자들이 뛰어난 엔지니어링만을 중시할 것이라 믿었다. 하지만 놀랍게도, 기술력만으로는 부족했다. 결국 하나둘씩 고급 자동차에 컵 홀더를 추가해야 했다. 출퇴근 문화 속에서 살아가는 미국인들에게는 컵 홀더가 생각보다 중요한 요소였던 것이다. 하지만 소비자 조사에서 이 기능이 거론되는 일은 거의 없었다. 물론 컵 홀더 하나 때문에 BMW$^{Bayerische\ Motoren\ Werke}$에 충성하게 되는 것은 아니다. 중요한 것은 아무리 이성적으로 보이는 소비자라도 실제 의사결정은 눈에 보이지 않는 다른 요소에 의해 좌우된다는 점이다.

변연계는 정말 놀라운 힘을 지녔다. 우리는 때때로 이 뇌의 감정 영역 덕분에 비이성적이고 비합리적으로 보이는 선택을 한다. 안전한 집을 떠나 머나먼 낯선 곳을 탐험하고, 바다를 건너 또 다른 세계를 보러 가고, 안정적인 직장을 그만두고 통장 잔고 하나 없이 지하실에서 사업을 시작한다. 겉으로 보면 모두 미친 짓처럼 보일 수 있다. "그렇게 하다 망하면 어쩌려고 그래?"라는 말이 나올 법하다.

우리를 움직인 것은 논리나 사실이 아니었다. 우리를 낯선 곳으로 이끌고, 안정을 찾는 대신 가진 것 하나 없이 새로운 시도를 하게끔 만든 것은 희망과 꿈, 그리고 마음 깊은 곳에서 솟아오른 본능이었다.

만약 우리가 모두 철저히 이성적인 존재라면, 세상에는 작은 사업체도, 미지의 세계를 향한 탐험도, 혁신도 없었을 것이다. 그리고 그런 도전을 가능하게 하는 위대한 리더도 존재하지 않았을 것이다. 우리를 그런 행동으로 이끄는 것은 바로 개인의 이익을 뛰어넘는 더 크고 의미 있는 뭔가에 대한 흔들림 없는 신념이다. 한편 인간의 변연계는 긍정적인 감정뿐 아니라 증오나 두려움 같은 감정에서 비롯된 행동도 이끌어낸다. 그렇지 않다면 한 번도 만난 적 없는 사람에게 해를 끼치려는 일들이 어떻게 일어날 수 있겠는가?

시장조사를 보면 소비자 대부분은 최고의 품질, 가장 다양한 기능, 가장 나은 서비스, 그리고 합리적인 가격을 갖춘 제품을 원한다고 답한다. 그러나 강력한 충성고객을 보유한 기업들은, 아이러니하게도 이 모든 조건을 충족하지 않는다. 예를 들어 할리 데이비슨 커스텀 모델을 제작 주문하려면 지금도 최대 6개월을 기다려야 한다(예전에는 1년이나 걸렸다). 일반적으로 보자면, 아주 나쁜 서비스다.

애플의 컴퓨터는 사양이 비슷한 PC보다 최소 25퍼센트 이상 비싸다. 이성적으로 따지면, 맥이 PC보다 더 잘할 수 있는 일은 많지 않다. 오히려 PC에서 가능한 일이 맥에서는 안 되는 경우도 있다. 만약 사람들이 정말로 모든 제품 정보를 철저히 비교하고 이성적인 기준만으로 판단한다면, 맥을 선택할 사람은 거의 없을 것이다.

하지만 현실은 다르다. 많은 사람이 맥을 선택하고, 일부는 그 제품에 강한 애정을 품기까지 한다. 이것은 머리가 아닌, 가슴에서 비롯된 감정이다. 생물학적으로 말하면, 바로 변연계에서 나오는 반응이다.

당신도 주변에 맥을 유독 사랑하는 사람 하나쯤은 알고 있을 것이다. 그들에게 이유를 물어보면 이렇게 말하지는 않을 것이다.

"나는 기존 질서에 도전하는 삶을 추구해. 나를 둘러싼 사람이나 물건, 브랜드까지도 그런 내 신념을 드러내는 게 중요하거든."

물론 뇌과학적으로 보면 정확한 설명이다. 하지만 구매 결정이 언어를 담당하는 영역이 아닌, 행동을 관장하는 뇌 영역에서 이뤄졌기 때문에 사람들은 그 이유를 다른 방식으로 설명한다.

"사용자 인터페이스가 좋아서요."

"심플하잖아요."

"디자인이 예쁘고, 품질도 뛰어나요."

"맥이 최고죠."

"저는 원래 창의적인 사람이거든요."

이런 말들이 따라 나온다. 하지만 실상은 다르다. 맥을 선택하고, 그 브랜드에 깊이 빠지는 이유는 매우 개인적이다. 그들이 정말로 신경 쓰는 것은 애플이 아니다. 그들이 맥을 통해 보고 싶은 것은 바로 자기 자신이다.

애플에서 일하는 직원들도 마찬가지다. 그들 역시 왜 애플에서 일하는 것이 특별한지 정확히 말로 설명하지 못할 때가 많다. 그들에게 직업은 그들의 WHY를 이루는 WHAT 중 하나일 뿐이다. 이들은 애플의 성공이 뛰어난 제품 품질 덕분이라고 말하지만, 마음 깊은 곳에서는 자신보다 더 큰 뭔가의 일부가 된다는 데서 자부심을 느낀다. 애플의 충성도 높은 직원들, 그리고 고객들은 모두 '긍정적인 혁신'에 마음이 끌리는 사람들이다.

이런 직원들에게 더 높은 연봉이나 더 좋은 복지를 제시한다고 해도 델로 이직하게 만들 수는 없다. 마찬가지로 충성도 높은 맥 사용자에게 현금 환급이나 할인 혜택을 아무리 강조해도 PC로 돌아서게 하기는 어렵다. 그들은 이미 일반적인 PC 사용자보다 두 배 가까운 금액을 지불하면서도 맥을 선택하고 있기 때문이다.

이것은 단순히 이성적인 선택이 아니다. 신념에서 비롯된 선택이다. 애플의 조직문화를 두고 종교 같다고 하는 말이 괜히 나온 것이 아니다. 그들에게 애플은 단순한 제품이 아니라 함께 지지하고 싶은 하나의 '대의'이며, 결국은 신념의 문제다.

앞서 살펴본 혼다와 페라리 이야기를 떠올려보자. 제품은 단지 회사의 신념을 상징하는 데 그치지 않는다. 그것은 그 제품을 선택한 고객의 신념까지도 상징한다. 얼마 전까지만 해도, 맥북 사용자들은 공항에서 노트북을 여는 그 순간을 즐겼다. 사람들에게 자신이 맥을 쓰고 있다는 것을 보여주는 일이 자랑스러웠다. 그들에게 그 반짝이는 애플 로고는 자신이 누구이며 세상을 어떻게 바라보는지를 나타내는 상징이었다.

  그렇다면 누군가가 델 노트북을 펼칠 때도 주변 사람들이 관심을 가졌을까? 전혀 그렇지 않았다. 심지어 델 사용자 본인조차도 크게 신경 쓰지 않았다. 델은 WHY가 뚜렷하지 않았기 때문에, 제품이나 브랜드가 사용자에게 어떤 상징성을 부여해 주지 못했다. 아무리 빠르고 멋진 노트북이라도, 그들에게 델은 더 큰 가치나 신념이 담긴 상징은 아니었다. 단지 '하나의 컴퓨터'일 뿐이었다. 심지어 한때 델의 노트북은 로고가 사용자 쪽을 향하도록 배치되어 있었다. 덕분에 노트북을 열면 로고가 뒤집혀 보여, 주변 누구도 그것이 무슨 브랜드인지 바로 알아볼 수 없었다. (맙소사! 이쯤 되면 이마를 치게 된다.)

  WHY가 분명한 제품은, 그것을 사용하는 사람에게 자신이 누구인지, 어떤 가치를 추구하는지를 외부에 보여줄 수 있는 수단이 된다. 다시 강조하자면, 사람들은 '무엇을' 하느냐보다, '왜' 하느냐를 보고 선택한다. 만약 한 기업이 분명한 WHY를 갖고 있지 않다면, 외부의 누구도 그들의 정체성을 이해할 수 없다. 그저 '무엇을 하는지' 정도만 알 뿐이다. 그러면 그 기업은 가격, 기능, 품질, 서비스 같은 조종 수단에 의존해 차별화를 시도하게 되고,

결국에는 진짜 충성은 이끌어내지 못한 채 단기적인 거래에 그치게 된다.

5장 | 진정성에 필요한 세 가지: 명확성, 행동원칙, 일관성

자연은 진공상태를 싫어한다. 생명이 유지되려면 균형이 필요하고, 자연은 언제나 그 균형을 되찾으려 한다. 숲이 불에 타 사라지면, 그 자리에 새로운 생명을 틔우고, 생태계 안의 먹이사슬은 모든 생물이 서로에게 필요한 존재로 작용하며 균형을 만든다.

골든서클 역시 생물학적 원리에 뿌리를 두고 있다. WHY가 사라지면 균형이 무너지고 조종전략이 자리를 잡는다. 조종이 늘어나면, 구매자는 불확실성에 휘말리고, 판매자는 시장의 흔들림에 휘청인다. 결국 모두가 스트레스를 받는다.

WHY에서 시작하는 것은 단지 출발점일 뿐이다. 사람이나 조직에 진정으로 의미 있는 행동을 이끌어내기 위해서는, 그전에 해야 할 일이 아직 남아 있다. 골든서클이 제대로 작동하려면, 각 요소가 균형을 이루고, 올바른 순서로 배치되어야 한다.

◊ **WHY의 명확성**

모든 것은 명확함에서 출발한다. 내가 하는 일의 목적이 무엇인지, 나는 왜 이 일을 하는지를 스스로 분명히 알아야 한다. 사람들은 '무엇을' 하느냐보다, '왜' 하느냐를 보고 선택한다. 그런데 당신 자신조차 그 이유를 모른다면, 누가 그것을 알아주겠는가? 조직의 리더가 제품이나 서비스 너머의 존재 이유를 명확히 설명하지 못한다면, 구성원이 스스로 일하는 의미를 찾기는 어렵다.

정치인도 마찬가지다. "국민을 위해 봉사하겠다"는 식의 말로는 부족하다. 누구나 하는 말이기 때문이다. 그 이상을 말할 수 있어야 한다. WHY가 분명하지 않으면, 유권자는 누구를 따라야 할지 알 수 없다. 조종전략으로 당선될 수는 있다. 하지만 그 사람이 진정한 리더인지 증명되지는 않는다. 리더는 사람들이 자발적으로 따를 때 비로소 완성된다. 그리고 그런 따름은 하나의 공약이 아니라, 더 큰 믿음과 가치를 공유할 때 생겨난다.

누군가를 움직이고 싶다면, 사람들의 마음을 울리고 싶다면 그 시작은 늘 같다. WHY를 명확히 아는 것이다.

◊ **HOW의 행동원칙**

'왜' 이 일을 하는지 명확해졌다면, 그다음은 '어떻게' 그 목적을 실현할지를 고민해야 한다. HOW는 우리가 믿는 바를 실제로 구현하기 위한 가치와 원칙이다. 이는 조직 내부의 시스템, 프로세스, 문화 속에 고스란히 드러난다. 여기서 중요한 것은 이 원칙을 명확히 이해할 뿐 아니라 구성원 모두가 이를 지키도록 책임을 부여할 수 있어야 한다는 점이다. 그래야 조직은 본연의 강점을 최대한 발휘할 수 있다. HOW를 분명히 알고 있으면, 함께 일할 사람을 채용하거나 협력사를 고를 때도 방향이 선명해진다. 자연스럽게, 우리 방식과 잘 맞는 이들을 찾게 된다.

아이러니하게도 '왜 이 일을 하는가?'라는 복잡해 보이는 질문의 답은 의외로 간단하고도 효율적으로 찾아낼 수 있다. 정작 어려운 것은 그 대의를 끝까지 지키는 일이다. HOW에 따라 행동하고, 스스로 책임을 지는 태도를 조직 전체가 실천하는 일이다. 그래서 우리는 종종 회사의 가치들을 벽에 써 붙여 되새긴다. 하지만 대부분의 경우 '정직' '혁신' '책임감'처럼 명사형으로 적는다. 문제는, 명사는 행동이 아니라는 점이다. 시스템을 설계하거나 보상을 연계하기 어렵고, 실천 여부를 평가하기도 애매하다. "밥, 오늘은 혁신을 좀 더 해줘"라고 말할 수는 없는 노릇이다. 심지어 정직을 실천하겠다는 다짐이 벽에 적혀 있어야 한다면, 이미 조직문화에 심각한 문제가 있다는 뜻일지도 모른다.

진짜로 효과적인 가치와 행동원칙은 명사가 아닌 동사여야 한다. '정직'이 아니라 '진실을 말하라', '혁신'이 아니라 '문제를 다른 각도에서 보라', '올곧음'이 아니라 '옳은 일을 하라'가 되어야 한다. 동사형으로 정리된 가치는 어떤 상황에서도 명확한 판단 기준이 된다. 서로가 서로에게 책임을 물을 수도 있고, 실천 정도를 기준으로 보상도 설계할 수 있다. "정직해져라"는 말로는 고객의 이익을 최우선으로 생각하는 행동을 이끌어내기 어렵지만, "언제나 옳은 일을 하라"는 말은 사람을 움직이게 한다. 앞서 이야기한 패블레틱스가 자사 영업 전략과 웹사이트를 설계할 당시, 회사 벽에 어떤 문장을 써 붙였을지 궁금해진다.

 골든서클은 장기적인 성공의 원리를 설명한다. 하지만 장기적인 여정에도 단기적인 판단이 반드시 필요하다. 그래서 우리는 언제나 WHY에 집중해야 한다. 그리고 그 WHY에 부합하도록 행동해야 한다. WHY는 여정의 방향을 가리키는 나침반이고, HOW는 우리가 어떤 길을 택할지, 어떤 단계를 거쳐야 할지를 알려주는 안내서다.

◇ **WHAT의 일관성**

WHY는 신념이다. 그것은 우리 마음속에 존재한다. HOW는 그 신념을 현실로 옮기기 위한 행동이다. 하지만 우리는 눈에 보이는 세상에 살고 있다. 우리가 하는 모든 말과 행동은 우리가 무엇을 믿는지를 증명해야 한다. WHAT은 바로 그런 행동의 구체적 결과다. 우리가 만든 제품과 서비스, 마케팅과 홍보, 조직문화, 채용한 사람들까지, 눈에 보이는 모든 것이 WHAT이다.

 사람들은 '무엇을' 하느냐보다, '왜' 하느냐를 보고 선택한다.

그렇다면 당신이 말하고 행동하는 모든 것이 그 WHY와 일관되어야 한다. 우리가 믿는 바를 다른 사람들이 알 수 있는 유일한 방법은 말과 행동뿐이다. 그런데 이 둘이 일관되지 않다면, 그 누구도 우리의 신념을 알 수 없다.

진정성은 바로 이 WHAT 단계에서 드러난다. '진정성'이라는 단어는 기업과 정치 세계에서 자주 등장한다.

"진정성 있는 브랜드가 사랑받는다."

"사람들은 진정성 있는 후보에게 투표한다."

"그 마케팅 자료, 좀 더 진정성 있게 해봅시다."

많은 이들이 그렇게 말한다. 하지만 "진정성 있게 하라"는 말이 구체적으로 무엇을 하라는 뜻일까? 행동으로 옮길 수 없는 지시다.

그래서 기업들은 종종 소비자에게 묻는다.

"우리가 어떻게 해야 진정성 있어 보일까요?"

그러나 진정성이란, 남이 알려주는 것이 아니라 스스로 이미 알고 있어야 하는 것이다. 내가 누구이고, 무엇을 믿는지를 분명히 아는 상태, 그것이 진정성이다. WHY 없이 진정성을 말하는 것은 공허한 구호에 불과하다.

진정성이란 골든서클이 균형을 이룬 상태를 말한다. 우리가 하는 말과 행동이, 실제 우리가 믿는 바와 일치할 때 진정성은 자연스럽게 드러난다. 이는 경영진만의 일이 아니다. 구성원 모두가 함께 지켜야 할 기준이다. 그럴 때 비로소 우리가 하는 모든 말과 행동이 진정성 있게 전달된다.

애플은 자신들의 초창기 애플I, 애플II와 매킨토시가 당시 주류였던 IBM DOS$^{\text{Disk Operating System}}$에 도전했다고 믿었다. 그들의 아이팟과 아이튠즈 역시 기존 음악산업 질서에 맞섰다고 믿었다. 우리는 그 WHY를 알고 있었기에, 그들의 제품에서 진정성을 느낄 수 있었다.

반면 델은 mp3 플레이어를 출시하며 소형가전 시장에 진출하려 했다. 하지만 우리는 델이 왜 그런 제품을 만드는지 알 수 없었다. 단지 시장 기회를 포착해 수익을 내려는 것으로 보였을 뿐, 그들의 WHY는 느껴지지 않았다. 델의 mp3 플레이어는 진정성을 주지 못했다. 델에 기술이 없었던 것은 아니다. 좋은 제품을 만들 실력도 있었다. 하지만 WHY 없이 새로운 시장에 진입하는 일은 훨씬 더 어렵고, 비용도 많이 든다.

아무리 품질이 뛰어난 제품을 만들어도, 마케팅을 잘해도, 그에 걸맞은 WHY가 없다면 성공을 장담할 수 없다. 진정성 없는 제품은 사람들의 마음을 움직이지 못한다. 진정성은 선택이 아닌 필수다.

최고의 영업 사원에게 물어보자.

"어떻게 하면 영업을 잘할 수 있습니까?"

그들은 이렇게 답할 것이다.

"내가 파는 제품을 진심으로 믿어야 해요."

믿음이 생기면, 말에 진정성이 담긴다. 믿음이 있을 때, 열정도 따라온다. 훌륭한 영업 조직은 진정성을 바탕으로 관계를 만들고, 그 관계는 신뢰로 이어진다. 신뢰가 쌓이면 충성도도 따라온다.

반대로 골든서클의 균형이 무너지면 진정성은 사라지고, 관계는 끈끈해지지 않으며, 신뢰도 깨진다. 그러면 가격, 서비스, 품질, 기능 경쟁으로 되돌아간다. 다른 회사들과 별다를 바 없어지는 것이다. 더 심각한 것은, 그런 기업일수록 가격 인하, 프로모션, 사회적 압력, 공포심 조성 같은 조종전략에 기대게 된다는 점이다.

◊ WHY에서 출발해야 한다

WHY를 명확히 세우고, 그 WHY를 실현하기 위한 HOW, 즉 행동원칙에 책임 있게 임하며, 우리의 모든 말과 행동인 WHAT이 일관성을 갖췄다면 마지막으로 중요한 것은 바로 순서다.

앞서 애플의 마케팅 사례에서도 봤듯, 단지 정보를 전달하는 순서를 바꿨을 뿐인데 메시지의 힘이 전혀 달라졌다. WHAT도 물론 중요하다. WHY를 눈에 보이는 현실로 증명해 주는 것이 바로 WHAT이기 때문이다. 하지만 반드시 WHY가 먼저여야 한다. WHY는 모든 것을 설명하는 맥락이기 때문이다.

이 책에서 소개되는 수많은 사례가 보여주듯, 리더십도, 의사결정도, 커뮤니케이션도 모두 WHY에서 출발해야 강력한 결과를 만들어낼 수 있다. WHY에서 시작할 때, 사람들은 행동하게 된다. 우리의 WHY가 분명하고, 그 WHY를 실현하는 방식이 명확한 HOW로 뒷받침되며, 우리가 하는 일들이 일관된 WHAT으로 드러날 때, 그제야 사람들은 우리가 누구이며 무엇을 믿는지 이해하게 된다. 그리고 바로 그때, 우리는 사람들의 마음을 움직이고 행동을 이끌어낼 수 있다.

◊ **결코 따라 할 수 없는 WHY**

샌안토니오San Antonio의 사업가 롤린 킹Rollin King은 퍼시픽사우스웨스트항공Pacific Southwest Airlines이 캘리포니아주에서 운영하던 저가 항공 모델을 보고, 같은 방식으로 텍사스주에서 사업을 시작해 보려 했다. 댈러스Dallas, 휴스턴Houston, 샌안토니오를 오가는 단거리 노선을 중심으로 한 항공사 구상이었다. 그는 이 아이디어를 함께 현실로 만들 믿음직한 사람으로, 단 한 명을 떠올렸다. 와일드터키Wild Turkey 위스키를 즐기고 줄담배를 피우던, 자신의 이혼 소송 담당 변호사 허브 켈러허Herb Kelleher였다.

두 사람은 여러 면에서 정반대였다. 킹은 숫자에 밝고 다소 투박했으며, 켈러허는 사교적이고 유쾌한 인물이었다. 처음에 켈러허는 킹의 사업 아이디어를 "바보 같은 소리"라며 일축했지만, 밤 늦도록 킹은 자신의 비전을 열정적으로 설명했다. 결국 켈러허는 그 말에 마음이 움직였고 진지하게 동참하는 것을 고려하기 시작했다. 사우스웨스트항공은 그렇게 태동했다. 하지만 첫 비행이 이뤄지기까지는 4년이라는 시간이 필요했다. 첫 노선은 댈러스 러브필드Love Field 공항에서 휴스턴으로 가는 비행이었다.

사우스웨스트항공이 저가 항공 개념을 처음 만든 회사는 아니었다. 퍼시픽사우스웨스트항공이 그 모델의 원조였고, 심지어 이름까지 참고했다. 선발주자의 이점도 없었다. 이미 브래니프국제항공Braniff International Airways, 텍사스국제항공Texas International Airlines, 콘티넨털항공Continental Airlines 같은 대형 항공사들이 텍사스주 노선을 장악하고 있었기 때문이다.

그러나 사우스웨스트항공은 단지 항공사를 만들기 위해 생겨난 회사가 아니었다. 그들은 하나의 대의를 실현하고자 회사를 만들었고, 항공기는 그것을 실행하는 수단이었다.

1970년대 초, 미국에서 비행기를 이용하는 사람은 전체 여행객의 15퍼센트에 불과했다. 시장 규모가 너무 작아서 누구도 대형 항공사에 도전하려 하지 않았다. 기존 항공사들 또한 이 15퍼센트를 놓고 경쟁했고, 나머지 85퍼센트는 고려 대상조차 아니었다. 그러나 사우스웨스트항공은 이 85퍼센트의 사람들을 바라봤다. 그들에게 항공은 너무 비싸고 멀기만 한 교통수단이었다.

아마 당시 사우스웨스트항공 직원들에게 경쟁사가 누구냐고 물었다면, 그들은 주저 없이 이렇게 말했을 것이다.

"자동차와 버스요."

그 말속에는 분명한 WHY가 있었다.

'우리는 평범한 사람을 위해 존재한다.' 이것이 사우스웨스트항공의 시작 이유이자 존재 목적이었다. 그들은 값비싼 컨설팅을 받지 않았다. 벤치마킹을 하지도 않았다. 그들은 WHY에서 출발했고, 모든 결정은 그 WHY를 기준으로 이뤄졌다. 사우스웨스트항공에서는 그것이야말로 상식이었다.

1970년대 당시 항공권은 매우 비쌌다. 사우스웨스트항공이 평범한 사람을 위한 항공사가 되려면 요금부터 낮춰야 했다. 이는 선택이 아닌 필수였다. 당시 항공 여행은 엘리트들의 전유물이었다. 탑승객들은 정장을 입고 넥타이를 매며, 무게감 있는 분위기 속에서 비행기를 탔다. 이런 시대에 사우스웨스트항공은 '보통 사람의 편'이 되기로 했다. 그들이 내세운 두 번째 원칙은 '재미'였다. 이 역시 필수였다.

당시 항공 운임 체계는 복잡했다. 예약 시점에 따라 요금이 달라지고, 이해하기 어려운 조건들이 붙었다. 이 복잡함도 사우스웨스트항공의 관점에서는 제거해야 할 대상이었다. 대중에게 다가가기 위해서는 단순함이 필수였다. 그래서 이들은 요금을 단 두 가지로 나눴다. '야간/주말'과 '주간', 그것이 전부였다.

저렴하고, 즐겁고, 단순하게, 이것이 바로 그들의 HOW였다. 사우스웨스트항공은 이 방식으로 자신들의 WHY, 즉 보통 사람을 위한 비행이라는 대의를 실현해 냈다. 신념은 제품과 서비스, 채용과 기업문화, 마케팅 전반에 일관되게 드러났다. 광고 문구조차 그랬다.

"이제 전국 어디로든 자유롭게 다니는 시대가 열렸습니다."

이것은 단순한 슬로건이 아니었다. 이는 하나의 선언이었고, 신념에 공감하는 이들을 부르는 호소였다.

평범한 이들에게 사우스웨스트항공은 대안이 됐다. 사우스웨스트항공의 신념에 공감한 사람들은 단지 고객이 아니라 열성 지지자가 됐다. 사우스웨스트항공은 그들의 언어로, 그들을 위해 이야기하는 회사였다. 그리고 이들은 사우스웨스트항공을 선택함으로써 스스로의 정체성을 표현했다. 충성심은 가격 때문에 생겼던 것이 아니다. 저렴한 요금은 단지, 그들의 WHY를 세상에 드러내는 방법 중 하나였을 뿐이다.

사우스웨스트항공의 사장이었던 하워드 퍼트넘Howard Putnam은 다음 일화를 자주 들려주곤 했다. 어느 날 한 대기업 임원이 그에게 다가와 말했다.

"출장 때는 회사 방침 때문에 다른 대형 항공사를 이용합니다. 마일리지도 충분하고, 비용도 문제가 되지 않죠. 하지만 개인적인 스케줄이 있거나 가족과 여행할 때는 언제나 사우스웨스트항공을 탑니다."

퍼트넘은 이 이야기를 늘 웃으며 말하곤 했다.

"그는 사우스웨스트항공을 사랑합니다."

사우스웨스트항공은 '가성비 항공사'로만 존재하지 않았다. 가격은 그저, 그들이 믿는 바를 세상에 알리는 표현 방식 중 하나였을 뿐이다.

사우스웨스트항공은 지금도 업계에 회자되는 전설을 만들었다. WHY가 명확했고, 그 WHY를 실현하는 행동원칙이 분명했으며, 모든 WHAT에서 일관성을 유지한 결과였다. 그들은 항공업계 역사상 손꼽히는 수익성을 자랑하며, 1970년대 석유파동과 2000년대 초반 9·11 테러 속에서도 흑자를 냈고, 코로나19 이전까지 단 한 번도 적자를 기록하지 않았다. 사우스웨스트항공이 하는 말과 행동은 처음 창립자들이 세운 대의를 그대로 반영하고 있었고, 단 한 순간도 그 방향에서 벗어난 적이 없었다.

창립 30년쯤이 지나자, 유나이티드항공United Airlines과 델타항공Delta Air Lines은 사우스웨스트항공의 성공을 눈여겨봤다.

'우리도 저가 항공 브랜드 하나쯤 있어야 하지 않을까?'

그렇게 델타항공은 2003년 4월 송Song을, 유나이티드항공은 1년 뒤 테드Ted를 출범시켰다. 두 항공사는 사우스웨스트항공이 실천한 행동원칙을 그대로 베꼈다. 저렴하고, 즐겁고, 단순한 서비스를 제공했다. 하지만 결과는 정반대였다.

유나이티드항공과 델타항공은 업계에서 오랜 경험을 쌓은 기업들이었고, 시장 상황에 맞춰 새 브랜드를 출시할 능력도 충분했다. 어쩌면 사우스웨스트항공보다 더 좋은 항공기를 보유했을지도 모른다. 하지만 결정적인 한 가지가 빠져 있었다. 문제는

WHAT이 아니라 WHY였다. 아무도 송이나 테드가 왜 존재하는지 알지 못했다. 사람들은 이 항공사를 이용하긴 했지만, 브랜드에 애정을 갖지 않았다. WHY가 빠진 송과 테드는 그저 흔한 저가 항공사였다. 단지 싸거나 편리해서 택했을 뿐이었다. 브랜드의 WHY가 뚜렷하지 않으면 사람들은 결국 가격이나 편의성만으로 판단하게 되고, 기업은 조종전략에 의존할 수밖에 없다. 가격 인하, 프로모션, 사회적 압력, 공포심 조성… 사우스웨스트항공을 따라 하려 했던 두 브랜드는 결국 출범 4년 만에 사라졌다.

차별화는 WHAT이나 HOW에서 시작되는 것이 아니다. 단지 좋은 품질, 다양한 기능, 더 나은 서비스나 저렴한 가격을 제공한다고 해서 성공이 보장되지는 않는다. 진짜 차별화는 WHY와 그 WHY를 실현하는 방식인 행동원칙에서 비롯된다.

사우스웨스트항공은 세계 최고의 항공사도 아니고, 언제나 가장 저렴한 항공사도 아니다. 취항지도 상대적으로 적고, 미국 본토 밖 노선은 제한적이다. WHAT만 놓고 보면 특별한 점이 많지 않다. 그러나 이들의 WHY는 눈처럼 선명하다. 그리고 그 WHY는 그들이 하는 모든 일 속에 스며 있다.

사람들을 행동하게 만드는 방식은 다양하다. 그러나 사람들의 마음을 움직일 수 있을 때 비로소 충성심이 생긴다. WHY가 명확하고, 사람들이 그 WHY에 공감할 때, 진정한 관계가 시작된다. 충성도는 그렇게 만들어지는 것이다.

◊ **왠지 믿음이 가는 이유**

조종과 마음을 움직이는 메시지는 모두 우리 뇌의 변연계를 자극한다. 열망을 부추기는 메시지, 공포감 조성, 사회적 압력 같은 방식은 우리의 비이성적인 욕망이나 불안, 불확실함을 건드려 행동을 유도한다. 하지만 이보다 더 근원적인 감정이 솟구칠 때, 우리는 되고자 하는 내가 아니라 진짜 자신의 모습에 따라 행동하게 된다. 이 순간, 행동은 외부의 자극이 아니라 내면에서 비롯된 확신으로 바뀐다.

이런 내면의 울림을 느낀 사람은 제품이나 서비스의 가격이나 편의성을 넘어서서 움직인다. 불편하더라도 기꺼이 감수하고, 더 비싸더라도 아깝지 않다. 이것은 가격이 더 싸거나 질이 더 좋은지와 상관이 없다. 우리가 누구인지를 건드리는 변연계의 감정이 움직였기 때문이다. 충성심은 바로 그곳에서 생긴다. 그것이 애플, 할리데이비슨, 사우스웨스트항공, 그리고 마틴 루서 킹 목사 같은 리더들이 가진 진짜 힘이다. 충성심은 판매자가 만들어내는 것이 아니라, 구매자의 마음속에서 자라나는 감정적 연결이다.

그래서 우리는 단순히 "이 제품이 당신에게 중요하다"고 외치는 마케팅에는 쉽게 마음을 주지 않는다. 페라리와 혼다의 예처럼 '무엇이 더 낫냐'가 아니라 '무엇이 더 잘 맞느냐'의 문제이기 때문이다. 하지만 고객의 WHY와 기업의 WHY가 맞닿아 있다면, 제품과 서비스는 자신의 신념을 보여주는 수단이 된다.

WHY, HOW, WHAT이 조화를 이룰 때, 우리는 그것이 진짜라고 느낀다. 그 안에서 만족과 확신이 생긴다. 반면 이 균형이 무너질 때, 우리는 스트레스를 느끼고 불안해진다. 결정도 흔들린다. WHY가 사라지면 우리는 열망이나 두려움에 끌려가게 되고, 그 결과 진정한 나를 반영하지 못하는 선택을 하게 된다.

결국 손해를 보는 것은 우리 자신이다. WHY와 연결되지 않은 소비는, 주변 사람들에게 '나는 누구인지'를 분명히 전달하지 못한다. 우리는 "왠지 믿음이 가는 사람" "왠지 꺼림칙한 사람"이라는 말을 자주 한다. 인간은 사회적 동물로서 생존 본능에 따라 타인의 행동과 분위기에서 미묘한 신호를 감지하고, 이에 따라 행동을 조정한다. 우리는 각자의 가치관과 신념에 따라 사람들을 다르게 평가한다. 신뢰하는 사람의 친구에게는 쉽게 호감이 생기지만, 불신하는 사람의 친구에게는 거리감을 둔다. 그리고 이 본능은 조직을 평가할 때도 똑같이 작동한다.

이런 점에서 골든서클은 단순한 이론이 아니라 강력한 소통 도구다. 이것은 조직이 사람들을 단순히 '소비자'로 대하는 대신, 하나의 고유한 존재로 바라보게 하는 방식이다. 예컨대 한 영상의 조회 수가 10만이라면, 그것은 10만 명의 사람이 각자의 판단으로 클릭한 결과다. 그들이 내리는 결정은 모두 같은 생물학적 구조를 따른다. 골든서클은 바로 이 구조와 일치한다.

WHY를 명확히 하고, HOW라는 행동원칙을 일관되게 실천하며, WHAT을 통해 그 신념이 드러나도록 메시지를 구성한다면 우리가 전하는 말은 같은 신념을 공유하는 사람들에게 생물학적으로도 더 깊이, 더 정확하게 전달된다. 마치 친구의 친구에게 자연스럽게 신뢰가 생기듯, 세상을 바라보는 눈이 닮은 사람들은 같은 브랜드에 이끌린다. 그리고 그들은 단순한 고객이 아니라, 함께 믿고 함께 움직이는 진짜 관계가 된다.

◊ **사업은 마치 데이트 같아서**

브래드Brad라는 가상의 인물이 있다. 그는 지금 인연을 찾고 있다. 다행히 오늘 밤, 소개팅이 잡혔다. 첫 만남을 앞두고 꽤 설레어 있다. 상대는 외모도 출중하고 평판도 좋아 기대가 크다. 마침내 식탁에 마주 앉은 브래드는 이야기를 시작한다.

> "저는 돈이 아주 많습니다."
> "넓은 집에 살고 고급 차를 타죠."
> "유명한 사람들을 많이 알고 있어요."
> "TV에도 자주 나옵니다. 잘생겼다는 소리도 듣고요."
> "꽤 성공한 편이죠."

이쯤에서 생각해 보자. 브래드는 두 번째 데이트 신청에 성공했을까?

우리가 어떻게 말하고 행동하는지는 모두 생물학적 작용의 결과다. 그렇기에 데이트든 비즈니스든, 기본 구조는 크게 다르지 않다. 비즈니스에 WHY를 적용하는 방법을 배우고 싶다면 우리가 데이트할 때 어떻게 행동하는지만 봐도 된다. 영업을 할 때나 데이트를 할 때나, 두 경우 모두 우리는 누군가와 마주 앉아, 다음 만남으로 이어지길 바라며 대화한다. 때로는 멋진 식사나 공연 티켓을 언급하거나, 아는 사람들을 자랑하며 상대를 유혹하려 들기도 한다. 필요하다면 듣기 좋은 말만 골라서 할 수도 있다. 거래를 성사시키기 위해서라면 무엇이든 말이다. 이런 방식은 한두 번은 통할 수 있다. 하지만 시간이 지나면 관계를 유지하는 데 더 많은 비용이 들게 된다. 어떤 조종전략을 쓰더라도, 그런 방식으로는 결코 신뢰를 바탕으로 한 관계를 만들 수 없다.

브래드의 데이트는 아마 잘 풀리지 않았을 것이다. 상대는 애프터 신청을 받지 않았을 가능성이 높고, 진지한 관계로 발전할 기반도 제대로 다지지 못했다. 물론 그녀가 처음 브래드에게 관심을 가졌던 것은 사실일지도 모른다. 친구들이 말하길, 그는 잘생기고, 좋은 직업을 가졌고, 인맥도 넓다고 했기 때문이다. 그런 말은 일종의 열망을 부추기는 메시지다. 상대가 꿈꾸는 삶의 모습을 건드리는 방식이다. 그리고 그 덕에 첫 만남이라는 '거래'가 성사된 것일 수도 있다. (조종전략이 꼭 나쁜 것만은 아니다.) 하지만 그런 요소들은 WHAT에 불과하다. 원래는 WHY를 증명하는 증거로 쓰여야 할 것들이다. 브래드는 WHAT으로 시작했다. 그래서 데이트는 실패했다.

브래드를 다시 보내보자. 이번에는 WHY로 시작한다.

> "제가 하는 일을 정말 좋아합니다. 매일 아침 눈을 뜨면, 사람들이 각자 열정을 느끼는 일을 할 수 있도록 도와준다는 사실에 설렙니다. 그걸 해낼 수 있는 다양한 방법을 찾는 게 제겐 정말 큰 기쁨이에요. 하나하나 발견해 갈 때마다 놀랍고, 늘 새롭죠. 그리고 운 좋게도, 그렇게 좋아하는 일을 하면서 꽤 많은 수입도 얻었어요. 좋은 집과 차를 마련했고, 자연스럽게 인맥도 넓어졌죠. TV에도 종종 나가고요. 제가 좋아하는 일을 하면서 이만큼 살아갈 수 있다는 게, 정말 감사할 따름이에요."

이번에는 확률이 훨씬 높아졌다. 상대가 브래드의 믿음에 공감한다면, 두 번째 만남은 충분히 성사될 수 있다. 더 중요한 것은, 브래드가 가치관과 신념이라는 기반 위에서 대화를 시작함으로써 진짜 관계를 시작할 수 있는 토대를 마련했다는 점이다. 말한 내용 자체는 앞서와 크게 다르지 않다. 차이는 단 하나, WHY에서 시작했느냐 아니냐에 있다. 그리고 나머지 이야기들, 즉 WHAT은 그 WHY를 증명해 주는 구체적인 결과로 자연스럽게 따라왔다.

이제 회사들이 실제로 어떻게 비즈니스를 하는지 떠올려보자. 당신 앞에 한 사업가가 앉아 있다. 당신이 유망한 파트너라는 이야기를 듣고 찾아온 사람이다. 그는 이렇게 말문을 연다.

> "저희 회사는 꽤 성공했습니다."
> "사무실도 멋져요. 언제 한번 놀러 오세요."
> "대기업이나 유명 브랜드와도 많이 일합니다."
> "광고, 아마 보신 적 있으실 거예요."
> "우리는 지금 아주 잘나가고 있습니다."

많은 회사가 자사의 존재 이유는 말하지 않은 채, 자신들이 얼마나 괜찮은 회사인지를 증명하려 애쓴다. 앞서 이야기한 브래드의 데이트처럼, 이력만 나열해 호감을 얻으려는 것이다. 그러나 비즈니스 세계에서조차도, 단순히 성과 목록만으로는 누군가의 마음을 얻기 어렵다. 그럼에도 수많은 회사가 여전히 이런 방식으로 자신을 어필한다. 어떤 성과를 냈고, 누구와 일했는지를 나열하면, 상대가 흥미를 느끼고 바로 거래에 응할 것이라 믿는다.

하지만 결국 사람 대 사람의 일이다. 결정의 방식은 사적인 일이든 비즈니스든 본질적으로 다르지 않다. 브래드의 첫 데이트가 별로였다는 것은 누구나 직감한다. 그런데 왜 이런 방식이 비즈니스에서는 괜찮다고 여길까?

데이트에서처럼, 잠재고객과의 관계도 단순히 장점만 나열해서는 신뢰를 쌓기 어렵다. 그런 말들은 그저 제안을 그럴듯하게 들리게 만들거나, 구매 결정을 나름대로 합리화할 수 있게 도와줄 뿐이다. 모든 결정은 결국 '무엇을' 하느냐보다 '왜' 하느냐를 보고 이뤄진다. WHAT은 단지 WHY를 보여주는 증거일 뿐이다. WHY 없이 시작하면, 사람들은 그저 겉으로 드러난 장점만 보고 판단할 수밖에 없다. 그렇게 되면 두 번째 만남, 즉 지속적인 관계로 이어질 가능성은 낮아진다.

같은 말이라도, 만약 사업가가 이렇게 이야기했다면 어땠을까?

"제가 우리 회사를 좋아하는 이유요? 우리 팀 모두가 매일 자신이 좋아하는 일을 하기 위해 출근합니다. 우리는 사람들이 각자 열정을 쏟을 수 있는 일을 찾도록 돕고 있어요. 그게 우리 일을 특별하게 만드는 이유입니다. 사실 가장 즐거운 것은, 사람들에게 그런 경험을 전할 수 있도록 다양한 방법을 하나하나 찾아가는 과정이에요. 그런 과정을 통해 좋은 성과도 자연스럽게 따라왔습니다. 최근에는 굴지의 기업들과도 함께 일했고, 저희 광고를 보신 분들도 많더라고요. 회사도 정말 자랑스럽고요. 사무실도 꽤 멋져요. 기회되면 꼭 들러보세요."

어떤가? 훨씬 더 설득력 있게 다가오지 않는가?

◊ 확신의 세 가지 단계

우리가 어떤 결정을 내릴 때, 그것에 대해 얼마나 확신을 갖고 있는지는 세 가지 기준에서 판단할 수 있다.

첫째는 생각에 기반한 확신이다. 데이터를 분석하고, 수치를 비교하고, 장단점을 따져본 끝에 '이게 맞는 것 같다'고 생각할 수 있는 수준이다. 이는 뇌의 신피질, 즉 사고를 관장하는 영역을 사용한 판단이며, 생물학적으로도 정확한 과정이다. 우리가 리뷰를 샅샅이 읽고, 비교표를 그려가며 고민하는 것도 이 경우다.

둘째는 직감에 기반한 확신이다. '왠지 이게 맞는 것 같다'는 느낌이다. 때로는 모든 데이터를 무시하고 감정에 따라 결정을 내리게 되는데, 이 역시 뇌의 감정과 판단을 담당하는 영역, 즉 변연계를 통해 이뤄지는 판단이므로 생물학적으로 정확하다.

많은 기업가나 리더에게 성공의 비결을 물으면 하나같이 "내 직감을 믿었다"고 말한다. 반대로 잘못된 결정을 내렸을 때는 "주변 사람들이 하는 말에 귀를 기울였죠. 분명 마음 한편이 뭔가 불편했어요. 그때 내 직감을 믿었어야 했어요"라고 말하기도 한다. 직감은 강력한 도구이지만, 한 사람에게만 의존할 수 있다는 점에서 개인이나 작은 조직이 아닌 큰 조직 전체에 적용하기는 어렵다. 그렇다면 더 많은 사람이 '맞다고 느끼는' 결정을 내리려면 어떻게 해야 할까?

그래서 셋째 단계가 등장한다. 바로 WHY다. 자신이 왜 이 일을 하는지, 무엇을 믿는지를 분명히 알고 그것을 말로 표현할 수 있을 때, 우리는 '이 결정이 맞다'고 확신할 수 있게 된다. 이 단계에서는 감정과 이성이 조화를 이룬다. 직감이 느끼는 옳음을 이성이 뒷받침해 주고, 그 이유를 명확하게 설명할 수 있게 된다. 신념에서 출발한 판단은 감정의 맥락을 만들고, 이성적 근거는 그 판단을 강화해 준다. 둘이 하나로 연결되는 순간, 우리는 완전히 균형 잡힌 결정을 내릴 수 있다.

내가 어떤 결정에 직감적으로 이끌렸을 때, 그 이유를 말로 설명할 수 있다면, 주변 사람들도 그 판단을 이해할 수 있다. 그 결정이 수치와 데이터에도 부합한다면, 더없이 강력한 확신이 된다. 반대로, 데이터와 어긋난다 해도 그 판단이 어떤 신념에서 나왔는지를 명확히 전달할 수 있다면, 그 결정은 논쟁이 아니라 토론의 주제가 된다.

나의 전 사업 파트너는 내가 어떤 고객의 제안을 거절할 때마다 고개를 저었다. 그는 늘 이렇게 말했다.

"그 고객의 돈도 다른 고객의 돈이랑 다를 게 없잖아."

그는 내가 왜 그 제안을 받아들이지 않았는지 이해하지 못했고, 나도 그때는 설명할 수 없었다. 그냥 그런 '느낌'이 들었을 뿐이다. 지금은 분명히 말할 수 있다. 나는 사람들이 각자 마음이 움직이는 일을 하도록 도와주는 것, 그 자체를 위해 일한다. 그 신념을 함께하지 않는 고객, 직원, 파트너와는 함께하지 않는다. 그것이 우리 회사의 WHY다.

지금 같으면 같은 상황에서 똑같은 결정을 내려도 누구도 의아해하지 않을 것이다. 우리 팀 모두가 WHY를 공유하고 있기 때문이다. 그래서 우리는 이런 식으로 이야기한다.

"그 고객은 우리와 결이 너무 달라. 단기적으로는 수익이 있을지 몰라도, 우리가 일하는 방식과는 맞지 않아."

이것은 논쟁이 아니라 토론이 된다. 균형 잡힌 판단은 사람을 납득시키는 힘이 있다. 사업의 목표는 단순히 우리 제품이나 서비스를 원하는 사람들과 거래하는 데 있지 않다. 우리가 믿는 것을 믿는 사람들과 연결되는 데 있다. 그럴 때 비로소 신뢰가 생긴다.

START WITH WHY

3부

사람들이 따르는 리더는 무엇이 다른가

6장 지속 가능한 신뢰

◊ 회사란 결국 사람들이 모인 곳이다

한 항공사가 오랜 시간 깊은 위기를 겪고 있었다. 그곳 직원 대부분은 자신이 다니는 회사를 부끄럽게 여겼다. 이 말로는 부족할 정도였다. 많은 직원이 회사로부터 존중받지 못한다고 느꼈다. 그리고 직원이 존중받지 못하는 조직에서는 고객을 향한 태도 역시 망가질 수밖에 없다. 진흙덩이가 비탈길을 구르면 맨 아래에 있는 사람이 그 모든 충격을 고스란히 맞게 된다. 회사 조직 안에서는 가장 아래에 있는 사람이 보통 고객이다. 1980년대 내내 콘티넨털항공의 상황이 그랬다. 업계 최악이라는 오명을 뒤집어쓴 항공사였다.

이후 콘티넨털항공을 구한 CEO 고든 베순 Gordon Bethune 은 자서전 『꼴찌에서 1등으로 From Worst to First』에서 이렇게 회고했다.

"1994년 2월 내가 회사에 첫 출근한 날, 입구에 들어서자마자 가장 큰 문제가 뭔지 단번에 알 수 있었다. 이곳은 정말 일하기 끔찍한 곳이었다."

그는 이렇게 덧붙였다.

"직원들은 고객에게 퉁명스럽게 대했고, 동료에게도 불친절했으며, 자기 회사가 부끄럽다고 느꼈다. 출근 자체를 싫어하는 사람들이 좋은 제품과 서비스를 만들어낼 수는 없다. 그건 불가능한 일이다."

20년간 사우스웨스트항공을 이끌었던 허브 켈러허는 "회사가 가장 먼저 돌봐야 할 사람은 직원"이라고 주장해 업계에서 이단아 취급을 받았다. 하지만 그는 분명한 원칙을 갖고 있었다.

"직원이 만족하면 고객이 만족하고, 고객이 만족하면 주주가 만족한다. 이게 맞는 순서다."

다행히 베순 역시 이 도발적인 신념에 깊이 공감하고 있었다.

일부는 콘티넨털항공 내부 분위기가 왜 그렇게 삐뚤어졌는지, 그 이유를 회사의 극심한 경영난에서 찾았다. 당시 베순의 전임자들은 하나같이 "지금은 생존이 우선"이라며 눈앞의 위기 극복 외에는 신경 쓸 겨를이 없다고 말했다. "일단 흑자를 내고 나면, 그때 가서 나머지를 정비하자"는 식의 논리였다.

실제로 콘티넨털항공은 1980년대와 1990년대 초반에 걸쳐 계속해서 고전했다. 8년 간격으로 1983년과 1991년, 두 차례나 파산 보호 신청을 했고, 10년간 CEO가 무려 열 명이나 바뀌었다. 베순이 새 CEO로 취임한 1994년, 콘티넨털항공은 6억 달러의 적자를 냈고, 서비스 품질, 정시 운항률, 고객 만족도 등 모든 지표에서 최하위를 기록하고 있었다.

하지만 그런 상황은 오래가지 않았다. 베순이 부임한 지 불과 1년 만에 회사는 2억 5,000만 달러의 흑자를 냈고, 얼마 지나지 않아 '미국에서 가장 일하기 좋은 회사' 순위에도 이름을 올렸다. 그는 회사의 운영 체계를 대대적으로 정비했지만, 무엇보다 진짜 변화는 수치로는 측정하기 어려운 영역에서 나타났다. 바로 '신뢰'였다.

신뢰는 단순히 논리적인 설명이나 약속만으로 생겨나지 않는다. 제품이나 서비스를 구매하라고 설득한다고 해서, 혹은 경영진이 변화를 약속한다고 해서 생기는 것도 아니다. 신뢰는 체크리스트처럼 항목을 채워나간다고 완성되는 것이 아니다. 맡은 책임을 모두 수행했다고 해서 자동으로 생기는 감정도 아니다.

우리는 어떤 사람이나 회사를 신뢰하면, 그들이 잠깐 실수를 하더라도 신뢰를 거두지 않는다. 반면 모든 일을 제대로 해내더라도 이상하게 마음이 가지 않는 이들도 있다. 신뢰란 감정이다. 이성의 영역이 아니다. 신뢰는 상대가 자기 이익을 넘어서는 더 큰 이유로 행동하고 있다는 느낌이 들 때 비로소 싹튼다.

신뢰가 생기면 그와 함께 진정한 가치도 생긴다. 여기서 말하는 가치는 단순히 금전적인 가치를 뜻하지 않는다. 본래 가치란 사람 사이에 신뢰가 전달되는 과정을 의미한다. 신뢰는 설득한다고 생기는 것이 아니다. 누군가에게 "우리는 가치 있는 존재야"라고 말하는 것만으로는 신뢰를 얻을 수 없다. 신뢰는 우리가 같은 신념과 가치를 공유하고 있다는 사실을 말과 행동으로 보여줄 때 비로소 생겨난다. 그러려면 WHY를 이야기하고, 그것을 WHAT으로 증명해야 한다.

다시 한번 강조하자면, WHY는 우리가 믿는 바이고, HOW는 그 믿음을 실현하는 행동의 원칙이며, WHAT은 그 행동이 만들어낸 구체적인 결과다. 이 세 가지가 균형을 이룰 때, 사람들은 우리를 신뢰하게 되고, 진정한 가치를 느낀다. 베순이 바로 그렇게 한 것이다.

물론 뛰어난 경영 능력을 갖춘 임원은 많다. 하지만 위대한 리더십은 단순한 경영 능력만으로 완성되지 않는다. '리더의 자리'에 오르는 것과 '진정한 리더가 되는 것'은 다르다. 리더의 자리에 오른다는 것은 직급이 가장 높다는 뜻일 수도 있다. 그것이 실력으로 얻은 것이든, 운이 좋았기 때문이든, 혹은 내부 정치의 결과든 간에 말이다. 그러나 진정한 리더는 사람들이 자발적으로 따르는 사람이다. 강요해서도, 보상 때문에도 아니다. 사람들이 스스로 따르고 싶어 해야 한다. 그런 점에서 전임 CEO 프랭크 로렌조 Frank Lorenzo는 콘티넨털항공의 공식적인 리더였을 수는 있지만, 베순은 사람들을 이끄는 방법을 아는 진정한 리더였다.

진정한 리더란, 구성원에게 믿음을 줄 수 있는 사람이다. 조직의 최고 결정권자가 항상 집단 전체의 이익을 우선한다는 믿음을 주면 구성원들은 그보다 더 큰 뭔가를 위해 일한다는 소속감을 느끼며 자연스럽게 헌신하게 된다.

베순이 오기 전, 콘티넨털항공 본사 20층에 위치한 임원층은 거의 모든 직원에게 출입이 통제된 구역이었다. 그 공간은 출입문이 잠겨 있었고, 상무급 이상만 방문이 허용됐다. 출입카드 없이는 층 자체에 접근조차 할 수 없었으며, 곳곳에 보안 카메라가 설치되어 있었고, 무장 경호원이 복도를 지켰다. 이 모든 모습은 회사가 얼마나 내외적으로 신뢰를 잃고 있었는지를 잘 보여준다.

이런 일화도 전해진다. 로렌조는 콘티넨털항공 비행기 안에서조차 자신이 직접 따지 않은 캔 음료는 마시지 않았다고 한다. 그는 아무도 믿지 않았다. 그러니 당연히 누구도 그를 믿지 않았다. 자신을 따르지 않는 사람들을 이끄는 것은, 애초에 불가능에 가까운 일이다.

그에 반해 베순은 전혀 달랐다. 그는 구조나 시스템을 떠나, 회사란 결국 사람들이 모인 곳이라는 사실을 잘 이해하고 있었다.

"사람들은 자기 주치의에게 거짓말하지 않는다. 마찬가지로 리더라면 자기 직원에게도 거짓말해서는 안 된다."

베순은 그렇게 말하곤 했다. 그는 조직의 문화를 바꾸기 위해,

모든 사람이 함께 믿고 나아갈 수 있는 뭔가를 만들어야 한다고 생각했다. 그리고 실제로 그것을 만들어냈다. 그렇다면 그는 직원들에게 무엇을 믿게 했기에 기존과 동일한 사람들, 같은 장비로, 업계 최악의 항공사를 최고의 항공사로 탈바꿈시킬 수 있었을까?

대학 시절, 나는 하워드 제루키모위츠 Howard Jeruchimowitz라는 친구와 룸메이트로 지냈다. 지금은 시카고에서 변호사로 일하고 있는 그는 어린 시절, 아주 단순한 인간의 본능을 일찍이 깨달았다. 뉴욕 New York 교외에서 자란 하워드는 리틀리그 Little League 야구단에서 외야수로 뛰었는데, 그가 속한 팀은 리그에서 최약체였다. 거의 매 경기를 졌고, 그것도 큰 점수 차로 참패했다. 그래도 팀을 맡은 코치는 좋은 사람이었다. 아이들에게 긍정적인 자세를 심어주고 싶어 했다. 어느 날, 또 한 번의 민망한 패배를 겪은 후, 코치는 아이들을 모아 이렇게 말했다.

"승패는 중요하지 않다. 중요한 건 '어떻게 경기를 했느냐'야."

그러자 어린 하워드가 손을 들고 물었다.

"그런데 왜 점수를 내는 거죠?"

하워드는 아주 어릴 때부터 인간이 본능적으로 '이기고 싶어 한다'는 사실을 이해하고 있었다. 누구도 지고 싶어 하지 않으며, 누구나 승리감을 느끼고 싶어 한다. 다만 우리 각자가 참여하는 '게임'의 종류에 따라 점수를 매기는 기준이 다를 뿐이다. 어떤 사람에게는 그 기준이 돈이고, 어떤 사람에게는 명예나 상일 수 있다. 누군가는 권력, 사랑, 가족, 혹은 영적인 충만함을 통해 삶을 평가한다. 기준은 제각각이지만, 본질적인 욕망은 같다.

생계를 위해 일할 필요가 없는 억만장자에게 돈은 단지 점수를 매기는 도구가 된다. 자기 삶이 다른 사람들의 삶과 비교해 얼마나 잘 굴러가고 있는지를 가늠하는 상대적 지표일 뿐이다. 하지만 그런 사람도 몇백만 달러를 잃게 되면 우울해질 수 있다. 그 돈이 실제 생활에 아무런 영향을 미치지 않더라도 말이다. 왜냐하면 패배를 좋아하는 사람은 아무도 없기 때문이다.

문제는 이기고자 하는 욕망 그 자체가 아니라, 점수를 매기는 기준이 성공의 유일한 척도가 되어버릴 때 생긴다. 바로 WHAT과 WHY가 끊어질 때다. 베순 이전의 CEO들 대부분이 이 문제를 겪었다. 그들은 이기고 싶어 했다. 돈을 벌고, 회사를 흑자로 전환시키고, 영웅 대접을 받고 싶어 했다. 문제는 그것이 그들을 움직이게 하는 유일한 이유였다는 점이다.

베순도 이기고 싶어 했다. 그러나 그를 움직인 것은 그보다 훨씬 큰 열망이었다. 그에게 진짜 승리는 '사람들이 출근하고 싶어지는 회사'를 만드는 일이었다. 만약 그것을 이룰 수 있다면, 성과 지표는 자연스럽게 따라올 것이라 믿었다. 그리고 그 지표들은 자신이 조직문화를 바꿨다는 증거가 될 수 있을 터였다. 대부분의 직원은 그가 해낼 수 있을지 직접 확인하기 위해 자리를 지켰다. 베순은 자신과 신념을 공유하는 사람들과 함께하고 싶어 했다. 물론 모든 직원이 그와 같은 신념을 가진 것은 아니었다.

예를 들어 한 임원은 자신이 늦게 도착했다는 이유로 비행기 출발을 지연시켰다가 회사를 떠나게 됐다. 고위직 60명 가운데 베순의 비전에 공감하지 않았던 39명도 마찬가지였다. 그들이 아무리 유능하고 많은 경험을 가졌더라도, 협력하지 않거나 새로운 조직문화를 받아들이지 못하면 자리를 내놔야 했다. 베순이 만들고자 했던 새로운 콘티넨털항공에는 같은 신념을 공유하지 않는 사람이 설 자리가 더 이상 없었다.

베순은 단순히 의욕을 북돋는 연설을 하거나, 실적을 낸 간부에게 보너스를 지급하는 방식만으로는 승리하는 팀을 만들기에 부족하다는 사실을 알고 있었다. 진짜 지속 가능한 성공을 만들려면, 직원들이 누구를 위해서가 아니라 자신을 위해 이기고 싶어져야 했다. 주주나 고객이 아니라, 자기 자신을 위해 일하고 싶어 하는 문화가 필요했다.

그래서 그는 어떤 이야기를 하든 '이 일이 여러분에게 어떤 의미가 있는지'를 중심에 두고 설명했다. 이를테면, 비행기를 깨끗하게 유지하라는 말을 단순히 고객을 위한 서비스 차원이 아닌 현실적인 맥락에서 풀었다.

"승객은 비행을 마치면 내리지만, 여러분은 하루에 여러 번 같은 비행기를 타야 합니다. 여기는 여러분의 사무실이에요. 깨끗한 공간에서 일하는 게 훨씬 낫지 않겠어요?"

또한 임원 전용 공간이던 본사 20층에 보안 장치를 없애고, '열린 문' 정책을 도입했다. 자신부터 다가가기 쉬운 리더가 되고자 했다. 공항에서 수하물 담당자들과 함께 직접 짐을 나르는 모습도 자주 보였다. 그는 말로만 팀을 외치는 것이 아니라, 스스로 그 팀의 일원으로 행동했다.

베순은 항공사에서 무엇이 진짜 중요한지를 잘 알고 있었다. 그중 하나가 '정시 운항'이었다. 그가 취임하기 전까지만 해도 콘티넨털항공은 미국 10대 항공사 중 정시 운항률이 가장 낮았다. 이에 그는 새로운 제도를 도입했다. 정시 운항률이 상위 5위 안에 드는 달에는 전 직원에게 65달러의 보너스를 지급하겠다는 것이었다. 당시 직원 수가 약 4만 명이었으니, 한 달에 약 250만 달러가 드는 셈이었다.

하지만 베순은 이것이 오히려 '절약'임을 알고 있었다. 연착으로 발생하는 추가 비용만 해도 매월 500만 달러에 달했기 때문이다. 숙박, 연결편 보장 등 각종 손해가 쌓이면 그보다 훨씬 큰 손실이 됐다. 그러나 그에게 진짜 중요한 것은 숫자가 아니었다. 이 제도 덕분에 수년 만에 수만 명의 직원이 같은 방향을 바라보게 됐다는 사실이었다.

이제 성공의 열매는 임원만이 아닌, 모두가 함께 나눴다. 목표를 달성하면 전 직원이 65달러를 받았고, 실패하면 아무도 보너스를 받지 못했다. 이 보너스는 급여에 포함되지 않고 별도 수표로 지급됐다. 베순은 이 수표가 특별하게 느껴지길 바랐다. 단순한 금전 보상이 아니라, 각자의 노력을 눈에 보이게 인정하는 상징이 되길 원했다.

수표에는 WHY를 떠올릴 만한 문구가 적혀 있었다.

"콘티넨털항공을 최고의 항공사로 만들어주셔서 감사합니다."

베순은 이렇게 말했다.

"직원들이 스스로 통제할 수 있는 항목만 측정했고, 모두가 함께 이기거나 함께 지는 구조를 만들었습니다."

이처럼 경영진이 먼저 변화하자, 직원들도 '우리는 함께하고 있다'는 감각을 공유하기 시작했다. 느낌만이 아니라, 실제로 그들은 하나가 되어 있었다.

◇ **우리에게는 저마다 잘 맞는 문화가 있다**

지구상에서 인류가 이토록 번성할 수 있었던 이유는 우리가 가장 강한 동물이어서가 아니다. 인간은 오히려 힘이나 크기로만 보면 약한 존재다. 단지 크고 강하다고 해서 성공이 보장되지는 않는다. 인류가 하나의 종으로 성공할 수 있었던 비결은, 우리가 '문화를 형성하는 능력'을 가졌기 때문이다.

문화란 공통의 가치와 신념을 바탕으로 사람들이 함께 만들어가는 삶의 양식이다. 우리가 같은 가치를 공유하고 같은 것을 믿는 사람들과 함께할 때, 그 안에서 신뢰가 생긴다. 이 신뢰 덕분에 우리는 서로를 믿고 의지할 수 있다. 사냥이나 탐험을 떠날 때, 내가 없는 동안 공동체가 내 가족과 물건을 지켜줄 것이라 믿을 수 있었기 때문에 우리는 앞으로 나아갈 수 있었다. 이것이 개인의 생존뿐 아니라 인류 전체의 진보를 가능하게 만든 핵심 요소였다.

공통된 가치와 신념을 가진 사람을 신뢰하는 것은 그리 놀라운 일이 아니다. 우리는 만나는 모든 사람과 친구가 되지는 않는다. 보통은 세상을 바라보는 방식이 비슷하고 삶의 기준을 공유할 수 있는 사람과 가까워진다. 겉으로는 조건이 잘 맞는 사람이라도 마음이 통하지 않으면 친구가 되기 어렵다.

이 관점은 더 넓은 차원에서도 적용된다. 전 세계에는 수많은 문화가 존재하며, 그 문화들은 우열을 가릴 수 있는 대상이 아니다. 미국 문화가 프랑스 문화보다 더 낫거나 못한 것이 아니라, 그저 서로 다를 뿐이다. 미국 문화는 기업가 정신, 독립성, 자립을 중시하고, 그 WHY는 흔히 '아메리칸 드림'이라 불린다. 반면 프랑스 문화는 공동 정체성과 집단 의존, 삶의 기쁨joie de vivre을 중요시한다. 누군가는 프랑스 문화에 소속감을 느끼고, 또 누군가는 미국 문화에 소속감을 느낀다. 무엇이 더 좋은 것이 아니라, 각자의 성향에 따라 더 잘 맞는 것이 있을 뿐이다.

대부분은 자신이 자란 문화에 자연스럽게 적응하며 살아간다. 하지만 때로는 그렇지 않은 사람도 있다. 예컨대 프랑스에서 태어나고 자랐지만 프랑스 문화에 어울리지 못하고 어딘가 이질감을 느끼는 사람도 있다. 그런 사람은 미국 문화의 WHY에 끌려 아메리칸 드림을 좇아 이민을 결심한다.

종종 "미국은 이민자들에 의해 성장했다"는 말을 듣는다. 하지만 모든 이민자가 사회에 기여하고 생산적인 구성원이 되는 것은 아니다. 또, 모든 이민자가 기업가 정신을 가진 것도 아니다. 진짜 중요한 것은 미국의 WHY에 본능적으로 끌린 사람들이 있다는 사실이다. WHY가 명확하고 공감대를 이끌어낼 수 있을 때, 그 신념에 공감하는 사람들이 모인다. 이들은 미국을 향해 "이 나라가 좋다" "나는 미국이 정말 마음에 든다"고 말한다. 하지만 이런 반응은 사실 미국 자체에 대한 것이 아니라, 그들이 느끼는 기회와 소속감에서 비롯된 것이다. 원래 있던 문화에서는 경험하지 못했던 소속감과 가능성을 새롭게 발견한 결과다.

이런 WHY는 나라 전체에서만 적용되는 이야기가 아니다. 같은 미국 안에서도, 각 지역마다 다른 문화가 존재한다. 어떤 사람은 뉴욕이 잘 맞고, 어떤 사람은 몬태나주 보즈먼Bozeman처럼 한적하고 여유로운 도시가 더 잘 맞는다. 여기서 중요한 것은 '어디가 더 좋은가'가 아니라, '어디가 내게 잘 맞는가'다.

예를 들어 많은 사람이 뉴욕에 살기를 꿈꾼다. 화려함에 끌리거나, 기회가 많을 것이라는 기대감 때문이다. 이들은 큰 포부를 품고 뉴욕에 도착하지만, 정작 그 문화와 맞지 않아 어려움을 겪는 경우도 많다. 뉴욕은 도시 전체에 치열함이 흐르는 곳이다. 그 속도와 에너지에 잘 적응하는 사람도 있지만, 그렇지 못한 사람도 적지 않다.

그렇다고 해서 그들이 무능하거나 열정이 없는 것은 아니다. 단지 뉴욕이라는 문화와 어울리지 않았을 뿐이다. 이런 사람들은 두 가지 길 중 하나를 선택해야 한다. 계속 뉴욕에 남아 스트레스를 감내하며 불만 속에 일과 삶을 이어가거나, 자신과 더 잘 맞는 곳으로 옮겨 새로운 삶을 시작하는 것이다. 실제로 많은 사람이 덴버Denver나 내슈빌Nashville 같은 도시로 이주한 뒤 훨씬 더 만족스럽고 성공적인 삶을 살아간다. 뉴욕이 다른 도시보다 객관적으로 더 나은 곳이 아니라, 그저 어떤 사람에게는 맞고 어떤 사람에게는 맞지 않는 곳이기 때문이다.

이처럼 문화적 성향이 뚜렷한 곳이라면 어디든 사람마다 느끼는 적응도나 만족감은 크게 달라진다. 우리는 자신이 소속감을 느끼는 문화에서 더 잘 성장하고, 더 큰 성과를 낼 수 있다. 자신의 가치와 신념이 자연스럽게 통하는 공간에서 사람은 비로소 잠재력을 마음껏 펼칠 수 있다.

이제 '회사'라는 공간을 다시 생각해 보자. 회사 역시 하나의 문화다. 공통된 가치와 신념을 가진 사람들이 모여 함께 일하고 함께 성취하는 공동체다. 회사를 하나로 묶는 힘은 제품이나 서비스가 아니라, 구성원 모두가 공유하는 분명한 WHY에서 나온다.

규모가 크다고 해서 강한 회사가 되는 것도 아니고, 능력 있는 사람을 많이 뽑는다고 해서 저절로 강한 조직이 되는 것도 아니다. 조직을 단단하게 만드는 힘은 바로 '문화'에서 비롯된다.

그렇기에 인재를 채용할 때 가장 먼저 따져야 할 것은 단순한 업무 역량이 아니다. 그 사람이 우리와 같은 신념을 갖고 있는가, 같은 WHY를 공유하는가가 가장 중요하다. 마찬가지로, 직장을 선택하는 사람도 단순히 연봉이 더 높다고 그 회사를 택해서는 안 된다. 자신의 가치관과 맞는 기업문화 속에서 일할 때, 우리는 진짜 실력을 발휘할 수 있고, 오래도록 지속되는 만족감을 느낄 수 있다.

◊ 신념이 같은 사람을 찾아야 한다

20세기 초, 영국의 탐험가 어니스트 섀클턴 Ernest Shackleton은 남극대륙을 가로지르기 위한 대규모 탐험에 나섰다. 얼마 전 노르웨이의 로알 아문센 Roald Amundsen이 인류 최초로 남극점에 도달하면서, 이제 남은 마지막 미지의 영역은 대륙을 종단하는 것이었다.

"정복되지 않은 미지의 영역은 점점 줄어들고 있지만, 이 위대한 과업은 아직 남아 있다. 남극대륙 종단은 극지 탐험 역사상 가장 위대한 도전이 될 것이다."

1914년 1월 26일 자 《더 로웰 선 The Lowell Sun》에는 섀클턴의 이 말이 실렸다.

탐험은 남아메리카 남단 아래 위치한 웨들해Weddell Sea에서 시작해, 지구 최남단을 지나 뉴질랜드 아래의 로스해Ross Sea까지 약 2,700킬로미터를 이동하는 일정이었다. 비용은 약 25만 달러로 추산됐다.

그해 12월 5일, 섀클턴은 인듀어런스Endurance호에 스물일곱 명의 대원과 함께 올랐다. 배는 영국 정부와 왕립지리학회RGS, Royal Geographical Society, 그리고 개인 기부자의 후원으로 지어진 350톤급 선박이었다. 당시 유럽은 제1차 세계대전의 한가운데 있었고, 자금은 턱없이 부족했다. 심지어 탐험용 썰매 개는 영국 어린이들의 기부금으로 구입해야 할 정도였다.

하지만 그들은 끝내 남극대륙에 도달하지 못했다. 사우스조지아섬South Georgia Island을 출발한 지 며칠 만에, 탐험대는 끝없이 펼쳐진 얼음 지대를 만났고, 예정보다 이르게 들이닥친 혹독한 겨울 추위에 배는 그 자리에 갇히고 말았다. 한 대원은 이 상황을 이렇게 표현했다.

"사방에서 조여드는 얼음에, 배가 마치 단단한 캔디 속 아몬드처럼 갇혀버렸다."

그들은 무려 10개월 동안 남극에 갇혀 있었다. 배는 점점 북쪽으로 밀려가다가, 결국 얼음의 압력에 부서졌고, 1915년 11월 21일, 인듀어런스호는 웨들해의 차가운 바닷속으로 가라앉았다.

대원들은 구명보트를 타고 간신히 엘리펀트섬Elephant Island에 도착했다. 섀클턴은 다섯 명의 대원만 데리고, 나머지를 섬에 남긴 채 구조를 요청하러 떠났다. 약 1,300킬로미터의 험난한 바다를 횡단하는 모험이었다. 그리고 결국 구조대를 이끌고 대원들이 있는 곳으로 돌아왔다.

이 여정이 위대한 이유는 탐험의 규모 때문이 아니다. 어떤 대원도 목숨을 잃지 않았고, 서로를 해친 일도 없었으며, 반란조차 일어나지 않았다. 이것은 단순한 행운의 결과가 아니었다. 섀클턴이 '사람을 제대로 뽑았기' 때문이었다. 그는 단지 기술을 갖춘 사람이 아니라, 그 여정에 '어울리는 사람'을 찾았다. 기업도 마찬가지다. 조직의 WHY와 신념을 공유하는 사람들을 채용하면, 그들은 위기 상황에서도 스스로를 위해, 그리고 서로를 위해 힘을 낸다.

그렇다면 섀클턴은 어떻게 그런 사람들을 찾았을까? 전해지는 바에 따르면, 그는 《타임스 The Times》에 한 줄의 구인광고를 냈다. 우리도 직원을 구할 때 구인광고를 낸다. 링크드인 LinkedIn 이나 채용 사이트에 '이력서 제출' 공고를 띄우고, 경험, 역량, 전문성 등 일정한 자격 요건을 나열한다. 이를 가장 많이 충족하는 사람이 최고의 적임자라고 예상한다. 우리는 늘 WHAT을 중심으로 인재를 찾는다.

"5년 이상의 경력자, 업계 경험 필수, 빠르게 성장하는 회사에서의 기회, 높은 연봉과 좋은 복지 제공."

지원자는 많겠지만, 우리는 알 수 없다. 이들 중 누가 진짜 우리와 같은 신념을 가진 사람인지.

섀클턴은 다르게 접근했다. 그는 '경험자 우대'나 '돛을 올릴 줄 알아야 한다' 따위의 자격을 말하지 않았다. 오히려 그는 '이 여정에 어울리는 사람'을 찾았다. 그의 광고에는 이렇게 적혀 있었다.

"위험한 여정에 나설 대원 모집. 보수 적음, 혹한의 추위, 몇 달간 이어지는 어둠, 끊임없는 위험, 무사 귀환 불확실. 성공 시 영광과 명예."

이 광고를 보고 '이거야말로 내가 할 일이다'라고 느낀 사람만이 지원했다. 불가능에 가까운 일을 사랑하고, 극한 상황에서도 살아남을 수 있는 사람들이었다. 섀클턴은 자신과 같은 신념을 지닌 사람만을 선발했다. 그리고 그들은 그 누구보다 강한 팀이 됐다. 구성원이 소속감을 느낄 때, 성공 가능성은 눈에 띄게 높아진다. 신념이 같은 사람들이 모이면, 그들은 누군가를 위해서가 아니라 스스로를 위해 헌신한다. 그들이 일하는 이유는 회사가 아니라, 자신과 동료들을 위해서다.

위대한 리더들에게는 공통점이 있다. 바로 자기 조직에 꼭 맞는 사람을 알아보고, 그들을 불러 모은다는 점이다. 이들은 자신과 같은 신념을 가진 사람을 고르는 데 탁월하다. 사우스웨스트 항공은 조직문화에 어울리는 인재를 찾아낸 대표적인 사례다. 처음부터 그들의 대의에 공감하는 사람들을 채용했기 때문에, 훌륭한 서비스를 제공하는 일이 훨씬 쉬워졌다.

켈러허는 이렇게 말했다.

"직원은 능력보다 태도를 보고 뽑아야 합니다. 능력은 나중에 가르칠 수 있으니까요."

이 말에 고개가 끄덕여지지만, 한 가지 의문은 남는다. '그럼 어떤 태도인가?' 만약 그 태도가 조직문화와 어울리지 않는다면?

나는 기업 미팅 때 "어떤 사람을 채용하시나요?"라는 질문을 자주 한다. 가장 자주 듣는 대답은 "열정적인 사람"이다. 하지만 면접 자리에서만 열정적인 사람인지, 실제 일에서도 그럴지는 어떻게 알 수 있을까? 사실, 사람은 누구나 열정적이다. 다만 열정을 느끼는 대상이 서로 다를 뿐이다.

그래서 채용할 때는 WHY에서 시작해야 한다. 그렇게 하면 우리 신념에 열정을 가진 사람을 끌어들이기 훨씬 쉬워진다. 이력서가 화려하거나 성실한 사람이라고 해서 무조건 성공하는 것은 아니다. 예를 들어 아마존에서 가장 뛰어난 엔지니어라도 인텔[Intel]에서 일하면 불행할 수 있다. 인텔에서 최고인 엔지니어가 아마존에 간다고 해도 마찬가지일 것이다. 둘 다 실력이 있고 경험도 풍부하지만, 조직문화가 다르면 잘 맞지 않는다.

결국 중요한 것은 '같은 신념을 공유하는가'다. 기업의 WHY, 즉 존재 이유와 목적, 믿음에 진심으로 공감하고, 그에 맞는 태도를 가진 사람을 먼저 찾는 것이 중요하다. 그런 다음에야 능력과 경력을 따져보는 것이 옳다. 섀클턴도 최고의 경력을 가진 사람을 뽑을 수 있었다. 하지만 그들이 서로 깊이 연결되지 못했다면 생존 가능성은 훨씬 낮았을 것이다.

한때 사우스웨스트항공에는 고객 불만 접수 부서가 아예 없었다. 그만큼 고객의 만족도가 높았기 때문이다. 태도를 보고 채용해야 한다고 강조한 사람은 켈러허였지만, 조직 전반이 함께 만들어낸 통찰과 시스템이 있었기에 그런 채용이 가능했다. 켈러허 혼자서 모든 직원을 뽑을 수는 없었다. 단지 "직감을 믿으라"는 말만으로는 부족했다. 그래서 조직은 어떤 사람이 잘 어울리는지를 먼저 알아내고, 그런 사람을 찾는 방식을 체계화했다.

1970년대 사우스웨스트항공은 승무원 유니폼으로 핫팬츠와 종아리 길이의 고고부츠를 도입했다. 시대를 생각하면 놀라운 선택이지만, 이들도 처음부터 그 아이디어를 낸 것은 아니었다. 바로 캘리포니아주의 퍼시픽사우스웨스트항공을 따라 한 것이었다. 하지만 사우스웨스트항공은 결정적인 차이를 발견했다. 승무원 채용 공고를 내면 치어리더나 고적대원 출신이 많이 지원한다는 사실이었다. 아마도 새로운 유니폼을 꺼리지 않아서였겠지만, 그보다 더 중요한 것은 이들이 정말 잘 맞는 인재였다는 점이다.

이들은 태도만 좋은 것이 아니라, 기질 자체가 남을 북돋우는 사람들이었다. 긍정적인 에너지를 전하고, "다 함께 힘내요!"를 외치며 분위기를 이끄는 데 익숙했다. 평범한 사람들을 위한 항공사라는 사우스웨스트항공의 WHY와 완벽하게 맞아떨어졌다.

이후 사우스웨스트항공은 의도적으로 치어리더와 고적대원 출신을 우선 채용하기 시작했다.

세상에는 의욕적으로 움직일 준비가 된 사람과 그렇지 않은 사람이 있다. 위대한 기업은 단순히 능력 있는 사람을 채용한 뒤 동기를 부여하지 않는다. 처음부터 동기가 가득한 사람을 뽑아, 더 큰 의미를 부여한다. 만약 그들에게 일 이상의 의미, 더 큰 신념을 보여주지 못하면, 그들은 결국 새로운 길을 찾아 떠나고, 열정 없는 사람만 남을 것이다.

◊ **함께 일한다는 마음가짐**

두 석공 이야기를 소개하고자 한다. 한 사람이 벽을 쌓고 있는 석공에게 다가가 물었다.

"이 일이 좋으십니까?"

석공은 고개를 들어 대답했다.

"이 일을 시작한 게 언제였는지도 기억이 안 납니다. 하루 종일 똑같은 일을 반복하죠. 뜨거운 햇볕 아래에서 무거운 돌을 날라야 하는 일은 육체적으로 정말 고된 일입니다. 이 벽이 제 생애 안에 완공될지조차 모르겠어요. 그래도 어쩌겠어요. 일은 일이고, 먹고 살아야 하니까요."

그는 다시 고개를 숙였고 질문자는 그 자리를 떠났다.

조금 더 걸어가자 또 다른 석공이 있었다. 같은 질문을 던졌다.

"이 일이 좋으십니까?"

이번 석공은 얼굴에 미소를 머금고 말했다.

"정말 좋습니다. 지금 저는 대성당을 짓고 있어요. 이 일을 얼마나 오래 했는지는 정확히 기억나지 않아요. 돌을 나르고 벽을 쌓는 일은 분명 단조롭고 힘든 일이에요. 햇빛은 뜨겁고, 돌은 무겁고, 허리는 늘 아픕니다. 제 생애 안에 완공되지 않을 수도 있어요. 하지만 저는 지금 제 손으로 대성당을 짓고 있습니다."

두 석공이 하는 일은 똑같다. 하지만 한 사람은 단순히 생계를 위해 일하고, 다른 한 사람은 더 큰 목적을 위해 자신이 일하고 있다는 사실을 알고 있다. 후자의 석공은 자신이 속해 있다는 감각을 갖고 있었다. 그는 '무엇을' 하는지가 아니라 '왜' 하는지를 알고 있었다. 그 목적의식 하나가 그의 일에 대한 태도 전체를 바꿔놨다. 일의 의미가 바뀌면, 생산성도 충성심도 자연스럽게 따라오게 된다.

첫 번째 석공은 누군가가 더 높은 보수를 제안하면 주저 없이 떠날 수도 있을 것이다. 하지만 두 번째 석공은 지금보다 일이 쉬워지고 보수가 더 많더라도, 자신이 참여하고 있는 더 큰 대의를 위해 기꺼이 이 자리를 지킬 것이다.

그는 스테인드글라스를 만드는 장인이나 대성당을 설계한 건축가보다 자신이 더 중요하다고 생각하지도, 덜 중요하다고 생각하지도 않는다. 그들 모두는 하나의 성당을 짓기 위해 각자의 자리를 지키고 있는 동료일 뿐이다. 그 유대감이 동료애를 만들고, 동료애와 신뢰는 결국 성공으로 이어진다. 같은 뜻을 품고 함께 나아가는 사람들이 만들어내는 힘이다.

WHY가 분명한 회사는 구성원의 마음을 움직인다. 그런 회사에서 일하는 사람들은 더 높은 생산성과 창의성을 발휘한다. 그리고 그들이 만들어내는 분위기 덕분에, 다른 이들도 그곳에서 함께 일하고 싶어 한다. 좋아하는 기업이 최고의 직장이 되는 것은 어쩌면 당연한 일이다. 회사 구성원들이 자신이 왜 이 일을 하는지 제대로 이해하고 있다면, 회사 밖에 있는 사람들도 그 회사가 왜 특별한지 쉽게 느낄 수 있다. 이런 조직에서는 경영진부터 신입 직원까지 누구도 자신이 다른 사람보다 덜 중요하다고 생각하지 않는다. 모두가 서로를 필요로 하기 때문이다.

◇ **불리한 조건을 뒤집는 결정적 차이**

19세기 말, 새로운 기술이 세상을 바꿀 것이라는 기대가 사람들의 마음을 사로잡았다. 누가 가장 먼저 그 기술을 현실로 만들 것인가를 두고 치열한 경쟁이 벌어졌다. 그 기술은 바로 비행기였다. 당시 가장 주목받던 인물은 새뮤얼 피어폰트 랭글리였다. 그는 세계 최초의 유인 동력 비행기를 만들고자 했고, 누구도 부인할 수 없는 성공의 조건들을 갖추고 있었다.

랭글리는 천문학자로 학계에서 명성을 얻었고, 스미스소니언

협회 회장, 하버드 천문대 조교를 거쳐 미국 해군사관학교 수학 교수 등 권위 있는 자리를 두루 거쳤다. 인맥도 탄탄했다. 앤드루 카네기, 알렉산더 그레이엄 벨 같은 유력 인사들과 교류했으며, 미 육군부로부터 당시로서는 거액인 5만 달러를 지원받았다. 자금은 전혀 문제되지 않았다.

랭글리는 당대 최고 인재들로 팀을 꾸렸다. 코넬대학교Cornell University 출신 기계공학자 찰스 맨리Charles Manly, 뉴욕 최초의 자동차 개발자 스티븐 발저Stephen Balzer 등이 포함된 드림팀이었다. 최고급 자재를 아낌없이 사용했고, 시장 환경도 유리했으며, 언론의 관심도 집중됐다. 《뉴욕 타임스The New York Times》는 그의 행보를 빠짐없이 보도했고, 모두가 그의 성공을 응원했다. 하지만 정작 가장 중요한 것이 빠져 있었다.

랭글리에게는 야심은 있었지만, 명확한 WHY는 없었다. 그의 목표는 '무엇을' 할 것이며 '무엇을' 얻을 수 있을지를 기준으로 정해졌다. 어린 시절부터 항공학에 대한 관심은 있었지만, 그가 따랐던 것은 신념이나 대의가 아니라 명예와 성취였다. 그는 무엇보다도 '1등'이 되고 싶어 했고, 그를 움직인 동기는 부와 명성이 전부였다.

이미 학계에서 충분히 인정받고 있었지만, 랭글리는 토머스 에디슨이나 벨처럼 세상을 바꾼 인물로 기억되고 싶어 했다. 비행기는 그를 유명하게 만들어줄 열쇠였다. 그는 똑똑했고, 열정도 있었고, 충분한 자금과 인재도 갖추고 있었다. 우리가 흔히 말하는 '성공의 공식'을 완벽히 충족하고 있었다. 그런데도 오늘날, 랭글리라는 이름을 기억하는 사람은 거의 없다.

한편, 오하이오주 데이턴의 한 자전거 가게에서는 윌버 라이트Wilbur Wright와 오빌 라이트Orville Wright 형제가 비행기를 만들고 있었다. 랭글리와 달리 이들에게는 성공의 공식이 없었다. 오히려 실패를 위한 조건들만 가득했다. 정부 보조금도, 고위층 인맥도 없었으며, 자전거 장사로 번 돈이 전부였다. 팀원 중 대학을 나온 사람도 없었고, 고등학교를 마치지 못한 이도 있었다. 겉보기에는 모두 불리한 조건이었다. 그러나 라이트 형제에게는 단 하나의 강력한 무기가 있었다. 바로 신념에서 우러난 내면의 힘, 즉 WHY였다.

그들은 '왜' 이 일을 해야 하는지를 명확히 알고 있었다. 비행기를 만들면 세상이 바뀔 것이라 믿었다. 그들의 꿈은 자신만을 위한 것이 아니었다. 누구나 하늘을 날 수 있다면, 세상은 더 넓어지고, 삶은 더 풍요로워질 것이라 확신했다.

랭글리는 '과학적 업적'을 통해 명성을 얻고자 했지만, 라이트 형제는 '진정한 과학자'의 자세로 문제 자체를 풀고자 했다. 전기 작가 제임스 토빈James Tobin은 "랭글리는 성취를 원했지만, 라이트 형제는 비행에 진심이었다"고 말했다. 형제는 어떻게 하면 하늘을 날 수 있을지를 고민했고, 성공 후 어떤 이득을 볼지는 중요하지 않았다. 그들은 "노력에 대한 가장 큰 보상은, 더 많은 권력을 좇을 때가 아니라 더 많은 지식을 추구할 때 돌아온다"고 믿었다.

라이트 형제는 자신들의 신념을 설파했고, 그 믿음은 다른 사람들의 마음을 움직였다. 수많은 실패에도 그들은 결코 포기하지 않았다. 모든 사람이 포기해도, 이들은 다시 돌아왔다. 매번 다섯 세트의 부품을 준비한 것도, 하루에 다섯 번 실패할 것을 알고 있었기 때문이다.

그리고 마침내, 1903년 12월 17일. 노스캐롤라이나주 키티호크 Kitty Hawk 들판에서 라이트 형제는 날아올랐다. 수평 이동 거리 약 36미터, 12초. 조깅 속도의 짧은 비행이었지만, 그것은 인류의 미래를 바꾼 순간이었다.

랭글리와 라이트 형제는 같은 목표를 향해 달렸다. 모두 동기 부여가 되어 있었고, 노력도, 지능도 뛰어났다. 어느 한쪽에 더 큰 운이 따르지도 않았다. 그러나 단 하나의 차이가 있었다. 라이트 형제에게는 신념에서 우러난 내면의 힘이 있었고, 랭글리에게는 없었다. 랭글리는 명예와 부를 좇았지만, 라이트 형제는 신념을 따랐다.

윌버 라이트는 이렇게 말했다.

"당장의 보상만을 바라고 일하는 자는 어리석다."

라이트 형제는 사람들의 마음을 움직였고, 랭글리는 사람들에게 보상을 약속했다. 라이트 형제는 WHY에서 출발했고, 랭글리는 WHAT에서 시작했다.

결국 라이트 형제가 날아오르자 랭글리는 조용히 물러났다. "이제 그 기술을 더 발전시키겠다"고 말할 수도 있었지만, 랭글리는 그렇게 하지 않았다. 시험 비행은 포토맥강Potomac River에 추락했고, 언론은 그를 조롱했다. 수치심에 빠진 그는 더는 도전하지 않았다. 단지 '1등'에 이끌렸던 그에게는 정작 자신을 이끌어줄 WHY가 없었다.

◊ 혁신은 경계에서 일어난다

드림팀이 항상 꿈 같은 것은 아니다. 여러 전문가가 모이면, 그만큼 종종 전체보다는 자신만을 위해 일하는 경우가 있다. 이는 기업이 '최고 인재'를 영입한다며 초고액 연봉을 제시할 때 흔히 벌어지는 일이다. 그런 인재들은 대개 그 조직의 WHY에 공감해서가 아니라, 그저 돈을 보고 온다. 전형적인 조종이다. 큰돈을 준다고 해서 뛰어난 아이디어가 따라오는 것은 아니다. 오히려 마음이 통하는 사람들을 모아 하나의 대의를 중심으로 함께 움직이게 하면, 진짜 협력과 동료애가 생긴다.

랭글리는 드림팀을 꾸리고 부를 약속했다. 라이트 형제는 사람들에게 함께 이뤄야 할 더 큰 가치를 보여주며 신념에서 우러난 내면의 힘을 이끌어냈다. 평범한 조직은 사람들에게 '일거리'를 준다. 혁신적인 조직은 사람들에게 '지향점'을 준다.

리더의 역할은 위대한 아이디어를 모두 떠올리는 것이 아니다. 아이디어가 피어날 수 있는 환경을 만드는 것이 리더의 역할이다. 『턴어라운드 Turn the Ship Around!』의 저자 L. 데이비드 마르케^{L. David Marquet}는 이렇게 말한다.

"모든 권한은 위에 있고, 모든 정보는 아래에 있다."

유능한 경영진이라도 늘 혁신을 잘하지는 않는다. 오히려 고객과 직접 마주하는 최전방의 구성원들이 더 나은 방식을 찾아내는 경우가 많다. 예컨대 전화를 받거나 고객을 직접 대하는 사람들은 임원 누구보다 고객이 묻는 질문을 더 잘 알고 있다. 그런 그들에게 "그냥 맡은 일만 해"라고 말한다면, 정말 그 이상은 하지 않을 것이다. 반대로 그들에게 회사의 WHY를 끊임없이 상기시키고, 자신이 맡은 일 속에서 그 WHY를 실현할 방법을 찾으라고 독려한다면, 그들은 자신이 맡은 영역을 넘어서는 가치를 만들어낼 것이다.

예컨대 아이팟, 아이튠즈, 아이폰을 처음 고안한 사람은 스티브 잡스가 아니다. 애플의 구성원들이었다. 잡스는 '혁신을 위한 틀', 즉 환경과 기준, 그리고 WHY라는 더 큰 목적을 제공했다. 그는 기존 업계가 구태의연한 모델을 지키느라 안간힘을 쓰는 분야를 찾아 그것을 뒤엎고자 했다. 그것이 바로 애플의 창립 이유였고, 잡스와 스티브 워즈니악이 처음 회사를 시작하며 했던 일이었다. 그리고 이후 애플의 구성원들과 제품이 수십 년간 반복해 온 패턴이기도 했다.

애플의 사내 기록에 따르면, 다른 기술 기업에서 스카우트되어 온 신입 직원들은 대개 높은 연봉과 함께 과거의 성과에 대한 자부심을 한껏 드러냈다. 하지만 애플의 경영진은 이렇게 말했다.

"우리는 당신이 과거에 무엇을 했는지에는 관심 없습니다. 당신이 앞으로 무엇을 할 것인지에만 관심이 있습니다."

애플의 구성원은 가능한 많은 영역에서 애플의 WHY를 실현할 방법을 끊임없이 모색해야 했다. 실제로 그들은 그렇게 해냈다.

애플만 특별한 것은 아니다. 대부분의 조직에는 스마트하고 창의적인 사람이 있다. 그러나 위대한 조직은 단순히 "혁신하라"는 말로 명령하지 않는다. 명확한 WHY나 도전 과제를 중심으로 아이디어가 자라날 수 있는 기반을 제공한다. WHY가 분명한 회사는 경쟁사를 신경 쓰지 않는다. WHY가 흐릿한 회사는 경쟁사의 모든 움직임에 매달린다. 경쟁사를 따라 하다 보면 '무엇을 하는가'에 갇히고 만다. 콜게이트가 성인용으로만 무려 41종의 치약을 만들게 된 이유도 그 때문이다.

기업의 혁신 능력은 신제품 개발에만 쓰이는 것이 아니다. 어려운 시기를 헤쳐나가는 데도 반드시 필요하다. 뚜렷한 목적을 갖고 출근하는 사람은 위기를 기회로 바꿀 줄 안다. 몇 번 실패해도 쉽게 포기하지 않는다. WHY가 있기에 견디는 힘이 생기기 때문이다. 에디슨도 그런 사람이었다. 그는 전구를 발명하며 경험한 시행착오를 이렇게 표현했다.

"실패한 건 아닙니다. 단지 안 되는 방법을 만 가지쯤 알아낸 것뿐이죠."

사우스웨스트항공이 자랑하는 '10분 턴어라운드'에도 탄생 비화가 있다. 탑승객 하차부터 청소와 재정비, 다음 탑승까지 전 과정을 단 10분 안에 끝내는 이 기술은 항공사의 수익을 극대화해 준다. 비행기가 하늘에 있는 시간이 많을수록 회사는 더 많은 돈을 번다. 그런데 대부분 모르는 사실 하나. 이 혁신은 절체절명의 위기에서 시작됐다.

1971년, 사우스웨스트항공은 자금난으로 비행기 한 대를 팔 수밖에 없었다. 원래는 네 대로 운영하던 일정을 세 대로 돌려야 하는 상황이었다. 방법은 두 가지뿐이었다. 운항 횟수를 줄이거나, 비행기를 더 빠르게 돌리는 방법을 찾아내는 것. 대부분의 회사였다면 운영 규모를 줄였을 것이다. 하지만 사우스웨스트항공은 대의를 버리며 연명하는 길을 거부했다. 그리고 그 선택 끝에 10분 턴어라운드가 탄생했다.

대부분의 항공사라면 "그건 불가능하다"며 포기했겠지만, 사우스웨스트항공의 구성원들은 해내고자 했다. 그들은 실제로 창의적인 실험을 했다. 탑승 브리지에 음악을 틀어본 것이다. 특히 론 레인저The Lone Ranger(미국 TV나 영화 등의 서부극 속 주인공 - 편집자) 테마곡으로도 유명한 윌리엄 텔 서곡William Tell Overture을 틀었을 때 승객들이 훨씬 더 빠르게 비행기에 탑승했다.

그저 그런 연명을 거부한 사우스웨스트항공, 세상을 바꾼 애플, 하늘을 연 라이트 형제. 이들이 해낸 모든 일에는 공통점이 있다. 리더는 구성원을 믿었고, 구성원은 스스로 할 수 있다고 믿었다.

◊ 신뢰라는 안전망을 제공하는 회사

1762년 프랜시스 베어링Francis Baring이 설립한 베어링스은행Barings Bank은 영국에서 가장 오래된 상업은행이었다. 나폴레옹 전쟁과 두 차례의 세계대전도 버텨낸 이 은행은, 1995년 단 한 명의 무모한 트레이더 때문에 무너지고 말았다. 닉 리슨Nick Leeson. 그는 허가 없이 고위험 거래를 반복했고, 결국 은행 전체를 파산시켰다. 만약 시장이 그의 편이었다면, 그는 어마어마한 수익을 안기고 영웅으로 떠올랐을지도 모른다. 하지만 도박은 언제나 그렇듯, 방향을 예측할 수 없다.

리슨의 행동은 '계산된 위험'이 아니었다. 물론 책임 있는 조직이라면 낮은 확률의 사고라도 대비하는 것이 상식이다. 항공사가 수상 착륙 가능성이 희박한데도 구명조끼를 비치하는 것처럼 말이다. 하지만 리슨은 자신이 만든 위험의 감시자 역할까지 직접 겸하며, 어떤 제어도 없이 일을 벌였다. 더 큰 문제는, 그런 구조가 가능했던 조직문화 자체였다. 베어링스은행은 이미 WHY를 잃은 상태였고, 구성원 사이에는 신뢰가 사라진 지 오래였다.

그곳은 '신념에서 우러난 내면의 힘'으로 움직이는 조직이 아니었다. 직원들은 막대한 성과급에 이끌려 움직였을 뿐, 공동체 전체를 위한 신념과 의지는 없었다. 리슨은 자서전에서 이렇게 회고한다.

"런던 본사 사람들은 다 아는 체하느라 바보처럼 보일까 봐 질문조차 하지 않았다."

공유된 가치와 신념이 실종된 조직은 결국 각자도생의 문화로 흘러간다. 그런 분위기에서는 조심스러운 질문도, 위기를 막을 제안도 사라진다. 많은 조직이 '스타 직원'을 자랑하지만, 위대한 조직은 누구든 그런 인재가 될 수 있게 만든다.

신뢰는 우리 삶과 조직, 그리고 사회 전체를 조용히 움직이는 근본적인 힘이다. 우리는 친구를, 신앙 공동체의 일원을, 지인이 추천한다면 낯선 이라도 더 신뢰한다. 가까운 심적·물리적 거리, 공유된 가치관, 일치된 신념이 있을 때 신뢰는 훨씬 쉽게 쌓인다. 그런데 이상하게도, 일터에만 오면 그 기준을 잊는다. 때로는 화려한 이력보다 함께 나눌 수 있는 가치관이 더 중요한데도 말이다.

기업과 사회의 진보는 단순한 기술력이 아니라 신뢰 위에서 이뤄진다. 신뢰가 있어야만 사람들은 위험을 감수하면서도 새로운 시도를 감행하고, 실험을 반복하며, 결국에는 혁신을 만든다. 구성원이 진심으로 조직을 신뢰할 때, 공동체 전체를 위한 개인의 도전이 시작된다. 마치 공중그네 곡예사가 새로운 묘기를 연습할 때는 반드시 안전망을 요구하듯 말이다. 안전망은 몸을 보호할 뿐 아니라, 마음을 담대하게 만든다. 믿을 수 있는 안전망이 있다는 확신은 곡예사로 하여금 더 대담한 시도를 가능하게 하고, 그 반복된 도전이 결국 서커스 전체의 완성도를 끌어올린다.

물론 어떤 사람은 안전망 없이도 도전한다. 혁신은 그런 무모함에서 나오기도 한다. 하지만 그들이 떠난 뒤, 조직에 남는 것은 무엇일까? 조직을 고려하지 않는 개인의 성공은 오래가지 않는다. 진정한 리더는 그런 모험가를 영입하기보다, 평범한 사람들에게 신뢰라는 안전망을 제공해 위대한 조직을 만든다.

위대한 조직은 구성원이 보호받고 있다고 느낀다. 강한 조직문화는 소속감을 만들고, 그 소속감은 결국 심리적 안전망이 된다. 그런 분위기 속에서 구성원은 자신의 결정과 행동이 공동체 전체에 도움이 되도록 움직인다. 예컨대 사우스웨스트항공은 '고객이 항상 옳다'는 고정관념을 따르지 않는다. 직원을 학대하는 고객이라면 과감히 거절한다. 직원이 존중받는 조직에서야 비로소 진짜 고객 서비스가 나온다는 것을, 이 회사는 누구보다 잘 알고 있다.

훌륭한 서비스는 지침이 아니라 신뢰에서 나온다. 그리고 신뢰는 공유된 가치관과 서로의 지지를 느낄 때 생긴다. 이 모든 것이 제대로 작동하면, 직원은 단순히 '조직에 어울리는 사람'을 넘어, 문화를 함께 만들어가는 사람이 된다. 신뢰 속에서 사람들은 자발적으로 탐구하고, 발명하며, 혁신을 이끌고, 공동체를 더 나은 방향으로 발전시키려는 신념과 의지를 반복해서 실천하게 된다. 그리고 바로 이 반복이, 위대한 조직을 만든다.

◊ 진정한 리더는 사람을 섬길 줄 안다

"람보 2, 적기 180도 방향, 거리 40킬로미터, 빠르게 접근 중."

무전기가 울렸다. 존 P. 점퍼^{John P. Jumper} 준장의 호출 부호는 '람보 2'였다.

"레이더에 포착됨."

점퍼는 침착하게 응답했다. 적군을 자신의 레이더에서 확인했다는 의미였다.

점퍼는 당대 미 공군 최고의 베테랑 중 한 사람이었다. 수천 시간에 달하는 비행 경력, 1,000시간이 넘는 실전 기록, 그가 조종하지 않은 기종이 없을 만큼 다양한 항공기를 몰았고, 탁월한 전투 조종사로서 훈장을 받은 지휘관이었다. 자신감과 통찰력을 겸비한, 전투기 조종사의 전형 같은 인물이었다.

하지만 그날, 그의 반응은 이상했다. 40킬로미터 거리면 곧바로 공격에 들어가야 했지만, 점퍼는 움직이지 않았다. 상황을 지켜보던 항공 무기 통제사 로리 로빈슨^{Lori Robinson} 대위는 조심스럽게 다시 무전을 보냈다.

"람보 2, 적기 현재 위치 190도 방향, 거리 32킬로미터, 확인 바랍니다."

로빈슨의 임무는 전장 한복판을 내려다보는 통제센터에서, 시속 2,500킬로미터로 전투에 나서는 조종사들에게 목표를 안내하는 것이다. 항공 교통 관제사가 항공기를 서로 멀리 떨어뜨리는 데 집중한다면, 무기 통제사는 반대로 전투기를 적기 쪽으로 정확히 유도해야 한다. 조종사는 눈앞의 좁은 시야만 볼 수 있지만, 무기 통제사는 레이더를 통해 전체 전장을 한눈에 조망한다.

그러나 로빈슨에게 이 일은 단순한 업무가 아니었다. 그녀는 자신이 왜 이 일을 하는지를 분명히 알고 있었다. 조종사들이 더 멀리, 더 자신 있게 나아갈 수 있도록 길을 열어주는 것. 그것이 그녀가 존재하는 이유였다.

그래서 그녀는 실수할 수 없었다. 단 한 번의 잘못된 판단으로 조종사의 생명과 임무가 위험해질 수 있었기 때문이다. 무엇보다 무기 통제사에 대한 신뢰가 무너지면, 조종사는 더 이상 타인을 믿지 못할 뿐 아니라 자기 자신도 의심하게 된다. 전투기 조종사에게 자신감은 단순한 감정이 아니다. 그것은 생존을 결정짓는 무기다.

구름 한 점 없이 맑은 날, 사막 위 6,000미터 상공. 무전기 너머로 들리는 점퍼의 목소리는 여전히 침착했다. 그는 자신에게 위협이 다가오고 있다는 사실을 모른 채, 레이더만 바라보고 있었다. 그 순간, 점퍼가 조종하던 2,500만 달러짜리 최신예 전투기에서 알람이 울렸다. 고막을 찢을 듯한 경고음이 울리는 가운데, 그는 고개를 들어 앞을 봤다. 그리고 바로 그때, 적기가 자신을 향해 돌진해 오고 있다는 것을 알아차렸다.

"우측으로! 우측으로 돌려!"

그는 무전기에 대고 절박하게 외쳤지만, 이미 때는 늦었다. 1988년 10월 9일. 그날 비행에서, 점퍼 준장은 격추됐다.

로빈슨 대위는 조용히 기다렸다. 기지 안에는 묘한 정적이 감돌았다. 얼마 지나지 않아, 점퍼 장군이 숨을 몰아쉬며 브리핑실로 뛰어 들어왔다.

"자네 때문에 내가 죽었잖아!"

점퍼는 로빈슨을 향해 분노를 쏟아냈다. 당시 그는 네바다주 사막 내의 넬리스 공군기지에 위치한, 일명 '공군의 탑건 Top Gun'이라 불리는 미국 공군무장학교 United States Air Force Weapons School 에서 훈련 중이었다. 훈련 중 점퍼 장군은 적기 역할을 맡은 미군 전투기에 가상의 미사일 공격을 받고 격추된 것이었다.

"장군님, 제 잘못이 아닙니다. 영상 확인해 보십시오. 다 나와 있습니다."

로빈슨 대위는 조용히 대답했다.

당시 제57비행단장이었던 점퍼는 공군무장학교 졸업생이자 전임 교관이었다. 그는 비행 훈련이 끝날 때마다 모든 장면을 복기했고, 조종사들은 기록 영상을 통해 자신을 점검하며 배워나갔다. 영상은 거짓말을 하지 않았다. 그리고 그날도 마찬가지였다.

문제는 로빈슨이 아니라 점퍼였다. 점퍼는 전형적인 실수를 저질렀다. 자신이 팀의 일부라는 사실을 잊은 것이다. 점퍼가 최고가 될 수 있었던 것은, 그의 능력 때문만이 아니었다. 정비사, 교관, 동료 조종사, 그리고 로빈슨 대위에 이르는 수많은 사람이 보이지 않는 곳에서 그를 위해 존재했다.

점퍼는 최고의 장비를 썼고, 최첨단 기술과 최고 수준의 훈련도 받았다. 그러나 그가 진짜 자신감을 가질 수 있었던 이유는, 곁에 함께해 주는 사람들이 있었기 때문이다. 그것이 바로 신뢰였다. 그날 점퍼는 그것을 잠시 잊었다. 그리고 그 실수는 목숨을 잃을 수도 있었던 결정적인 순간을 낳았다. 그러나 훈련이란, 바로 이런 실수를 통해 우리가 왜 함께 일하는지, 그리고 무엇이 우리를 진짜 강하게 만드는지를 기억하기 위한 것이다.

네바다주 사막 위에서 교훈을 얻고 16년이 흘러, 점퍼 장군은 미 공군 최고 수장인 참모총장에 올랐다. 그는 2001년부터 2005년까지 재직하며, 전 세계에 배치된 현역, 예비군, 방위군, 군무원 등 70만 명의 조직을 편성하고 훈련시키며 장비를 갖추는 일을 책임졌다. 또한 합동참모본부 일원으로서 각군 참모총장과 함께 국방장관, 국가안전보장회의[NSC, National Security Council], 그리고 대통령에게 조언을 건넸다. 그는 2018년 4성 장군으로 은퇴했다.

하지만 이 이야기는 점퍼 장군이 아니라, 로빈슨 장군의 이야기다. 로빈슨은 더 이상 조준경을 들여다보지 않는다. '보기[bogey]'

나 '밴딧bandit' 같은 호출 부호로 더 이상 적군과 아군을 구분하지도 않는다. 계급이 오르며 맡는 역할도 달라졌다. 하지만 그녀는 여전히 매일 아침 이렇게 스스로에게 묻는다. '내가 왜 이 일을 시작했는가?'

현역 시절, 그녀는 자신이 지휘하는 부하들을 "내 아이들"이라 불렀다. 그들이 더 성장하고 조직이 더 멀리 나아갈 수 있도록 길을 터주는 일이야말로 자신이 맡은 일이라고 믿었다. 공군무장학교에서 교관으로 일할 때, 그녀는 훈련생들에게 이렇게 말했다.

"자기 자신을 생각할 시간은 끝났습니다. 이 일은 당신이 아니라, 당신 뒤에 서 있는 중위들을 위한 겁니다."

그리고 다시금 강조했다.

"우리 중 많은 이가 이런 생각으로 일한다면, 우리는 이 군대와 이 나라를 처음보다 더 나은 모습으로 남기고 떠날 수 있습니다. 그게 우리가 여기에 있는 이유 아닌가요?"

그녀는 WHY에서 출발했고, 그 WHY는 늘 명확했다. 그리고 그 명확한 WHY가 그녀의 리더십을 만들었다. 길을 먼저 열어주는 사람이 있었기에, 누군가는 더 멀리 갈 수 있었다. 그리고 아이러니하게도 그녀가 길을 열어주자, 이번에는 주변 사람들이 그녀에게 더 큰 길을 열어주기 시작했다.

로빈슨 장군은 무기 통제사로서 워낙 신뢰를 얻었기 때문에, 훈련을 받는 조종사들이 직접 그녀를 배정해 달라고 요청하는 일도 드물지 않았다. 그녀가 받은 최고의 칭찬은 이 한마디였다.

"전쟁에 나간다면 로빈슨 장군님의 목소리가 무전기에서 들렸으면 좋겠어."

이는 생명을 맡길 수 있는 리더로서의 절대적 신뢰를 의미했다.

그녀는 미 공군 역사상 최초로 팅커 공군기지에 위치한 제552항공통제비행단의 지휘관이 됐다. 이 부대는 공군전투사령부 소속 최대 규모 부대 중 하나로, 커다란 회전형 레이더를 기체 위에 장착한 보잉 707$^{Boeing 707}$ 계열의 공중조기경보통제기$^{AWACS, Airborne Warning and Control System}$를 운용한다. 로빈슨은 조종사 출신이 아닌 최초의 전투비행단장이었고, 공군무장학교에서 최초의 여성 교관이었으며, 공군 장관 및 참모총장 직속 기획실의 첫 여성 실장이자 미군 역사상 첫 여성 통합전투사령관이었다. 그리고 2018년, 그녀는 미군 여성 장교 가운데 가장 높은 계급으로 전역했다. 그녀의 기록은 단순한 '최초'의 나열이 아니라, 굳건한 WHY를 바탕으로 벽을 부순 여정이었다.

로빈슨 장군은 어느 기준으로 봐도 탁월한 리더였다. 어떤 리더들은 나무 위에 앉은 원숭이처럼 행동한다. 위쪽을 향해서만 웃고 있으니, 아래에서는 보기 싫은 모습만 보인다. 하지만 진정한 리더는 위에 있는 사람과 아래에 있는 사람 모두에게 신뢰받는다. 로빈슨 장군은 바로 그런 리더였다. 부하들은 그녀를 절대적으로 신뢰했다. 왜냐하면 그녀가 늘 자신들을 지켜줄 것이라 믿었기 때문이다. 그녀는 공군무장학교에서 이렇게 말하곤 했다.

"당신이 무슨 실수를 하든, 내가 반드시 해결해 줄 수 있어요."

그 말은 그들에게 확신과 안전을 주는 약속이었다. 그녀의 상관들 역시 마찬가지였다.

"도대체 그녀가 어떻게 그 많은 일들을 해내는지 모르겠어요."

그 말에는 늘 미소와 함께 존경이 묻어 있었다.

로빈슨 장군이 위대한 리더가 된 이유는 그녀가 가장 똑똑해서도, 가장 친절해서도 아니다. 진정한 리더십은 사람들을 애써 감동시키려는 데서 오지 않는다. 진정한 리더는 자신을 믿고 따르는 사람들을 먼저 섬김으로써 신뢰를 얻는다. 그 신뢰야말로 리더가 조직을 움직이기 위해 반드시 갖춰야 할 보이지 않는 동력이다. 그리고 로빈슨 장군은 그 동력으로 수많은 일을 이뤄냈다.

내가 군대 사례를 드는 이유는 이 메시지를 더 강하게 각인시키기 위해서다. 신뢰가 전부다. 신뢰는 가치와 신념을 공유하는 조직문화에서 생겨난다. 그 가치를 조직이 끊임없이 돌보고 지켜야 신뢰도 유지된다. 이를 위해서는 WHY에 대한 명확한 이해, HOW에 대한 행동원칙, WHAT의 일관된 실행을 통해 골든서클의 균형이 무너지지 않도록 붙들어야 한다. 그렇지 않으면 조직은 조금씩 신뢰를 잃기 시작한다.

조직은 구성원 모두에게 왜 존재하는지, 왜 시작됐는지를 끊임없이 상기시켜야 한다. 단지 벽에 써놓고 끝내서는 안 된다. 그 신념에 따라 행동하고, 그 가치를 기준으로 보상하고 평가해야 한다. 구성원이 회사를 위해 헌신하길 바란다면, 회사도 그들에게 먼저 헌신해야 한다. 이런 균형이 유지될 때, 구성원은 자신이 같은 이유로 이 조직에 함께 있다는 사실을 믿게 된다. 로빈슨 장군의 말을 빌리자면, '우리는 이 조직을 더 나은 모습으로 남기기 위해 여기에 있다'는 믿음이다. 이런 믿음이야말로 열정의 뿌리다.

열정은 외부에서 주어지는 것이 아니라 내부에서 생겨난다. 열정은 자신이 더 큰 뭔가의 일부가 됐을 때 자연스럽게 흘러나온다. 만약 구성원이 회사가 WHY를 중심으로 조직되어 있다는 신뢰를 잃는다면, 열정은 희미해지고 만다. 신뢰가 사라지면 사람들은 출근은 하되 마음은 닫는다. 자리를 지키면서도 오직 자기 안위만을 걱정한다. 바로 이것이 사내 정치의 시작이다. 서로를 믿지 못하면 결국 이기는 사람은 없고, 조직은 점점 약해진다.

이와 같은 진실을 누구보다 잘 이해한 인물이 있다. 바로 사우스웨스트항공의 창립자 켈러허다. 그는 직원들이 진심으로 대우받고 있다는 믿음을 가질 때, 스스로 최선을 다한다는 사실을 알고 있었다. 어느 기자가 그에게 물었다.

"직원과 주주 중 누구를 먼저 생각하십니까?"

켈러허는 당시로서는 파격적인 대답을 했다.

"그거야 쉽죠. 직원이 먼저입니다. 직원이 제대로 대접받으면 고객도 제대로 대접받습니다. 고객이 만족하면 우리 서비스를 다시 이용하게 되고, 결국 주주도 기뻐하게 되죠. 이게 바로 세상이 돌아가는 방식이에요. 하나도 어렵지 않아요."

◊ 신뢰는 감정에서 시작되고, WHY로 완성된다

당신은 모르는 사람보다 아는 사람을 더 신뢰하는가? 광고 문구보다 친구의 추천을 더 믿는가? 식당에서 모든 메뉴가 맛있다고 말하는 종업원과 "닭 요리는 피하세요"라고 말해주는 종업원 중 누구의 말을 따르겠는가?

답이 너무 쉽다면 이 질문은 어떤가. 사람들이 왜 당신을 신뢰해야 하는가?

신뢰라는 감정은 뇌에서 WHY를 느끼는 것과 같은 부위, 바로 변연계에 자리 잡고 있다. 이곳은 우리가 데이터를 받아들일 때도, 사실을 접할 때도, 그 정보를 믿어도 될지 경계해야 할지를 판단하는 중심이다. 당신이 무슨 말을 하든, 듣는 사람의 뇌는 그 말을 신뢰해도 좋을지를 조용히, 그러나 늘 민감하게 판단하고 있다. 이는 반대로, 우리가 누군가의 말을 들을 때도 마찬가지다. 이 감정의 기반은 늘 우리가 왜 그렇게 말하거나 행동하는지를 직감적으로 살펴보는 데 있다.

추천은 강력하다. 우리는 타인의 판단을 신뢰한다. 특히 우리를 잘 아는 사람, 그리고 우리가 신뢰하는 사람의 말은 더 깊이 받아들인다. 이는 강한 조직문화를 이루는 핵심 요소다. 하지만 우리는 아무의 말이나 믿지는 않는다. 우리는 우리와 비슷한 신념과 가치를 가진 사람의 의견을 신뢰한다. 그리고 그 사람과 내가 얻는 이익이 서로 연결될 때, 우리는 비로소 편안해진다. 그런 관계 안에서는 모두가 함께 성장하는 방향으로 작동한다. 공유된 신념과 가치 안에서 이뤄진 신뢰는, 때로는 수많은 데이터와 수백억 원짜리 광고보다 더 큰 힘을 발휘한다.

예를 하나 들어보자. 이제 막 아이를 낳은 한 부부가 있다. 이들은 아이를 위해 무엇이든 최선을 다하고 싶었다. 그 첫걸음으로 가장 안전한 자동차를 고르기로 했다. 그들은 일주일간 온라인 후기를 샅샅이 읽고, 안전 테스트 영상을 보고, 최신 광고까지 꼼꼼히 비교했다. 그리고 마침내 결정을 내렸다. 토요일, 볼보Volvo를 사기로 한 것이다.

금요일 밤, 부부는 친구 집에 저녁 식사 초대를 받았다. 친구는 자동차에 빠삭한 지역 최고의 마니아였다. 그들은 자랑스럽게 말했다.

"우리 볼보 사기로 했어."

그러자 친구는 아무런 망설임 없이 말했다.

"왜? 벤츠가 훨씬 안전하지. 아이를 생각한다면 벤츠를 사야지."

그들은 좋은 부모가 되고 싶었다. 그리고 친구를 신뢰했다. 이제 세 가지 가능성이 열린다. 하나, 계획을 바꿔 벤츠를 산다. 둘, 원래대로 볼보를 사지만 왠지 마음이 찜찜하다. 셋, 모든 자료를 처음부터 다시 조사해 스스로를 안심시킨다. 하지만 세 번째 방법조차, 감정이 따라주지 않으면 확신을 갖기 어렵다. 아무리 많은 정보를 가졌어도 마음이 편하지 않으면 스트레스는 올라가고, 자신감은 내려간다.

어느 쪽이든, 한 가지는 분명하다. 타인의 의견은 생각보다 강력하다. 그리고 그중에서도 신뢰하는 사람의 말은 더욱 강력하다.

마케터들은 이 사실을 너무도 잘 안다. 그래서 아예 '친구의 믿을 만한 추천'을 대량 복제하려는 산업까지 생겨났다. 가장 대표적인 방식이 별점 시스템과 후기다. 이른바 '평범한 사람들이 이 제품을 좋아한다면, 나도 믿을 수 있다'는 전략이다. 그리고 이 방식은 실제로 엄청나게 잘 작동한다.

우리는 스스로 자주 인식하지 못할 뿐, 무수히 많은 순간에서 단지 별점이 높다는 이유 하나만으로 어떤 제품을 구매한다. 하지만 기업들도 이 점을 정확히 알고 있다. 그리고 안타깝게도, 더 좋은 제품을 만들어 좋은 후기를 받는 대신, 후기를 조작하거나 시스템을 우회하는 쪽을 택하는 경우도 많다. 이 때문에 미국 연방거래위원회는 유료 리뷰일 경우 이를 반드시 명시하도록 규정하고 있다. 하지만 그 정도로는 충분하지 않다. 별점 시스템이 아예 쓸모없다고 말할 수는 없지만, 우리는 조금 냉소적일 필요가 있다.

예를 들어 내가 잘 아는 출판업계만 봐도 그렇다. 책이 더 많이 팔리도록 평점을 인위적으로 올리고, 인기 있는 것처럼 보이게 하는 방법을 아주 잘 아는 작가들이 생각보다 많다. 놀라울 정도다. 그렇다면 우리는 누구를 믿어야 할까?

　유명인과 인플루언서 마케팅도 결국 같은 맥락이다. 기업은 단지 팔로워 숫자에 끌리는 것이 아니다. 그보다는 그 인물이 시장 안에서 오랫동안 쌓아온 신뢰의 이미지, 즉 그 사람의 '후광'을 사고 싶어 한다. 비욘세^{Beyoncé}가 여성 권익 향상에 힘쓰는 사람이라는 인식이 있다면, 비욘세를 모델로 기용한 기업 역시 자연스럽게 '여성의 권리를 생각하는 브랜드'처럼 보인다. 하지만 이 효과는 단 하나의 전제가 있을 때만 발휘된다. 그 기업이 실제로 그 가치를 실천해 왔을 경우다. 그렇지 않다면, 그 마케팅은 전혀 진정성이 없고, 결국 자신의 WHY를 저버린 행위가 된다.

　생각해 보면, 유명인이나 인플루언서도 기업이 만든 제품과 마찬가지다. 이들도 결국 그 기업의 WHY를 드러내는 하나의 WHAT에 불과하다. 따라서 우리가 어떤 모델을 통해 그 브랜드를 신뢰하려면, 그 브랜드는 먼저 그 모델이 상징하는 가치와 신념을 공유해야 한다. 돈이 많은 기업은 누구든 기용할 수 있다. 팔로워가 수백만 명인 인플루언서도 데려올 수 있다. 하지만 그런 방식은 비싸고, 반복할수록 효과가 줄어들고, 오래가지 못한다. 지속 가능한 신뢰를 만들 수 있는 유일한 방법은 WHY로 시작하는 것뿐이다.

　신뢰는 얼마든지 전이될 수 있다. 하지만 그것은 조직 내부에 명확한 WHY가 있고, 그 WHY에 맞는 사람을 엄격한 기준으로 선별할 때만 가능한 일이다. 서로의 가치관이 일치해야 한다. 마찬가지로, 자신만의 WHY가 분명한 인플루언서나 유명인도 브랜드를 선택할 때 신중해야 한다. 단지 돈만 보고 협업한다면, 오랫동안 쌓아온 평판을 단숨에 무너뜨릴 수 있다. 이것을 우리는 흔히 "상업적으로 변질됐다"고 말한다. 이는 때로 분명히 보이고, 때로는 말로 설명은 안 되지만 왠지 거슬리는 그 감정으로 느껴진다. 우리는 알고 있다. '이 둘은 뭔가 어울리지 않는다'는 느낌.

기업 차원에서든, 개인 차원에서든 가장 강력하고 진정성 있게 다가오는 영향력은 친구의 추천과 같은 형태다. 어떤 보상도 받지 않았고, 광고 요청도 없었지만, 그저 스스로의 경험이 너무 좋아서, "너도 이거 알아야 해" 하고 나서는 마음. 상대방의 이익을 먼저 생각하고, 그 경험을 자신의 언어로 나누는 태도. 이것이 바로 진짜 영향력이다.

그렇다면 질문은 이렇게 바뀐다. 우리는 어떻게 해야 꼭 인플루언서가 아니더라도, 더 많은 사람이 친구에게 우리 이야기를 하게 만들 수 있을까? 우리가 믿는 가치를 공유하는 사람들이 우리의 제품, 아이디어, 비전에 끌려 더 알고 싶고, 더 행동하고 싶고, 더 함께하고 싶어지도록 만들려면 어떻게 해야 할까? 간단하게 말하자면, 티핑포인트Tipping Point 넘어 진짜로 움직이게 하려면, 무엇으로 시작해야 할까?

7장 | 티핑포인트: 대세를 만들어내다

◊ 유행과 혁신을 결정짓는 사람들

2000년, 말콤 글래드웰Malcolm Gladwell은 『티핑포인트 The Tipping Point』라는 책을 통해 사회나 시장에서의 작은 변화가 임계점을 넘으면서 큰 흐름으로 번지는 현상을 설명했다. 그는 이를 '티핑포인트'라 이름 붙였고, 변화를 일으키는 핵심 집단으로 '커넥터'와 '인플루언서'를 제시했다. 그의 분석은 지금까지도 널리 받아들여지고 있다.

하지만 여전히 풀리지 않은 질문이 하나 있다. 도대체 왜 인플루언서는 특정 브랜드나 아이디어를 사람들에게 알리고 싶어 하는 걸까?

마케터들은 언제나 인플루언서를 움직이기 위해 애쓴다. 하지만 실상은 그 방법을 잘 모른다. 고작 해야 돈을 주거나, 무료로 제품을 제공하는 방식에 머무르기 일쑤다. 글래드웰의 이론처럼 티핑포인트는 실제로 존재하고, 그것이 형성되는 조건들 또한 타당해 보인다.

그렇다면 질문을 바꿔보자. 우리는 그런 티핑포인트를 '의도적으로' 만들어낼 수 있을까?

단순히 우연히 찾아오는 현상이라면, 할 수 있는 것은 기대밖에 없다. 하지만 실제로 존재한다면, 그 흐름을 설계할 수도 있어야 한다. 그리고 설계할 수 있다면, 반짝 유행으로 그치지 않고, 오래 지속되는 변화를 만들 수도 있을 것이다. 그것이 유행과 혁신의 결정적 차이다.

하나는 금세 사라지고, 하나는 산업과 문화를 바꾼다.

이 질문에 답하려면 먼저 아이디어가 어떻게 퍼지는가를 이해해야 한다. 1962년, 에버렛 M. 로저스Everett M. Rogers는 『개혁의 확산Diffusion of Innovations』에서 혁신이 사회 전반에 어떻게 확산되는지를 처음으로 이론화했다.

30년 뒤, 제프리 A. 무어Geoffrey A. Moore는 『캐즘 마케팅Crossing the Chasm』에서 이 개념을 첨단 기술 마케팅 전략에 적용했다. 하지만 이 혁신확산 법칙은 단지 기술이나 제품뿐 아니라, 아이디어가 확산되는 과정도 설명할 수 있다. 이 이론을 처음 들어본 사람이더라도, 그 안에 나오는 다섯 개의 집단 이름은 아마 익숙할 것이다. 전체 인구는 다음 다섯 그룹으로 나뉜다.

- 혁신가 Innovators (변화를 여는 사람들)
- 초기 수용자 Early Adopters (처음 움직이는 사람들)
- 초기 다수자 Early Majority (대세를 만드는 사람들)
- 후기 다수자 Late Majority (흐름을 따르는 사람들)
- 최후 수용자 Laggards (마지막에 움직이는 사람들)

이를 인구별 분포 비율로 표현하면 다음과 같은 혁신확산 곡선이 그려진다.

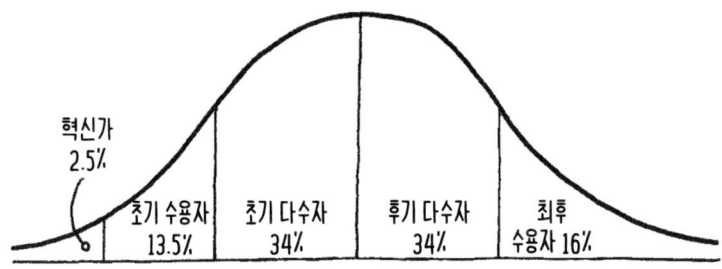

무어의 설명에 따르면, 전체 인구 중 가장 왼쪽 2.5%는 혁신가다. 그다음 13.5%는 초기 수용자다. 혁신가는 새로운 아이디어나 기술을 누구보다 먼저 시도하며, '처음 해보는 것' 자체에 강한 끌림을 느끼는 사람들이다. 그들은 단순히 초기 수용자가 아니라, 세상을 새롭게 바라보도록 도전장을 던지는 사람들이다. 이들이야말로 세상의 변화를 촉발시키는 아이디어의 시작점이 된다.

초기 수용자는 새로운 기술이나 아이디어의 장점을 높이 평가한다는 점에서 혁신가와 비슷하다. 이들은 변화의 가능성을 다른 사람들보다 일찍 알아보고, 처음 도입된 기술의 불완전함이나 사용상의 불편함도 기꺼이 감수한다. 그만큼 가능성과 잠재력을 보는 눈이 있다. 하지만 초기 수용자는 혁신가처럼 새로운 아이디어를 직접 만들어내는 사람은 아니다. 새로운 것을 '창조하는' 쪽이 혁신가라면, 초기 수용자는 그것을 직관적으로 알아보는 데 능하다. 둘 다 데이터보다 직감을 믿는다는 점에서는 닮아 있다.

초기 수용자들은 마음에 드는 제품이나 신념이 있다면 높은 비용을 감수하거나 불편을 무릅쓰고서라도 그것을 받아들인다. 이들은 혁신확산 곡선에서 왼쪽에 위치한 사람들이다. 신형 아이폰을 가장 먼저 사기 위해 여섯 시간 넘게 줄을 서는 사람들, 일주일만 기다리면 매장에 줄 없이 들어갈 수 있는데도 굳이 개통 첫날을 고집하는 사람들, 〈스타워즈 Star Wars〉 신작 개봉에 맞춰 극장 앞에 텐트를 치고 24시간 넘게 기다리는 사람들. 초기 수용자는 그런 경험 자체를 소중하게 여긴다. 평면 TV가 처음 출시됐을 때, 가격이 4만 달러가 넘고 화질도 불안정했지만 망설이지 않고 구매한 사람들도 이들과 같은 성향을 가졌다.

이들이 더 많은 돈을 지불하고 불편함을 감수하는 이유는, 제품이 얼마나 완벽하냐보다는 그것이 자신의 정체성과 맞닿아 있다고 느끼기 때문이다. 이들에게는 '가장 먼저 해보는 것' 자체가 중요한 가치다. 다른 사람들 눈에는 다소 무모해 보일 수 있지만, 그들에게는 충분히 의미 있는 일이다.

내 친구 네이선Nathan이 바로 그런 사람이다. 한번은 그의 집을 둘러보다가 블루투스 헤드폰만 열두 개가 넘는 것을 보고 "이거 다 고장 난 거야?" 하고 물은 적이 있다. 그는 웃으며 "아니, 새 모델이 나왔길래 샀어"라고 했다. 그의 집에는 노트북도 다섯 대, 오래된 아이폰 여러 대, 그리고 거의 사용하지 않는 다양한 전자기기 상자들이 여기저기 흩어져 있었다. 네이선은 전형적인 초기 수용자다.

초기 수용자 다음으로 초기 다수자가 전체 인구의 34퍼센트를 차지한다. 이들은 새로운 기술이나 아이디어에 대해 일정 부분 개방적이지만, 무조건 먼저 시도하기보다는 어느 정도 검증된 후에 받아들이는 경향이 있다. 그 뒤를 잇는 후기 다수자는 그보다 더 신중하다. 변화에는 관심이 있지만, 리스크를 최소화하고 주변 사람들이 많이 사용하고 나서야 따라간다. 초기 다수자와 후기 다수자 모두 실용적이고 현실적인 판단을 중시한다.

마지막으로, 곡선의 가장 오른쪽에 있는 집단은 최후 수용자다. 이들은 변화에 대한 관심이 거의 없고, 기존에 사용하던 제품이나 방식이 더 이상 존재하지 않을 때에야 비로소 새로운 것을 받아들인다. 이들은 기술이나 아이디어를 받아들이는 속도가 느릴 뿐 아니라, 새로운 흐름에 대해 본질적으로 회의적이다. 변화를 원해서가 아니라, 더 이상 버틸 수 없게 된 상황에서 마지못해 따라가는 사람들이다.

혁신확산 곡선에서 오른쪽으로 갈수록, 특정 제품이나 서비스를 필요로 하더라도 신념까지는 공감하지 않는 고객을 만나게 된다. 이런 고객은 아무리 정성을 다해도 반응이 미지근하다. 그들에게 중요한 것은 주로 가격이다. 이들은 충성도가 거의 없고 다른 사람에게 제품을 추천하는 경우도 드물다. 거래가 이어지더라도 '왜 이들과 계속하고 있지?'라는 회의감이 들고 마음속에 '이 사람들은 우리를 이해하지 못해'라는 생각도 스멀스멀 올라온다. 이 집단을 사전에 파악해야 하는 이유는, 가능한 한 거래를 피하기 위해서다. 이들은 현실적인 조건만 맞으면 거래는 하겠지만, 충성도는 기대할 수 없다. 그렇다면 굳이 시간과 에너지를 들일 필요가 있을까?

일단 관계를 맺고 나면 그 사람이 어떤 유형인지 알아차리기는 어렵지 않다. 하지만 가장 이상적인 방법은 함께 거래하기 전부터 이들을 구분하는 것이다. 사실 우리 모두는 제품이나 아이디어의 종류에 따라 이 곡선의 서로 다른 위치에 앉게 된다. 특정 브랜드나 아이디어에 대해서는 열렬히 지지하며 곡선의 왼쪽에서 행동하고, 다른 경우에는 완전히 무관심한 오른쪽 끝에 있을 수 있다. 한쪽에 속해 있을 때는 다른 쪽의 행동이 이해되지 않기 마련이다.

이를테면 내 여동생은 패션 트렌드에는 민감한 초기 수용자이지만, 나는 그 분야에서는 확고한 후기 다수자다. 동생이 몇 년 동안 강하게 권유하고 또 권유한 끝에야 나는 디자이너 브랜드의 고가 청바지를 하나 구입했다. 청바지가 멋지다는 것은 인정하지만, 그 가격을 지불할 가치는 아직도 모르겠다. 그러니 그런 옷을 망설임 없이 사는 동생이 이해되지 않는 것도 무리는 아니다.

반대로 나는 새로운 기기에 대해서는 초기 수용자다. 예를 들어 블루투스로 연동되는 자동 냉각 매트리스 패드가 처음 출시됐을 때 나는 주저 없이 구매했다. 동생은 그런 나를 두고 "쓸데없는 데 돈 쓰지 마. 덥다면 그냥 선풍기나 에어컨을 세게 틀면 되잖아"라고 말한다. 아마 이 문제에서 우리는 영원히 평행선을 달릴 것이다.

이처럼 사람은 각기 다른 대상에 대해 서로 다른 가치를 부여하며, 그에 따라 다르게 행동한다. 그렇기 때문에, 브랜드나 아이디어의 가치를 아무리 이성적으로 설명하고 객관적인 이점을 들이밀어도 상대방이 받아들이지 않는 경우가 많다. 이는 앞서 언급한 페라리와 혼다 오디세이 논쟁과도 비슷하다. 고급 청바지 브랜드 직원이나 내 동생이라면 원단 품질, 디자인, 제작 기술이 얼마나 중요한지를 몇 시간이고 이야기할 수 있을 것이다. 그러나 이런 말은 나 같은 사람에게는 그저 한 귀로 듣고 한 귀로 흘리는 말에 불과하다. 나 역시 내 매트리스 패드가 얼마나 합리적인 선택이었는지를 확신하지만, 동생은 아무리 설명해도 듣지 않는다.

그렇게 서로를 이해시키지 못할 때 시작되는 것이 바로 '조종의 게임'이다. 다시 말하지만, 조종은 일시적으로 효과가 있을 수 있지만 충성도를 만들지는 못한다. 오히려 비용이 늘고, 관계를 맺은 모든 사람에게 스트레스를 준다.

제품이든 서비스든, 혹은 아이디어든 뭔가를 세상에 내놓는 대부분의 사람이나 조직은 결국 대중시장에서 어느 정도 성공하거나 인정받길 바란다. 다시 말해, 혁신확산 곡선에서 가운데 부분에 진입하길 원하는 것이다. 그러나 말처럼 쉬운 일은 아니다. 작은 회사들의 목표를 물어보면, "몇 년 안에 기업 가치를 10억 달러까지 키우는 것"이라고 대답하는 경우가 많다.

하지만 현실은 냉정하다. 미국에 등록된 3,300만 개의 소기업 중, 유니콘 기업 반열에 오른 곳은 700여 개에 불과하다. 또한 미국 전체 기업의 98퍼센트는 직원이 100명 이하인 소규모 조직이다. 대중시장에서의 성공은 그만큼 얻기 어려운 일이다.

대기업이라고 해서 사정이 다르지는 않다. 과거에 한두 번 성공했다고 해서 언제나 대중시장을 장악할 수 있는 것은 아니다. 예를 들어 마이크로소프트는 2006년, 준^{Zune}이라는 mp3 플레이어를 출시하며 아이팟과 경쟁하겠다고 선언했지만 결과는 참담

했다. 2014년에는 모두가 안경처럼 생긴 컴퓨터, 구글 글래스 Google Glass를 쓸 것이라 했지만 이듬해 시장에서 철수했다. 아마존이 출시했던 스마트폰도 마찬가지다. 존재 자체를 기억하지 못하는 사람도 있을 정도다.

제품이 더 낫다고 해서 반드시 성공하는 것은 아니다. 단지 제품을 잘 만들고 마케팅을 열심히 한다고 해서 모든 것이 해결되지는 않는다. 1980년대 비디오테이프 전쟁에서, 기술적으로 뛰어났던 베타맥스Betamax는 결국 품질이 떨어지는 VHSVideo Home System에 밀려 시장에서도, 사람들의 기억 속에서도 자취를 감췄다. 중요한 것은 단순한 '우월함'이 아니다. 대중시장에서 성공하길 원한다면, 반드시 혁신확산 법칙을 이해하고 적용해야 한다. 그렇지 않으면 무의미한 마케팅 예산만 날리거나, 간신히 버티는 수준의 미지근한 성공에 그치게 될 것이다.

흥미롭게도 대중시장에서의 성공은 곡선의 가운데를 직접 공략해서는 거의 이뤄지지 않는다. 다시 말해, 초기 수용자들의 공감을 이끌어내지 못한 채 곧바로 다수자층을 설득하려 들면, 실패로 이어지는 경우가 훨씬 많다. 극히 드물게 단기적인 성공을 거두는 사례도 있지만, 그마저도 막대한 비용을 지불해야만 가능하다.

초기 다수자와 후기 다수자는 혁신가나 초기 수용자보다 훨씬 더 회의적이고 실용주의적이며 위험 회피 성향이 강하다. 이들은 새로운 제품이나 서비스에 문제가 생기면 가장 먼저 불만을 제기하거나 환불을 요청하는 사람들이기도 하다. 이들의 심리를 안정시키기 위해 품질 보증, 가격 인하, 부가 서비스 같은 장치들이 동원된다. 이처럼 실용적 사고를 지닌 고객의 구매 결정을 끌어내려면 불안을 줄여주는 조종이 필요하다. 그러나 조종은 충성심을 낳지 않는다.

진정한 충성은, 어떤 불편함도 감수하고 더 높은 가격도 기꺼이 지불하며 때로는 더 나은 조건의 제안까지도 마다하면서 당신과 계속 거래하겠다는 태도에서 비롯된다. 후기 다수자가 이런 행동을 보이는 경우는 거의 없다.

혁신확산 법칙에 따르면 대중시장 진입은 전체 시장의 약 15~18퍼센트를 차지하는 초기 지지층을 확보해야 비로소 가능하다. 로저스는 초기 다수자의 경우 다른 누군가가 먼저 시도한 것을 보지 않으면 쉽게 움직이지 않는다고 설명한다. 하지만 일정한 임계점에 도달하면 그다음은 전혀 다른 차원의 일이 벌어진다. 바로 이때, 티핑포인트가 현실화된다.

제품은 시장에서 본격적인 인정을 받고, 기업은 성장의 안정 궤도에 오르며, 아이디어는 하나의 사회적 흐름으로 확산된다. 이 시점에 이르면 성장 속도는 기하급수적으로 빨라지고, 별다른 힘을 들이지 않아도 자연스럽게 시장이 움직이기 시작한다.

사업의 목적은 제품을 살 수도 있는 모든 사람, 즉 다수를 대상으로 무작정 팔려는 데 있지 않다. 기업과 신념을 공유하는 사람들, 즉 혁신확산 곡선의 왼쪽에 위치한 이들을 찾는 데 집중해야 한다. 이들은 기업이 하는 일의 가치를 더 크게 인식하며, 스스로 의미 있다고 느끼기 때문에 웃돈을 내거나 불편을 감수하면서까지 그 일에 동참하려 한다. 이들은 누가 시키지 않아도 자발적으로 주변에 제품과 브랜드를 알린다.

15~18퍼센트에 해당하는 사람들은 단순히 제품이나 서비스에 지갑을 여는 소비자가 아니다. 그들은 기업의 신념에 공감하고, 기업이 전하는 아이디어와 제품, 서비스, 브랜드를 자신의 삶에 끌어들여 자신의 WHY를 보여주는 WHAT으로 삼는다. 다시 말해, 그들이 특정 제품이나 서비스를 기꺼이 사용하려 하는 이유는 제품 그 자체보다도 자신이 믿는 바를 외부에 드러낼 수 있기 때문이다. 이들은 자연스럽게 가장 충성도 높은 고객이 되며, 가장 충성심 깊은 주주, 직원이 되기도 한다. 정도의 차이가 있을 수 있지만, 이들은 브랜드를 사랑하고 기꺼이 주변에 소개한다. 곡선의 왼쪽에 있는 이들을 충분히 끌어들이면, 그들이 나머지 사람들까지 함께 움직이게 만든다.

나에게는 리더가 혁신확산 법칙을 제대로 이해했는지 알아보는 질문이 하나 있다. 신사업 전환율(새로운 사업 기회 중에서 실제로 고객을 확보한 비율 - 옮긴이)이 얼마나 되느냐고 물어보는 것이다. 그러면 많은 이들이 자랑스럽게 "10퍼센트입니다"라고 말한다. 하지만 골든서클의 원리를 무시하더라도, 평균적으로 10퍼센트의 전환율은 누구나 얻을 수 있다. 벽에 스파게티를 던졌을 때도 그중 일부는 붙기 마련이다. 그래서 사업을 키우는 일은 곧 '더 많은 스파게티를 던지는 일', 다시 말해 더 많은 타깃을 물색하는 작업이 된다. 하지만 이는 곡선의 중간, 즉 초기 다수자와 후기 다수자 같은 현실적이고 신중한 집단을 겨냥한 마케팅일 뿐이며, 비용이 많이 들고 전환율은 평균 수준에 그친다. 문제는 10퍼센트로는 티핑포인트를 만들기에 턱없이 부족하다는 점이다.

또 기존 고객 중 10퍼센트 정도는 자연스럽게 충성고객이 되기도 한다. 그들이 충성하는 이유는 무엇일까? 마치 우리가 왜 배우자를 사랑하는지 명확히 설명할 수 없는 것처럼, 기업은 충성고객을 두고 "그들은 그냥 우리 브랜드를 잘 이해해요"라고밖에 설명하지 못한다. 이 말은 감정적으로는 맞지만, 행동으로는 구체화할 수 없다.

그렇다면 더 많은 사람이 우리가 전하는 메시지를 '이해하게' 하려면 어떻게 해야 할까? 무어는 초기 수용자와 초기 다수자 사이 간극을 '캐즘'이라 부른다. 대중시장에 도달하려면 그 틈을 넘어야 한다. 그리 쉽지 않은 일이다. 그러나 WHY를 중심에 둘 수 있다면 그 간극은 넘을 수 있다. 초기 수용자에게 집중하고 WHY를 분명히 하면, 결국 초기 다수자는 자연스럽게 따라온다. 그러기 위해서는 반드시 WHY로 시작해야 한다.

◊ **확산의 법칙을 무시하면 생기는 일**

1997년, 티보TiVo는 혁신적인 기술로 시장을 선점하고자 했다. 이 회사는 DVR Digital Video Recorder 기술의 개척자 중 하나로, DVD 플레이어를 대체할 하드 드라이브 기반 녹화 시스템을 개발했고, 실시간 방송을 녹화하거나 일시 정지하고 광고를 건너뛸 수 있는 기능을 선보였다. 당시 티보가 이 분야에서 가장 높은 품질을 자랑한다는 데 이견은 없었다. 막대한 벤처 투자 자금을 확보했고, 마케팅 효과도 기대 이상이었다.

브랜드 인지도 또한 높았다. 크리넥스Kleenex, 밴드에이드Band-Aid, 큐팁스Q-tips(유니레버의 면봉 브랜드이지만 미국에서 면봉을 뜻하는 단어로 널리 쓰인다 - 옮긴이)처럼 티보라는 이름은 DVR 기능을 가진 기기를 가리키는 보통명사로 쓰였다. 마치 요즘 우리가 검색을 "구글링한다"고 말하는 것처럼, 당시에는 티보 제품을 갖고 있든 말든 "티보한다"는 표현을 사용했다.

티보가 1999년에 출시됐을 때, 공동 창립자인 마이크 램지Mike Ramsay와 짐 바턴Jim Barton은 TV 시청자들이 분명히 이 기술을 받아들일 것이라고 확신했다. 한 시장조사 전문가는 첫해에 가입자 수가 76만 명에 이를 것이라고 예측했다. 그러나 애널리스트들과 기술 애호가들의 기대와 달리, 결과는 초라했다. 첫해 판매량은 4만 8,000대에 그쳤고, 이후에도 크게 나아지지 않았다.

2002년, 《애드버타이징 에이지Advertising Age》는 이를 두고 "미국에서는 티보보다 옥외 화장실이 있는 집이 더 많다"는 헤드라인을 실었다. 당시 미국 내 옥외 화장실 보유 가구는 67만 1,000가구였고, 티보 이용 가구는 51만 가구에 불과했다.

매출 부진뿐 아니라 주가도 기대에 못 미쳤다. 1999년 가을, IPO$^{Initial\ Public\ Offering}$(증권시장에 자사의 주식을 등록하는, 기업 공개 – 편집자)당시 주가는 40달러가 조금 넘었고, 이듬해 최고가인 100달러까지 올랐지만 이후 하락세를 면치 못했다. 2001년 이후로는 세 차례 단기 반등을 제외하면 한 번도 10달러를 넘기지 못했다.

애널리스트들은 고개를 갸웃했다. 제품 품질도 뛰어났고, 자금 사정도 좋았으며, 시장 타이밍도 괜찮았기 때문이다. 하지만 티보는 결정적인 실수를 하나 저질렀다. 제품의 대중적 매력을 확신한 나머지, 혁신확산 법칙을 무시하고 혁신확산 곡선의 중간에 위치한 소비자들을 타깃으로 삼았던 것이다. 즉 혁신가나 초기 수용자에게 WHY를 설명하지 않고, 다수 소비자에게 WHAT만을 들이밀며 기능을 강조한 것이다.

> 우리는 신제품을 출시했습니다.
> TV 생방송을 일시 정지할 수 있고,
> 광고도 건너뛸 수 있으며,
> 실시간 되감기도 가능합니다.
> 게다가 시청 습관을 분석해 자동으로 프로그램을 녹화해 줍니다.

기술에 민감하지 않고 실용성을 우선하는 소비자층의 반응은 예측 가능했다.

"이게 뭔지 잘 모르겠다. 필요도 없고, 별로 마음에 들지 않는다. 괜히 찜찜하다."

물론 전체의 약 10퍼센트에 해당하는 소수의 충성고객이 있었다. 이들은 굳이 WHY를 설명하지 않아도 본능적으로 그 가치를 알아보는 사람들이었다. 하지만 이들만으로는 티보가 기대했던 티핑포인트를 만들기에는 역부족이었다.

사람들은 '무엇을' 하느냐보다, '왜' 하느냐를 보고 선택한다. 티보는 혁신확산 곡선의 왼쪽에 있는 사람들을 타깃으로 삼고, 그들에게 자신들의 신념을 전달했어야 했다. 제품이 '왜' 개발됐는지를 이야기했더라면, 각종 기능과 장점은 더 큰 목적을 증명하는 수단이 됐을 것이다. 만약 티보가 골든서클의 균형을 유지하며 메시지를 혁신가와 초기 수용자에게 집중했더라면, 결과는 전혀 달라졌을지도 모른다.

기존의 기능 중심 메시지를 WHY에서 출발한 메시지로 바꿔 비교해 보자.

> 삶을 능동적으로 주도하고 싶은 분이라면, 이 제품을 꼭 만나보세요.
> TV 생방송을 마음대로 멈출 수 있습니다.

광고도 건너뛸 수 있고,

실시간으로 되감기도 됩니다.

당신의 시청 습관을 기억해 알아서 프로그램도 녹화해 줍니다.

이렇게 WHY로 시작한 메시지 안에서 기능들은 제품을 구매해야 할 이유가 아니라, 그 제품이 존재하는 이유를 뒷받침하는 증거가 된다. 구매를 이끄는 것은 신념이고, 제품의 기능은 그것을 합리화하는 수단일 뿐이다.

티보는 실패의 원인을 아주 이성적인 논리로 설명하려 했다. 2000년 《뉴욕 타임스》 인터뷰에서 티보 대변인 레베카 베어Rebecca Baer는 이렇게 말했다.

"직접 써보기 전에는 왜 필요한지 알 수 없어요."

만약 이 말이 논리적으로 맞다면, 그 어떤 신기술도 대중에게 확산되는 일은 없었을 것이다. 하지만 우리는 그것이 사실이 아님을 안다. 또 다른 분석가들은 티보가 실패한 이유를, 케이블 회사들이 셋톱박스에 하드 드라이브를 탑재하고, 유통망에서도 우위를 점했기 때문이라고 설명했다. 물론 이 또한 이유의 일부일 수 있다. 하지만 우리는 알고 있다. 사람들은 때로 어떤 제품이 마음 깊은 곳에서 울림을 줄 때, 불편이나 웃돈도 마다하지 않는다는 것을.

할리데이비슨의 사례가 그렇다. 할리데이비슨에서 커스텀 모델을 주문하면 적어도 6개월, 얼마 전까지만 해도 1년까지 기다려야 했다. 고객들은 굳이 그리 오래 기다릴 필요가 없었다. 가와사키Kawasaki 대리점에 가면 유사한 성능과 더 나은 가격 조건의 오토바이를 즉시 구매할 수 있었다. 하지만 사람들은 불편을 감수하고 기다렸다. 그들이 산 것은 '오토바이'가 아니라 '할리'였기 때문이다.

베어의 말처럼, 대중은 실제로 티보의 가치를 충분히 이해하지 못했다. 하지만 그것은 소비자의 잘못이 아니라, 제품의 존재 이유를 명확히 전달하고 곡선 왼쪽의 고객들에게 먼저 가닿았어야 할 티보의 책임이었다. 제품을 사용한 사람이 적었던 이유는 그들에게 WHY가 전달되지 않았기 때문이었다. 티보는 WHY로 시작하지 않았고, 혁신가와 초기 수용자의 중요성 또한 외면했다. 티보는 이런 기본이 되는 원칙들을 무시한 첫 번째 회사가 아니었고, 마지막도 아닐 것이다.

WHY로 시작하면, 당신과 같은 것을 믿는 사람들이 개인적인 이유로 끌려온다. 이들은 단순히 가격이나 기능을 따지는 이들이 아니라, 당신의 신념에 공감하는 사람들이다. 이들이 바로 판도를 바꾸는 이들이다. 기업이 해야 할 일은 자신이 무엇을 위해 존재하는지, 어떤 신념을 추구하는지를 분명히 하고, 제품과 서비스가 그 신념을 어떻게 실현하는지를 보여주는 것이다. 실패한 것은 기술이 아니라, 그 기술을 세상에 전하는 방식이었다.

◇ 미국을 바꾼 하나의 신념

1963년 8월 28일, 미국 전역에서 모여든 25만 명의 사람들이 워싱턴 D.C. 내셔널몰을 가득 메웠다. 그날, 마틴 루서 킹 목사는 "I Have a Dream"이라는 역사적인 연설을 했다. 주최 측이 이들에게 초대장을 보낸 것도 아니었고, 날짜와 장소를 알리는 웹사이트나 이메일이 있었던 것도 아니었다. 그런데도 이 많은 사람이 정확한 시간에, 정확한 장소로 모여들었다. 도대체 어떻게 이런 일이 가능했을까?

당시는 미국 사회 전체가 인종 갈등으로 몸살을 앓고 있었다. 1963년 한 해에만 수십 개 도시에서 폭동이 벌어졌다. 차별과 불평등이 깊게 뿌리내린 이 땅에서, '모든 인간은 평등하게 태어났다'는 단순한 이상이 수많은 사람의 마음을 움직였고, 결국 사회를 바꾸는 거대한 물결이 됐다. 이 힘의 근간에는 골든서클의 원리와 혁신확산 법칙이 있었다.

그 시대에 '무엇을' 바꿔야 하는지 알고 있던 사람은 킹 목사만이 아니었다. 수많은 이들이 각자의 해법을 제시했고, 킹 목사의 생각이 항상 완벽했던 것도 아니었다. 그 역시 복잡한 내면을 지닌 사람이었고, 실수도 했다. 하지만 킹 목사에게는 흔들리지 않는 단 하나의 중심이 있었다. 미국은 반드시 달라져야 한다는 확고한 WHY, 그의 목적의식이었다. 그 WHY는 지칠 법한 순간마다 다시 그를 일으켜 세웠다.

킹 목사와 비슷한 이상을 품은 사람들도 있었지만, 많은 이들이 끝내 포기했다. 패배는 고통스럽고, 매일 벽에 부딪히며 싸운다는 것은 생각만큼 쉬운 일이 아니기 때문이다. 사실 몇 명의 지지자만 있어도 법안을 통과시키는 일은 가능하다. 그러나 그들이 꿈꾼 것은 단지 법의 변화가 아니라, 사회 전체의 변화였다. 진정한 변화는 법을 바꾸는 것으로는 부족했다. 더 많은 사람이 자발적으로 이 일에 나서야 했다. 억지로 끌려온 사람이 아니라, 스스로 원해서 함께하는 사람들이 필요했다. 그리고 그런 변화를 지속하려면, 킹 목사와 신념을 공유하는 사람들이 반드시 있어야 했다.

민권을 어떻게 성취할지, 무엇을 해야 할지에 대해서는 의견이 분분했고, 집단마다 다른 전략을 시도했다. 어떤 이들은 폭력을 선택했고, 어떤 이들은 평화적인 방식으로 접근했다. HOW나 WHAT은 달랐지만, 모든 행동의 바탕에는 공통된 WHY가 있었다.

킹 목사가 사람들의 마음을 움직일 수 있었던 것은 흔들림 없는 확신에 더해, 자신의 WHY를 말로 표현해 내는 능력을 갖춘 덕분이었다. 그는 신념을 언어로 옮길 수 있는 재능이 있었고, 그 언어에는 사람들을 움직이는 힘이 있었다.

> "나는 믿습니다."
>
> "나는 믿습니다."
>
> "나는 믿습니다."

킹 목사는 말했다.

"법에는 두 종류가 있습니다. 정의로운 법과 정의롭지 않은 법입니다."

그는 이렇게 덧붙였다.

"정의로운 법이란 도덕적 기준과 일치하는 인간이 만든 규범입니다. 정의롭지 않은 법은 도덕적 기준과 조화를 이루지 못하는 규범입니다. 인간의 인격을 고양하는 법은 정의로운 법이고, 인간의 인격을 훼손하는 법은 정의롭지 않은 법입니다. 흑인과 백인을 차별적으로 분리하는 분리 정책 관련 법률은 모두 정의롭지 않은 법입니다. 분리 정책은 영혼을 왜곡하고 인격을 파괴하기 때문입니다."

그의 신념은 단순한 민권운동을 넘어서 있었다. 그것은 인류 전체가 서로를 어떻게 대해야 하는가에 관한 이야기였다. 물론 그의 WHY는 그가 태어난 시대와 환경, 그리고 피부색의 영향을 받았지만, 그 신념을 실현해 나가는 무대는 민권운동이었다.

킹 목사의 믿음과 말은 사람들의 마음 깊은 곳을 건드렸다. 그의 신념에 공감한 이들은 그 믿음을 자신의 것으로 받아들였고, 또 다른 이들에게도 전했다. 이 믿음은 계속 전파됐고, 어떤 이들은 더 널리 알리기 위해 조직적으로 움직였다. 그리고 1963년 여름, 25만 명의 사람들이 링컨 기념관 앞에 모여 킹 목사의 "I Have a Dream" 연설을 들었다.

하지만 그들 중 과연 몇 명이 킹 목사 때문에 모였을까? 단 한 명도 없었다. 그들은 자신을 위해 왔다. 그날 모인 것은, 자신이 믿는 바를 확인하고 증명하기 위한 선택이었다. 더 나은 미국을 만들 수 있는 기회라고 믿었고, 자신의 가치관과 신념이 반영된 나라에서 살고 싶다는 바람이 그들을 이끌었다. 뜨거운 8월, 여덟 시간을 버스로 달려와 태양 아래 서 있었던 그 하루는, 그들의 WHY를 위한 WHAT이었다. 이 대의는 킹 목사만의 것이 아니라, 바로 그들 자신의 것이었다.

그날의 연설은, 그 자리에 선 모두가 품은 믿음을 다시금 되새기게 해주는 강력한 울림이었다. 킹 목사는 "나에게는 계획이 있습니다"가 아니라, "나에게는 꿈이 있습니다"라고 말했다. 그는 실행 계획이 아닌 목적과 신념을 이야기했다. 사람들에게 따를 계획을 제시한 것이 아니라, 함께 향해 갈 방향을 제시했다.

그의 신념은 너무도 강력해서, 당장의 차별을 경험하지 않은 사람들조차 그 믿음에 동참했다. 그날 모인 25만 명 중 약 4분의 1은 백인이었다. 이 신념은 흑인을 위한 것도, 백인을 위한 것도 아닌, 모두를 위한 공동의 미국을 향한 믿음이었다. 킹 목사는 그런 신념을 대표하는 인물이었고, 인종과 관계없이 같은 신념을 품은 사람들의 리더였다.

그가 리더가 된 이유는 치밀한 실행 계획이 있어서가 아니다. 그는 자신의 WHY를 분명히 말할 수 있었고, 그 말은 사람들의 마음을 움직였다. 위대한 리더가 그러하듯, 그는 하나의 믿음을 상징하는 인물이 됐고, 그 신념을 잊지 않기 위해 사람들은 지금도 그의 동상을 세운다. 사람들이 그를 따랐던 이유는 그가 꿈꾸던 미국을 믿었기 때문이 아니라, 자신이 꿈꾸던 미국이 그의 말 속에 있었기 때문이다.

우리의 행동과 결정을 좌우하는 뇌의 영역은 언어를 다루지 않는다. 그래서 우리는 종종 우리가 왜 어떤 행동을 했는지 말로 설명하지 못한다. 논리적으로는 맞는 설명을 하지만, 그것만으로는 다른 사람을 움직일 수 없다. 그래서 그날 "왜 이곳에 왔습니까?"라는 질문을 받은 사람들은 이렇게 답했다.

"믿기 때문입니다."

킹 목사가 우리에게 준 가장 큰 선물은 바로 명확함이었다. 그는 느끼고 있던 감정을 정확히 설명할 수 있는 언어를 줬고, 공유할 수 있는 신념을 제시했다. 그날 내셔널몰에 모인 사람들은 같은 가치와 신념을 공유하고 있었다. 피부색이나 성별과 상관없이 모두가 하나의 대의를 품고 있었다. 그리고 바로 그 공동의 신념이, 미국을 바꾸는 불꽃이 됐다.

> 우리는 믿었습니다.
> 우리는 믿었습니다.
> 우리는 믿었습니다.

START WITH WHY

4부

신념을 공유하는 이들을
하나로 모으는 방법

| 8장 | **WHY로 시작하되,
HOW로 움직여라**

◇ **에너지는 반짝이지만, 카리스마는 남는다**

"와!!!"

빌 게이츠Bill Gates의 뒤를 이어 마이크로소프트 CEO 자리에 오른 스티브 발머Steve Ballmer는 함성을 지르며 무대에 올랐다. 글로벌 연례 회의 무대 위에서 그는 마이크로소프트를 향한 사랑을 숨기지 않았다. 관중을 들뜨게 하는 데도 능숙했다. 그는 주먹을 불끈 쥐고 무대 한쪽 끝에서 다른 쪽 끝까지 달렸다. 그가 소리치고 땀 흘리는 모습은 거의 전설처럼 회자됐다. 발머는 분명 에너지로 사람들을 자극할 수 있음을 보여줬다. 하지만 그 에너지가 인구 전체를 감동시킬 수 있을까? 직원 수 8만 명 규모의 회사를 하나로 모으기에는 충분했을까? 그리고 다음 날, 그다음 주에도, 발머의 에너지가 사라졌을 때도 같은 효과를 낼 수 있었을까?

이에 반해 게이츠는 조용하고 숫기가 없는 인물이었다. 사교적인 리더 이미지와는 거리가 멀었고, 대중 연설도 그리 유창하지는 않았다. 하지만 그가 말할 때는 사람들의 귀가 쏠렸다. 모두가 그의 한마디 한마디를 경청했다. 그는 청중을 들뜨게 만들기보다 그들의 마음을 움직이는 사람이었다. 그의 말은 사람들의 마음속에 오랫동안 남았다. 몇 주, 몇 달, 몇 년이 지나도 기억에 남았다. 그는 에너지를 쏟기보다는, 신념에서 우러난 힘을 전했다. 그가 지닌 힘은 바로 카리스마였다.

에너지는 사람을 움직일 수 있다. 눈에 보이고, 측정하기 쉽고, 모방도 가능하다. 하지만 카리스마는 다르다. 정의하기도 어렵고, 측정도 어렵고, 흉내 내기조차 쉽지 않다. 사람들의 마음을 움직이는 데 필요한 것은 바로 이 카리스마다. 카리스마는 에너지와는 다르다. 에너지는 단잠을 자거나 카페인을 마셔도 생긴다. 반면 카리스마는 명확한 WHY, 즉 개인을 넘어서는 이상에 대한 확고한 믿음에서 비롯된다.

위대한 리더에게는 모두 카리스마가 있다. 왜냐하면 그들은 모두 WHY로 시작하기 때문이다. 게이츠가 마이크로소프트를 이끌며 우리에게 감동을 준 것은 컴퓨터에 대한 열정이 아니었다. 그는 복잡한 문제도 해결할 수 있다고 믿는 낙관주의자였다. 모든 사람이 최대한의 잠재력을 발휘하며 살아갈 수 있어야 한다고 믿었고, 그 믿음이 모든 책상에 PC를 놓겠다는 비전을 만들었다.

그는 기술이 무엇을 할 수 있는지를 넘어서, 왜 그것이 필요한지를 먼저 봤다. 우리가 그에게 끌린 것도 바로 그 이유 때문이었다.

물론 에너지는 사람들을 움직이게 하는 수단이 될 수 있다. 보너스, 승진과 같은 다양한 당근과 채찍처럼, 에너지도 구성원을 자극해 행동하게 만든다. 하지만 조종의 수단인 이들 방식은 언제나 그렇듯, 지속되지 않는다. 에너지는 계속해서 공급하기도 어렵고, 효과도 오래가지 않는다. 사기가 떨어질 때마다 리더가 매번 같은 에너지를 쏟아야 한다면, 그것은 '충성심'이 아니다. 일종의 '재구매' 현상일 뿐이다. 무엇보다, 시간이 지날수록 에너지는 무뎌진다.

카리스마는 다르다. 카리스마는 충성심을 만든다. 매일 자극을 주지 않아도 자발적으로 동참하는 사람, 그런 이들이 바로 충성하는 구성원이다. 우리는 WHAT, 즉 하는 일 자체에 흥분할 수는 있어도, 우리를 진짜 움직이게 하는 것은 WHY, 즉 그 일을 하는 이유에서 비롯된다. 벽돌을 쌓기 위해 일하는 것이 아니라, 대성당을 짓기 위해 출근하고 싶어지는 것, 바로 그것이 WHY가 주는 힘이다.

WHY가 분명하면, 그 신념에 공감하는 사람들이 자연스럽게 끌려온다. 그리고 그중 일부는 WHY를 실현하는 일에 동참하고자 손을 든다. 신념이 선명해질수록 더 많은 이들이 "나도 돕고 싶다"고 말하게 된다. 그렇게 하나의 목적과 대의를 중심으로 사람들이 모이면, 정말 놀라운 일들이 벌어진다. 하지만 위대한 성과는 단순한 마음의 울림만으로는 부족하다. 그런 울림은 시작일 뿐, 그것을 하나의 흐름으로 발전시키기 위해서는 더 많은 것이 필요하다.

◇ 무슨 일을 하는지로 인생이 정의되지 않는다

라이트 형제의 고향인 오하이오주 데이턴에서 약 100킬로미터 떨어진 곳에서 자란 닐 암스트롱Neil Armstrong은 어릴 적부터 라이트 형제 이야기를 들으며 하늘을 동경했다. 모형 비행기를 만들고 비행 잡지를 탐독했으며, 집 옥상에 설치한 망원경으로 밤하늘을 바라보곤 했다. 자동차 면허보다 먼저 비행기 조종 면허를 땄을 정도였다. 그는 말 그대로 우주비행사가 될 운명이었다. 가끔은 이렇게 암스트롱처럼 어린 시절의 꿈이 곧 인생의 길이 되는 사람도 있다.

하지만 대부분의 진로는 그렇게 정해지지 않는다. 제프 섬프터Jeff Sumpter의 경우가 더 익숙한 이야기일지 모른다. 그는 고등학생 시절, 어머니가 근무하던 은행에서 여름 인턴으로 일했다. 고등학교를 졸업한 뒤 몇 년이 지나, 다시 그 은행에 연락해 시간제 근무를 시작했고, 곧 정규직이 됐다. 그렇게 시작된 그의 경력은 15년 후, 직장 동료였던 트레이 모스트Trey Maust와 함께 오리건주에 루이스앤드클라크은행Lewis & Clark Bank을 창립하는 것으로 이어졌다.

섬프터는 유능한 은행가였다. 대출 담당자로 일하는 내내 업계 상위권 실적을 기록했고, CEO가 된 후에는 지점을 확장하며 조직을 성장시켰다. 동료들과 고객들 사이에서도 신뢰가 두터웠다. 하지만 그는 스스로 말한다.

"은행업에 특별한 열정이 있는 건 아닙니다."

지금 하는 일은 어릴 적 꿈도 아니었다. 그럼에도 매일 아침 그를 일으켜 세우는 뭔가가 있었다. 그것은 '은행업'이라는 WHAT이 아니라, 그 일을 왜 하는지에 대한 이유, WHY였다. 그의 WHY는 소상공인을 지원함으로써 지역사회에 긍정적인 변화를 만드는 것이었다.

진로는 대체로 우연히 정해진다. 나 역시 지금 하는 일을 꿈꾼 적이 한 번도 없었다. 어렸을 때는 항공우주공학자가 되고 싶었고, 대학교에 진학한 뒤에는 검사를 꿈꿨다. 하지만 로스쿨에 들어가고 나서 법조인에 대한 환상이 깨졌다. 직감적으로 이 길은 내가 원하는 삶이 아니라는 느낌이 들었다. 당시 나는 영국에서 학교를 다니고 있었는데, 영국에서는 법조인을 마지막까지 남은 진정한 '영국식' 직업으로 여겼다. 면접에 줄무늬 정장을 입지 않으면 합격이 어려울 정도였다. 그런 분위기는 나와 맞지 않았다.

당시 시러큐스대학교Syracuse University에서 마케팅을 공부하던 한 여성과 교제 중이었는데, 그녀는 내가 법에서 무엇에 열정을 느끼고 또 어떤 점에 실망했는지를 파악하고는 마케팅 분야를 한번

시도해 보라고 권했다. 그렇게 나는 우연히 마케팅 분야에서 새로운 커리어를 시작하게 됐다. 하지만 마케팅은 내가 해본 여러 일 가운데 하나였을 뿐이고, 이 일로 내 삶이 정의되지는 않았다.

나의 WHY는, 사람들이 스스로 마음이 움직이는 일을 하도록 돕는 것이다. 나는 이 대의를 실현할 새로운 방식, 즉 다양한 WHAT을 찾는 일에서 큰 기쁨을 느낀다. 이 책을 쓰는 일도 그 WHAT 중 하나일 뿐이다.

지금 하는 일이 어릴 적 꿈꾸던 일이 아닐 수 있다. 시간이 흐르면 WHAT은 자연스럽게 바뀌게 마련이다. 하지만 WHY는 변하지 않는다. 우리의 목적과 신념, 대의는 시간이 지나도 흔들리지 않는 중심축으로 남는다. 골든서클이 균형을 이루고 있다면, WHAT은 언제든 유연하게 변할 수 있다.

허브 켈러허는 원래 변호사였다. 하지만 그가 설립한 사우스웨스트항공은 '자유'에 대한 그의 신념을 실현하는 무대가 됐다. 존 F. 케네디는 국민을 위한 봉사가 미국을 번영으로 이끈다고 믿었고, 사람들을 결집시키기 위한 상징으로 '달 착륙'이라는 목표를 제시했다. 스티브 잡스에게 애플은 세상에 도전하고 변화를 만들어내는 통로였다.

컴퓨터 혁명의 한복판에 있었던 게이츠는 기술이 사람들의 생산성을 높이고, 각자의 잠재력을 실현하게 돕는 힘이 될 수 있다고 믿었다. 그는 소프트웨어 개발을 통해 이 대의를 펼쳤다. 이후

2000년 마이크로소프트 CEO 자리에서 물러난 그는 빌앤드멀린다게이츠재단Bill and Melinda Gates Foundation을 설립했다(2024년 멀린다 게이츠가 공동 의장직을 사임하면서, 재단 명칭은 '게이츠재단'으로 변경됐다-편집자). 이 재단이 수행하는 일은 소프트웨어와 무관하지만, 그가 품었던 WHY는 여전히 그 안에서 살아 숨 쉰다. 재단의 미션은 "모든 사람이 건강하고 생산적인 삶을 사는 세상을 만든다"이다. 과거에는 기술을 통해, 지금은 건강 분야의 발전을 통해 같은 대의를 실현하고 있는 셈이다.

게이츠에게 바뀐 것은 단 하나, 바로 WHAT이다. 카리스마 있는 리더는 다양한 일을 할 수 있다. 하지만 그들이 하는 모든 WHAT은 단 하나의 WHY에서 비롯된다.

◊ 조직의 WHY를 구조로 드러내다

골든서클은 단순한 커뮤니케이션 도구가 아니다. 이는 위대한 조직이 어떻게 형성되고 작동하는지를 보여주는 구조이기도 하다. 골든서클에 차원을 더해보면 그 진가가 드러난다. 우리가 살아가는 이 입체적인 세상에서 실제 조직을 제대로 이해하려면, 골든서클도 2차원이 아니라 3차원으로 바라봐야 한다. 다행히 그렇게 할 수 있다. 골든서클은 위에서 내려다본 원뿔 형태를 하고 있다. 이 원뿔을 옆으로 눕혀보면, 그 안에 담긴 구조적 가치가 더 또렷하게 보인다.

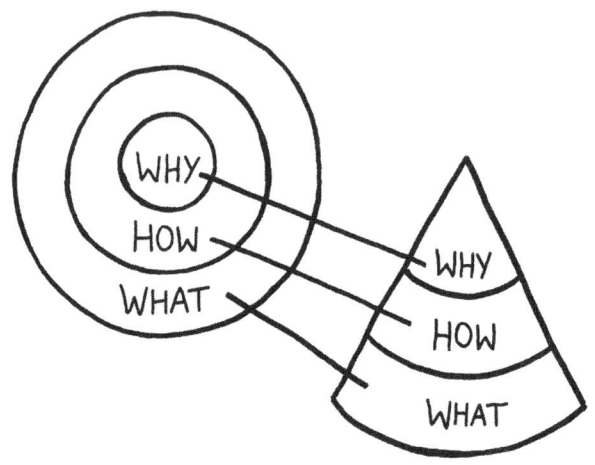

 이 원뿔은 하나의 회사 혹은 조직을 상징한다. 조직은 본질적으로 위계적이고 체계적인 구조를 갖는다. 원뿔의 맨 꼭대기, WHY에 해당하는 층은 리더, 곧 비전을 품고 이를 지키는 사람이다. 기업의 경우라면 보통 CEO가 그 자리에 선다(적어도 그래야 한다). 그 아래의 HOW층은 그 비전에 깊이 공감하고, 이를 실현할 방법을 아는 사람들로 구성된다. 주로 고위 임원들이 여기에 속한다. 기억해야 할 점은, WHY는 믿음이고, HOW는 그 믿음을 실현하기 위한 행동이며, WHAT은 그 행동의 결과라는 것이다.
 아무리 리더가 카리스마 있고 열정적이어도, 그 비전을 현실로 옮기고, 함께 만들어가려는 사람들이 조직 안에 없다면, 그리고 이를 위한 시스템과 절차가 갖춰지지 않았다면, 그 조직은 효율성을 잃고, 최악의 경우 실패에 이르게 된다.

이 관점에서 HOW층은 WHY를 구체적이고 실질적인 현실로 바꾸기 위한 기반을 설계하고 실행하는 역할을 한다. 운영, 재무, 마케팅, 인사 등 주요 기능을 담당하는 조직의 핵심 인물들이 여기에 포함된다. 그리고 맨 아래에 위치한 WHAT층은 조직이 실제로 작동하는 공간이다. 대부분의 구성원이 이 층에 속해 있으며, 조직의 눈에 보이는 결과물은 이곳에서 만들어진다.

◊ **나에게는 꿈이 있고, 그에게는 계획이 있습니다**

마틴 루서 킹 목사는 "나에게는 꿈이 있습니다"라고 말했고, 사람들은 그의 꿈을 자신들의 꿈으로 받아들였다. 그리고 그의 오랜 친구이자 멘토였으며, 남부기독교지도자회의 SCLC, Southern Christian Leadership Conference 재무를 맡고 있던 랠프 애버내시 Ralph Abernathy 는 그 꿈을 실현하려면 무엇이 필요한지를 알고 있었다. 그는 그 꿈에 구조를 부여했고, 사람들에게 어떻게 해야 할지를 보여줬다.

킹 목사는 민권운동이 지닌 철학적 의미를 이야기했다. 그가 연단에서 힘 있게 연설을 마치면, 애버내시는 사람들 앞에 나와 이렇게 말했다.

"자, 그럼 내일 아침부터 우리가 해야 할 일을 설명해 드리겠습니다."

애버내시는 사람들이 대의를 실현하기 위해 어떤 단계를 밟아야 할지 구체적으로 안내했다.

킹 목사는 리더였지만, 혼자서는 미국을 바꿀 수 없었다. 그가 사람들의 마음을 움직인 것은 사실이지만, 실제 행동으로 이어지도록 만들기 위해서는 조직화가 필요했다. 대부분의 위대한 리더 곁에는 '어떻게' 해야 하는지를 아는 사람들이 있다. WHY에서 출발하는 리더 곁에는, 그 뜻에 공감하고 행동으로 옮길 줄 아는 HOW 유형의 사람들이 함께한다. 이들은 신념을 실현 가능한 구조로 바꾸고, 그 안에 생명을 불어넣는 인프라를 구축한다. 변화가 실제로 일어나려면 이 기반이 반드시 필요하다.

WHY를 품은 리더는 조직의 가장 꼭대기, 즉 원뿔 구조의 시작점에 자리한다. HOW 유형은 그 아래에서 변화가 실제로 일어나게 만든다. WHY는 목적지를 상상하고, HOW는 그 목적지로 향하는 경로를 만든다. 목적지만 있고 길이 없다면 헤매기 쉽다. HOW의 도움 없이 WHY만 존재하면 비전은 현실에 닿지 못한다. 반대로 길은 있는데 목적지가 없다면, 아무리 효율적이라 해도 결국 어디에도 도달하지 못한다. 운전하는 법을 아는 것도 중요하지만, 목적지가 있을 때 느끼는 보람은 훨씬 더 크다.

킹 목사에게 애버내시는 그런 길을 만드는 사람이었다. 킹 목사의 역할이 원칙과 전략을 제시하는 것이었다면, 애버내시는 이를 실천할 수 있도록 실질적인 지침을 제공했다. 그는 당시를 이렇게 회상했다.

"모임을 마칠 때면 언제나 이렇게 당부했죠. '버스를 타지 마십시오.' '내일은 어떤 교회에서 모입니다.' '체포되더라도 절대 저항하지 마십시오.' 그날그날 계획을 실행하는 데 필요한 구체적인 조언이었습니다."

역사 속 모든 위대한 리더 곁에는, 그 비전을 현실로 만드는 방법을 알고 있는 사람들이 있었다. 킹 목사에게는 꿈이 있었다. 하지만 아무리 감동적인 꿈도 실현되지 않으면 그저 꿈에 머물 뿐이다. 킹 목사가 꿨던 꿈은 당시 수많은 아프리카계 미국인과 크게 다르지 않았다. 그는 모두가 공감할 만한 주제를 이야기했고, 같은 분노를 느꼈다. 하지만 유독 그가 사람들의 마음을 움직일 수 있었던 이유는, 흔들림 없는 낙관, 비폭력 저항에 대한 신념, 그리고 그 신념을 담은 언어 때문이었다.

킹 목사는 입법자가 아니었다. 하지만 그의 운동은 미국 사회에 실질적인 법 제정으로 이어졌다. 그는 혼자서 미국을 바꾼 것이 아니다. 그의 신념에 마음이 움직여 스스로 일어난 수백만 명이, 미국의 역사를 바꿨다.

그렇다면 수백만 명을 어떻게 조직할 수 있을까? 아니, 수백 명, 수십 명만이라도 어떻게 움직이게 할 수 있을까? 리더의 비전과 카리스마는 변화를 여는 혁신가와 처음 움직이는 초기 수용자를 이끌 수 있다. 이들은 리더의 직관과 신념을 믿고, 비전이 현실이 되도록 기꺼이 희생하려 한다. 그리고 하나둘씩 실질적인 성과가 나타나기 시작하면, 보다 현실적인 다수의 사람도 관심을 갖기 시작한다. 처음에는 꿈처럼 들렸던 일이, 점점 실현 가능한 현실로 바뀌는 것이다. 그 순간, 우리는 티핑포인트에 도달하고, 변화는 눈에 띄게 속도를 낸다.

◊ **꿈을 꾸는 사람과 현실을 사는 사람**

"형이 없었다면 부도 수표 때문에 감옥에 몇 번은 갔을 거예요."

1957년, 월트 디즈니Walt Disney는 로스앤젤레스 청중 앞에서 이렇게 농담처럼 말했다.

"전 통장에 얼마가 있는지도 몰랐습니다. 형이 저를 제대로 살게 했죠."

WHY 유형의 몽상가였던 월트는 분별 있는 형 로이 O. 디즈니Roy O. Disney의 도움 덕분에 꿈을 현실로 만들 수 있었다. 형 로이는 HOW 유형이었다.

월트는 광고용 만화 그리기로 커리어를 시작했지만 곧 애니메이션 영화로 방향을 틀었다. 1923년 당시 할리우드는 영화산업의 중심지로 떠오르던 참이었고, 월트는 그 흐름에 합류하고자 했다. 은행에서 일하던 로이는 동생의 재능과 상상력을 늘 경외했지만, 동시에 월트가 늘 위험을 감수하고 실무는 뒷전으로 미루는 성향도 잘 알고 있었다. WHY 유형이 흔히 그렇듯, 월트는 늘 미래를 상상하느라 지금 이 순간을 놓치기 일쑤였다. 디즈니 전기작가 밥 토머스Bob Thomas는 이렇게 썼다.

"월트 디즈니는 꿈꾸고, 그리고, 상상했다. 로이는 그 그림자에서 제국을 세웠다."

로이는 뛰어난 금융가이자 사업가로서, 월트 디즈니라는 이름을 지닌 회사를 세우고 그 꿈을 실현해 갔다. 그는 디즈니 영화를 미국 어린이 문화의 일부로 만든 부에나비스타영화배급사Buena Vista Distribution Company를 세웠고, 캐릭터 상품 사업을 일으켜 디즈니 캐릭터를 온 집 안에 들여놨다. 하지만 로이는 앞에 나서길 원하지 않았다. 그는 늘 뒤에서 '어떻게' 그 비전을 현실로 만들지 고민하는 쪽을 택했다.

작가 토머스 프리드먼Thomas Friedman의 말을 빌리자면, 세상을 바꾸는 것은 언제나 낙관주의자다. 게이츠는 컴퓨터가 모두의 잠재력을 실현할 수 있도록 돕는 세상을 상상했다. 그리고 그것은 현실이 됐다. 이제 그는 말라리아가 없는 세상을 꿈꾼다. 그것 역시 이뤄질 것이다. 라이트 형제는 버스를 타듯이 비행기를 쉽게 타는 세상을 상상했고, 그 또한 현실이 됐다. WHY 유형은 산업과 세상을 바꾸는 힘을 지녔다. 단, 그러기 위해서는 HOW를 알아야 한다.

WHY 유형은 비전을 가진 사람들이다. 이들은 현실에 얽매이지 않고, 눈에 보이지 않는 미래를 꿈꾼다. 대체로 낙관주의적이며, 상상한 모든 일이 실현 가능하다고 믿는다. 반면 HOW 유형은 현실을 사는 사람들이다. 실용적이고 구체적이며, 지금 눈앞의 과제를 해결하는 데 능하다. 그들은 구조를 만들고, 절차를 다듬고, 실행해 낸다. 두 유형 중 어느 하나가 더 우월한 것은 아니다. 단지 세상을 바라보는 방식이 다를 뿐이다. 게이츠, 라이트 형제, 잡스, 켈러허 모두 WHY 유형이지만, 그들이 해낸 일은 결코 혼자 이룰 수 있는 것이 아니었다. 이들 곁에는 반드시 HOW 유형이 함께 있었다.

세상의 대부분은 HOW 유형에 가깝다. 이들은 일상을 성실히 살아내며 자신의 역할을 잘 수행한다. 그중 많은 이들이 성공하고 큰돈을 벌기도 한다. 하지만 산업의 판도를 바꾸거나 수십억 달러의 회사를 만드는 일은 좀처럼 일어나지 않는다. HOW 유형은 WHY 유형과 함께할 때 더 분명한 목적의식과 의미를 담은 결과를 내지만, WHY 유형 없이도 잘 살아갈 수 있다. 그러나 WHY 유형은 다르다. HOW 유형 없이 홀로 남은 WHY 유형은 열정은 넘치지만 실행하지 못한 채 좌절하거나 고립되기 쉽다. 비전은 있지만, 실현할 방법이 없는 사람은 결국 '굶주린 선구자'로 남는다.

많은 기업가가 스스로를 선구자라고 여긴다. 그러나 실제로는 HOW 유형인 경우가 대부분이다. 이들에게 "기업가로서 무엇이 좋은가" 물으면 대부분 "회사를 키우는 일"이라 답한다. 그 말은 곧, '어떻게' 실현할지를 잘 아는 사람이라는 뜻이다. 사업은 결국 구조다. 시스템과 프로세스를 만들고 조정하는 일이다. 그리고 그 일은 HOW 유형의 강점이다. 하지만 아무리 시스템을 잘 구축하더라도, 수십억 달러의 가치를 갖거나 세상을 바꾸는 일은 혼자 할 수 없다. 그것은 반드시 WHY와 HOW의 특별한 파트너십이 있을 때 가능한 일이다.

역사에 이름을 남긴 모든 위대한 조직과 리더 뒤에는, 늘 WHY와 HOW의 특별한 조합이 있었다. 게이츠가 '모든 책상에 PC 한 대씩'이라는 비전을 품었을 때, 이를 실현한 사람은 폴 앨런[Paul Allen]이었다. 켈러허는 '자유'라는 대의를 설파했고, 롤린 킹은 사우스웨스트항공을 구상했다. 잡스가 비전을 펼칠 때, 스티브 워즈니악은 실질적인 제품을 만들었다. 잡스에게는 비전이 있었고, 워즈니악에게는 이를 구현할 기술이 있었다. 미래를 상상하는 능력과 그것을 실현할 능력이 만났을 때, 위대한 조직이 시작된다.

이 두 유형은 조직 내 비전 선언문과 미션 선언문으로도 구분된다. 비전 선언문은 조직이 존재하는 이유이자 그들이 만들어내고자 하는 미래를 명확히 제시한다. 반면 미션 선언문은 그 미래에 다다르기 위한 길과 행동원칙을 말한다. 비전은 WHY이고, 미션은 HOW다. 둘이 명확하게 정의될 때, WHY 유형은 방향을 제시하고 HOW 유형은 구조를 세우며, 목적과 계획을 공유할 수 있다. 하지만 이 조합이 효과를 발휘하려면 단순한 능력 이상의 것이 필요하다. 바로 '신뢰'다.

3부에서 강조했듯, 신뢰는 우리가 안전하다고 느끼게 해주는 토대다. 누군가를 믿고 함께한다는 감정이 있을 때만 우리는 위험을 감수하고 노력할 수 있다. 그리고 세상에서 가장 강력한 신뢰 관계 중 하나가 바로 WHY 유형과 HOW 유형 사이에 맺어진 동반자 관계다. 감동을 주는 조직의 훌륭한 CEO는 대부분 WHY 유형이다. 이들은 단순히 회사를 운영하는 것이 아니라, 대의를 이끄는 사람이다.

그 곁에는 뛰어난 CFO$^{\text{Chief Financial Officer}}$와 COO$^{\text{Chief Operating Officer}}$ 같은 HOW 유형이 있다. 이들은 자신이 선구자는 아님을 인정하면서도, 그 비전에 깊이 공감하며 이를 구조화할 수 있는 힘을 지닌 사람들이다. 대체로 그들은 앞에 나서기를 좋아하지 않으며, 무대 뒤에서 조직을 설계하고 이끄는 일을 더욱 선호한다. 결국 위대한 일을 이루려면 두 유형의 힘과 노력이 반드시 함께해야 한다.

반드시 그렇지는 않지만 이런 WHY와 HOW의 파트너십이 가족이나 오래된 친구 사이에서 자주 나오는 것도 우연은 아니다. 함께 자라며 공유한 환경과 경험은 비슷한 가치관과 세계관을 만들어주기 때문이다. 월트와 로이는 형제였고, 게이츠와 앨런은 같은 고등학교 친구였다. 켈러허는 킹의 이혼 변호사이자 오랜 친구였다. 킹 목사와 애버내시는 민권운동이 시작되기도 전, 같은 도시에서 설교했다. 잡스와 워즈니악도 고등학교 시절 가장 친한 친구였다. 이 조합은 언제나, 위대한 일을 만든다.

◊ **영혼을 흔드는 위대한 조직**

우리는 회사를 이끌 수 없다. 회사는 하나의 구조일 뿐이다. 우리가 이끌 수 있는 대상은 오직 '사람'이다. 회사는 이끄는 것이 아니라 운영하는 것이다. 오늘날 조직을 움직이는 유능한 HOW 유형의 사람들은 평생 지속될 성공을 이룰 수 있다. 하지만 그 성공을 유지하려면, 평생 회사를 '운영'해야 한다.

이익을 내고 성공하는 방법은 여러 가지가 있다. 이 책에서 다룬 것처럼, 수많은 조종전략이 실제로 잘 작동한다. 책에 소개한 예는 그중 극히 일부일 뿐이다. 지속적이지는 않더라도 티핑포인트에 도달하는 것 또한 가능하다. 하지만 그런 현상은 단지 '유행'일 뿐이다.

위대한 조직은 이와 다르다. 이들은 사회운동처럼 움직인다. 사람들에게 신념에서 우러난 내면의 힘을 불어넣고, 제품이나 아이디어를 스스로 이야기하게 한다. 그것을 자신의 라이프스타일 속에 자연스럽게 녹여내고, 나아가 그 조직이 더 번영하도록 도울 방법까지 찾도록 한다. 이 모든 행동은 자발적으로 일어난다. 위대한 조직은 사람들의 영혼을 흔든다. 굳이 돈을 주거나 특별한 인센티브를 걸지 않아도, 사람들은 기꺼이 그 대의를 위해 힘을 보탠다. 캐시백도, 적립금도 필요 없다.

사람들은 누가 시키지 않아도 자발적으로 메시지를 퍼뜨린다. 해야 해서가 아니라, 하고 싶어서 나서는 것이다. 그들은 자신이 감동받은 이야기를 세상과 나누고 싶어 한다. 그리고 바로 이런 방식으로만, 창립자의 생애가 끝난 후에도 살아남고 성장할 수 있는 조직이 만들어진다.

◊ 기업의 목소리가 소음이 되지 않으려면

내가 만든 가상의 기업 BCI^{Big Company Incorporated}는 신제품 출시를 앞두고 3개월간의 심사를 거쳐 새로운 광고대행사를 선정했다. BCI는 경쟁이 치열한 시장에서도 잘 알려진 브랜드로, 대형 유통 업체를 통해 제품을 판매하기 때문에 판매 과정을 직접 통제할 수는 없다. 대신 마케팅으로 소비자 구매에 영향을 주는 방식을 택한다.

BCI는 조직문화가 건강하고 직원들도 경영진을 신뢰한다. 전반적으로 좋은 평판을 얻는 기업이다. 하지만 해마다 경쟁은 심해졌고, 아무리 좋은 품질과 가격 경쟁력을 갖췄다 해도 지속적인 성장세를 이어가기는 쉽지 않았다. 올해 BCI는 새로운 제품을 통해 판을 뒤집을 수 있으리라 기대하고 있었다. 경영진은 이 제품이 시장에서 확실히 돋보일 것이라고 믿었다. 그리고 이를 알리기 위해 대대적인 광고 캠페인을 준비했다.

"업계를 이끄는 브랜드가, 이제까지 본 적 없는 가장 혁신적인 제품을 선보입니다."

광고는 이렇게 시작된다. 신제품의 새로운 기능과 장점이 소개

되고, 경영진의 요청에 따라 "BCI에 기대할 수 있는 품질"이라는 문구도 포함됐다. 명성을 쌓기 위해 오랫동안 노력해 온 만큼, 그 성과를 이번 제품에 실어 내보이고 싶었던 것이다. 캠페인에 거액의 예산이 투입됐고, 회사 내부는 기대감으로 들떠 있었다. 제품도 훌륭하고, 이제는 세상에 크게 알릴 일만 남은 것 같았다.

결과적으로 광고는 창의적이고, 사람들에게 제품의 특장점을 분명히 알렸다. 소비자 조사 결과도 긍정적이었다. 경쟁사보다 제품이 낫다는 평가를 받았고, 광고는 수많은 사람에게 자주 노출됐다. 도달률과 노출 빈도, 모두 뛰어났다. 단 하나의 문제를 빼면 말이다.

메시지가 명확하지 않았다. 광고에는 WHAT과 HOW는 있었지만 WHY는 없었다. 사람들은 이 제품이 무엇을 할 수 있는지는 알았지만, BCI가 왜 이 일을 하는지는 알지 못했다. 그리고 사람들은 기업이 '무엇을' 하느냐보다 '왜' 하느냐를 보고 선택한다. 물론 광고가 나가는 동안, 그리고 프로모션이 계속되는 동안은 제품이 팔릴 것이다. 하지만 이는 매우 비싼 방식이다.

만약 킹 목사가 1963년 여름, '미국에서 민권을 실현하기 위한 열두 단계 종합 계획'을 발표했다면 어땠을까? 스피커를 통해 메시지는 크게 울려 퍼졌을 것이다. 하지만 그의 신념은 전달되지 않았을 것이다. 마이크와 광고는 메시지를 크게 전하는 데는 유용하지만, 그 메시지에 담긴 신념까지 명확하게 해주지는 못한다.

소리를 크게 내는 것은 어렵지 않다. 돈이나 이벤트만 있으면 가능하다. 하지만 그 방식으로는 충성심을 얻을 수 없다. 오프라 윈프리Oprah Winfrey가 2004년 스튜디오 관객 모두에게 차를 선물한 일은 지금도 회자된다. 하지만 사람들이 기억하는 것은 그녀의 통 큰 성격이지, 어떤 차였는지가 아니다. 사실 그 차는 폰티액Pontiac의 G6 모델이었고, 총 276대, 700만 달러어치가 제공됐다. 그러나 이 멋진 이벤트는 폰티액이라는 브랜드와는 연결되지 못했다. 왜냐하면 사람들은 폰티액이 어떤 WHY를 가진 회사인지 전혀 몰랐기 때문이다. 그저 기억에 남는 이벤트였을 뿐이다. 이처럼 WHY 없이 하는 일은 더 깊은 의미를 주지 못한다.

메시지가 진짜 영향력을 발휘하고 사람들의 행동을 바꾸며, 충성심의 씨앗이 되기 위해서는 단순한 노출을 넘어서야 한다. 사람들과 신념을 나누는 일이 되어야 한다. 같은 믿음을 가진 이들이 공감할 수 있는 목적과 대의가 분명히 드러나야 한다. 그래야만 시장에서 오래가는 성공이 가능하다. 혁신확산 곡선의 왼편에 있는 이들의 마음을 사로잡으려면, 단순한 광고가 아니라 WHY가 담긴 진심이 전달되어야 한다.

명확하지 않은 메시지는 아무리 크게 퍼져도 단지 '시끄러운 소음'일 뿐이다. 비즈니스 용어로는 '클러터Clutter(보는 사람의 집중력을 방해하는 광고 메시지의 혼잡 수준 – 옮긴이)'라고 부른다. 기업들이 요즘 차별화가 어렵다고 느끼는 것은 당연한 일이다. 도대체 무슨 말을 하는지 들리지 않기 때문이다.

반면 킹 목사에게 마이크가 없었다면 어땠을까? 그의 신념과 메시지 자체는 여전히 강렬했을 것이다. 하지만 연설의 울림이나 그 말에 감동할 수 있었던 사람의 수는 줄어들었을 것이다. 그래서 리더에게는 확성기가 필요하다. 메시지를 세상에 널리 알릴 수 있어야 하기 때문이다.

결국 WHY가 사람들의 마음을 움직이기 위해서는 두 가지가 필요하다. 하나, 그 메시지가 분명해야 한다. 둘, 그 메시지가 널리 퍼져야 한다. 골든서클이 3차원 원뿔로 표현되는 것도 이 때문이다. 원뿔은 확성기다. 조직은 WHY를 가진 사람이 세상에 메시지를 전달할 수 있게 돕는 확성기다. 하지만 그 확성기가 제대로 작동하려면, 증폭하기 전에 먼저 메시지가 명확해야 한다. 불분명한 신념은 아무리 크게 외쳐도 닿지 않는다.

◇ **확성기 앞에 모인 사람들**

킹 박사는 수많은 사람을 사회 정의의 길로 이끌기 위해 확성기를 들었다. 라이트 형제는 세상을 바꿀 기술을 함께 만들어달라며 지역사회에 목소리를 냈다. 케네디는 '국가를 섬기는 것'에 대한 신념을 전했고, 수천 명이 그에 호응해 불과 10년도 안 되어 사람을 달에 보내는 데 성공했다. 누군가가 더 큰 목적을 향해 나아가도록 마음을 움직이는 힘은, 사회적 대의에만 국한되지 않는다. 어떤 조직이든 사람들의 마음을 움직이는 확성기를 만들어낼 수 있다. 그리고 바로 이 확성기가 위대한 조직을 결정짓는 요인 중 하나다. 위대한 조직은 단순히 수익을 내는 데 그치지 않는다. 그들은 사람들을 이끌고, 산업의 흐름을 바꾸며, 때로는 사람들의 삶까지 바꾼다.

WHY가 명확하면 기대치도 분명해진다. 반대로 그 WHY를 알 수 없을 때, 사람들은 최소한의 것만 기대하게 된다. 가격, 품질, 서비스, 기능 같은 '상품' 수준의 기대치 말이다. 하지만 WHY를 아는 순간, 기대는 달라진다. 기준이 높아지는 것이다. 그리고 그 기준에 맞는 조직이 되고자 한다면, 매일 WHY를 되새기고, 조직이 존재하는 이유를 잊지 않게 만드는 노력이 필요하다. 구성원 모두가 조직의 가치와 원칙에 따라 행동하도록 스스로 책임지게 해야 한다. 말과 행동이 WHY에 일관되게 맞춰져야 하며, 그 일관성을 지켜내기 위해 시간과 에너지를 들여야 한다. 이 모든 노력을 감당할 각오가 있다면, 그 대가로 얻는 혜택은 어마어마하다.

리처드 브랜슨Richard Branson은 버진레코드Virgin Records를 수십억 달러 규모의 음악 브랜드로 키웠고, 이후 음반, 항공, 탄산음료, 웨딩 플랜, 보험, 통신 등 다양한 산업에 뛰어들어 모두 성공시켰다. 애플 역시 마찬가지다. 컴퓨터, 휴대폰, 시계, 이어폰 등 어떤 제품을 내놓든 혁신의 힘을 반복해 보여줬다. 이처럼 몇몇 기업이 지속적인 성공을 거둘 수 있었던 이유는, 그들의 WHY에 공감하고 열렬히 지지하는 사람들이 있었기 때문이다. 충성도 높은 지지자들이 이들의 성공을 응원하고 함께했다.

누군가는 애플을 '라이프스타일 브랜드'라 말한다. 하지만 그것은 애플을 과소평가한 표현이다. 구찌가 라이프스타일 브랜드라면, 애플은 산업의 판도를 바꾼 브랜드다. 이런 기업들은 더 이상 단순한 회사가 아니라, 하나의 사회운동처럼 기능한다.

◇ 세상에는 여러 갈래의 길이 있다

론 브루더^{Ron Bruder}는 이름만으로 모두가 아는 인물은 아니지만, 위대한 리더다. 1985년 어느 날, 그는 두 딸과 함께 횡단보도 앞에 서서 신호를 기다리고 있었다. 그는 이 순간이 아이들에게 삶의 중요한 교훈을 전할 기회라고 생각했다. 건너편에서 붉게 빛나는 '걷지 마시오^{Do Not Walk}' 표시를 가리키며 물었다.

"저게 무슨 뜻일까?"

아이들은 "멈춰서 기다리라는 뜻이에요"라고 대답했다. 그 답이 틀린 것은 아니었다. 하지만 브루더는 그들의 생각이 조금 더 넓어지길 바라며 조용히 되물었다.

"정말 그럴까? 혹시 '걷지 말고 뛰어라'는 뜻일지도 모르잖니?"

부드러운 말투에 맞춤 수트를 입고 출근하는 브루더는 언뜻 보수적인 경영인의 이미지다. 하지만 겉모습이 전부는 아니다. 그는 전형적인 임원의 틀에 갇히지 않는다. 그는 성공으로 얻은 외적인 혜택을 즐기긴 했지만, 그것이 그를 움직이게 한 적은 없다. 그런 것들은 언제나 그가 일한 결과로 따라온 예상 밖의 부산물일 뿐이었다. 그의 삶을 이끄는 것은 언제나 명확한 WHY다. 그는 사람들이 주어진 삶을 그대로 받아들이는 이유가 그 길이 정답이라서가 아니라, 아무도 다른 길이 있다고 말해주지 않았기 때문이라고 믿는다. 횡단보도 앞에서 딸들에게 전하고 싶었던 메시지도 '세상에는 언제나 다른 시선이 존재한다' 바로 그것이었다.

브루더는 언제나 WHY로 시작했고, 그 덕분에 의미 있는 성취를 이뤘다. 그러나 더 중요한 것은 그가 자신의 WHY를 행동으로 전하며, 다른 사람들도 자신만의 위대한 일을 시작하도록 마음을 움직였다는 점이다.

그의 경력은 우연처럼 시작됐다. 하지만 무엇을 하든, 왜 하는지는 한결같았다. 브루더가 해온 모든 일은 그의 WHY, 즉 '대안이 가능하다는 사실만 보여줄 수 있다면, 누군가 그 길을 따라갈 가능성도 열린다'는 흔들림 없는 믿음에서 출발했다. 그렇게 그는 한 산업의 판도를 바꿨고, 거기서 멈추지 않았다. 여러 산업을 바꾸며 성공을 반복했다.

한 식품 대기업의 고위 임원이 조카를 위해 여행사를 인수하려 했다. 그는 브루더에게 회계 자료를 검토해 달라고 부탁했고, 그 과정에서 브루더는 한 여행사에서 남들이 보지 못한 가능성을 발견했다. 이후 그는 직접 그 회사에 합류했고, 기존 여행업계의 관행을 과감히 벗어났다. 덕분에 여행사는 미국 동부 해안 지역에서 최초로 완전 전산화를 이뤄냈고, 불과 1년 만에 그들의 운영 방식을 지역을 넘어 업계 표준으로 만들었다.

그다음에 브루더는 오염된 폐부지를 마주하게 됐다. 대부분의 기업은 정화 비용과 책임 부담을 이유로 손을 놓은 영역이었다. 그러나 브루더는 거기서도 기회를 봤다. 그는 오염 제거에 집중하는 대신, '어떻게 정화할 것인가'를 중심에 뒀다. 브룩힐Brookhill이라는 부동산 개발사를 운영하던 그는 세계적인 환경공학 회사인 데임즈앤드무어Dames & Moore와 손을 잡았다. 그들의 신뢰성과 기술력이 더해지자 보험료는 낮아졌고, 자금 조달도 가능해졌다. 그렇게 브룩힐은 2억 달러 규모의 오염 토지를 정화하고 재개발해 시장에 내놨다. 브룩힐은 폐부지 재개발이라는 새로운 산업의 선구자가 됐다. 브루더는 환경을 살리고 비즈니스도 성장시키는 길을 동시에 열어낸 것이다.

그에게는 산업군이 중요하지 않다. WHAT은 언제든 바뀔 수 있다. 하지만 WHY는 절대 흔들리지 않는다. 그는 스스로의 힘만으로는 성공할 수 없다는 사실을 알고 있다. 성공은 혼자 달성하는 것이 아니라, 신념을 공유하는 사람들과 함께하는 '팀 스포츠'라는 것을 누구보다 잘 이해하고 있다. 그래서 그는 늘 사람들의 마음을 움직인다. 그리고 신념에 공감한 이들이 그에게 찾아와 묻는다.

"제가 무엇을 도울 수 있을까요?"

여러 업계의 관성을 깨뜨린 브루더는 더 큰 대의를 향해 나아간다. 바로 세계 평화다. 그는 자신의 WHY를 확성기처럼 전파할 조직, 교육을 통한 고용 창출을 목표로 한 'EFE^{Education for Employment}'를 설립했다.

EFE는 중동과 북아프리카 지역 청년들의 인생을 바꿔놓고 있다. 삶에는 언제나 다른 길이 있다는 그날의 교훈을, 브루더는 지금도 실천하고 있다. EFE는 지역의 산업을 활성화하는 동시에 실질적인 변화를 이끌고 있다. 브루더는 회사를 운영하는 사람이 아니다. 그는 사회를 움직이는 사람이다. 그는 조직을 이끄는 것이 아니라, 대의를 이끈다.

◇ **신념을 위해 일하는 사람들이 만드는 세상**

사건은 2001년 9월 11일에 일어났다. 브루더는 다른 사람들과 마찬가지로 왜 이런 일이 벌어졌는지 의문을 품으며 중동 지역에 관심을 갖기 시작했다. 테러는 언제든 다시 일어날 수 있다고 생각한 그는, 자신의 딸들을 위해서라도 그 위험을 막는 방법을 찾고 싶었다.

할 수 있는 일을 고민하는 과정에서, 브루더는 자녀 보호나 미국 내 테러 예방을 넘어서는 깊은 통찰과 마주했다. 서구 사회가 마주한 테러 문제의 근본 원인은 중동 지역의 소년 소녀들이 미국을 어떻게 생각하느냐에 있지 않았다. 그보다 자신을 어떻게 바라보고, 자신의 미래를 어떻게 인식하느냐와 더 깊은 관련이 있었다.

그는 미국 청소년 대다수가 아침에 눈을 뜨며 '미래에는 기회가 있다'는 낙관주의를 품고 하루를 시작한다는 사실을 떠올렸다. 경제 상황이 어떻든 미국에서 자란 소년 소녀들은 '뭔가 해낼 수 있다'는 희망, 즉 아메리칸 드림을 체화하고 있다. 반면 개발도상국에 사는 청소년들은 그렇지 않다. 의욕이 있어도 낙관주의를 품기 어렵다. 문화가 달라서 그렇다고 말할 수도 있겠지만, 그런 설명은 아무 일도 바꿀 수 없다.

브루더가 발견한 진짜 문제는, 많은 지역에서 청년에게 미래에 대한 희망을 심어줄 제도적 기반이 없다는 것이었다. 예를 들어 요르단에서는 대학 학위를 취득하면 어느 정도 사회적 지위는 얻을 수 있지만, 그것이 실질적인 취업 역량을 보장하지는 않는다. 학위를 갖고도 자격이 부족하거나, 직업을 가질 수 없는 사람이 많다. 오히려 교육 시스템이 사회 전반에 퍼진 문화적 비관주의를 재생산하고 있었던 것이다.

EFE는 중동과 북아프리카 지역의 기업들과 협력해 이들이 실제로 필요로 하는 인재상이 무엇인지 파악한 뒤, 청년들에게 그에 맞춘 하드 스킬(업무에 필요한 전문 지식, 직무 능력 - 옮긴이)과 휴먼 스킬(사회적 능력, 커뮤니케이션 기술 - 옮긴이)을 가르치는 교육 과정을 설계한다. 학생들은 이런 교육을 통해 인생에 기회가 있다는 믿음, 그리고 자신의 운명을 스스로 선택할 수 있다는 확신을 얻게 된다. 이 조직은 브루더가 자신의 WHY를 전 세계에 퍼뜨리는 방식이다. 그는 이 일을 통해, 사람들이 지금 걷고 있는 길 외에도 다른 길이 언제나 존재한다는 사실을 전한다.

EFE는 미국 자선단체가 먼 타지에서 '좋은 일'을 하려는 시도가 아니다. 이 조직은 글로벌 네트워크다. 각국에서 EFE는 독립적으로 운영되는 비영리 기관이며, 이사회의 다수는 현지인으로 구성된다. 현지 리더들은 청년에게 기술과 지식을 전달할 뿐 아니라, 스스로 다른 길을 선택할 수 있는 자신감을 심어주기 위해 개인적인 책임을 다한다. 각국 지사는 이 사회적 움직임을 이끌며, 희망의 메시지를 전하고, 자국의 젊은 세대에게 더 나은 미래를 보여주는 사명을 맡는다. 전 EFE - 예멘 CEO 마인 알이르야니Maeen Aleryani 역시 WHY에서 출발했기에, 많은 이들이 불가능하다고 여긴 일을 해낼 수 있었다.

예멘에서는 법적으로 9년의 의무교육이 규정되어 있었지만, 실제로는 법이 제대로 시행되지 않아 많은 아이들, 특히 소녀들이 최소한의 교육도 받지 못하고 있었다. 브루더의 WHY에 깊이 공감한 알이르야니는 예멘 청년들이 새로운 관점으로 세상을 보고, 미래에 대한 주도권을 가질 수 있도록 돕고자 했다. 그는 예멘 수도 사나^{Sanaa}에서 EFE 지사를 설립하기 위해 나섰고, 일주일 만에 5만 달러를 모금했다. 이는 미국에서도 매우 빠른 편에 속한다. 게다가 예멘은 자선 문화가 거의 없고, 이 지역에서 가장 가난한 나라 중 하나라는 점을 고려하면, 그의 성취는 더욱 놀라운 일이었다. 사람들에게 WHY를 전하면, 이와 같은 일이 일어날 수 있다.

    EFE에 참여하는 사람들은, 형제자매와 자녀들에게 기술을 가르치고, 그들이 지금 생각하는 길 외에 다른 길도 있다는 것을 보여주고자 노력한다. 청년들이 스스로 밝은 미래를 기대할 수 있도록, 그리고 그 안에 다양한 가능성이 있음을 믿을 수 있도록 돕는다. 이들은 브루더를 위해 일하지 않는다. 자신의 신념을 위해 일한다. 그래서 EFE는 세상을 바꿀 수 있다.

    WHY라는 원뿔 꼭대기에 앉아 있는 브루더의 역할은, 사람들의 마음을 움직이고 변화를 시작하는 일이다. 그러나 진짜 변화를 만들고, 그 흐름을 지속시키는 것은 그 WHY를 믿는 사람들의 몫이다. 변화를 만드는 일은, 국적도 직업도 사는 곳도 중요하지 않다. 당신이 지금 걷고 있는 길 외에도 다른 길이 존재한다고 믿고, 그 길을 함께 보여주고 싶다면 efe.org를 방문해 어떤 식으로든 참여해 보라. 세상을 바꾸는 일은, 같은 신념을 품은 모두의 참여로 완성된다.

9장 | WHY를 알면, HOW가 보이고, WHAT이 따라온다

◊ **WHY는 영원히 변하지 않는다**

사람들이 일렬로 행진한다. 누구 하나 말을 하지 않고, 서로 눈도 마주치지 않는다. 모두 똑같이 생겼다. 짧게 깎은 머리, 누더기 회색 옷, 먼지 묻은 부츠. 그들은 SF 영화의 격납고를 연상시키는 거대한 공간에 한 사람씩 들어선다. 그 안은 벽도, 공기도, 모든 것이 회색이다. 먼지와 연기로 가득한 공기까지도 흐릿하게 보인다.

수백 명, 어쩌면 수천 명의 사람들이 줄지어 벤치에 앉는다. 줄과 줄 사이가 가지런히 정렬된 회색의 군중. 마치 회색빛 바다 같다. 모두가 앞쪽 벽을 가득 채운 대형 스크린을 바라본다. 화면에는 한 사람의 얼굴이 커다랗게 떠오른다. 지도자로 보이는 이 인물은 자신들이 완전한 통제를 이뤘다고 자랑하며 신조와 선전 문구를 읊는다. 그들은 완벽하다고 믿었고, 방해받을 일이 없다고 확신했다.

그때, 한 금발 여성이 터널을 따라 달려 들어온다. 새하얀 티셔츠에 빨간 반바지를 입은 그녀는 손에 커다란 망치를 들고 있다. 회색 공기를 가르며 달려가는 그녀. 등대처럼 선명하게 빛나는 모습 뒤로, 보안 요원들이 그녀를 추격한다. 이 사건은, 방금 전까지 이어졌던 질서가 더 이상 무사히 유지되지 않을 것임을 예고한다.

1984년 1월 22일, 애플은 매킨토시 컴퓨터 출시와 함께 이 상징적인 광고를 세상에 공개했다. 전체주의 정권이 사람들을 통제하는 오웰Orwell적인 미래를 배경으로, "1984년은 『1984』와 다르다"는 메시지를 던졌다. 이 광고는 신제품의 기능이나 혜택을 소개하는 것이 아니었다. '차별화된 가치 제안'을 전달하려는 광고도 아니었다. 그것은 애플의 WHY를 시처럼 표현한 선언문이었다. 기존 질서에 맞서는 개인의 반란, 그리고 새로운 혁명의 시작을 알리는 서사였다. 제품이 바뀌고 시대가 달라져도 이 광고가 여전히 유효한 이유는 단 하나, WHY는 절대 변하지 않기 때문이다. WHAT은 달라질 수 있어도, WHY는 변하지 않는다.

이 광고는 애플이 수년간 세상에 자신의 믿음을 보여주기 위해 해온 수많은 말과 행동 중 하나일 뿐이다. 애플의 광고, 제품, 파트너십, 포장, 매장 디자인 모든 것이 애플의 WHY를 보여주는 WHAT이었고, 현실에 도전하는 개인에게 힘을 실어준다는 증거였다. 애플의 광고에서 제품을 함께 사용하는 집단이 등장하는 경우는 거의 없다. 언제나 '개인'이 중심이다. "Think Different"라는 유명한 캠페인에서도 다르게 생각한 사람들은 모두 개인이었다. 그 광고에는 파블로 피카소Pablo Picasso, 마사 그레이엄Martha Graham, 짐 헨슨Jim Henson, 앨프리드 히치콕Alfred Hitchcock 등 반항적이면서도 창의적인 인물들의 사진이 등장했다. 지면 오른쪽 상단에 "Think Different"라는 문구가 작게 적혀 있었을 뿐이다. 애플은 이 인물들을 통해 반항적 이미지를 덧씌운 것이 아니다. 이 인물들 자체가 애플과 똑같은 도전 정신을 상징하고 있었다. 애플은 언제나 WHY를 먼저 생각했고, 광고라는 창의적 해석은 그다음이었다.

◊ 명확하게 말해야 진심이 전해진다

3차원으로 본 골든서클에서 조직은 원뿔형 구조로 표현된다. 이 조직화된 체계는 또 다른 시스템 위에 놓인다. 바로 시장이다. 시장은 고객과 잠재고객, 언론, 주주, 경쟁사, 공급업체, 자금 등으로 이뤄진다. 이 세계는 본질적으로 무질서하고 비체계적이다. 그리고 조직이 무질서한 시장과 맞닿는 유일한 지점은 맨 아래, 즉 WHAT층이다.

기업이 하는 모든 말과 행동, 제품과 서비스, 마케팅과 광고는 리더의 비전을 외부 세계에 전달한다. 다시 말하지만, 사람들은 '무엇을' 하느냐가 아니라 그것을 '왜' 하느냐를 보고 선택한다.

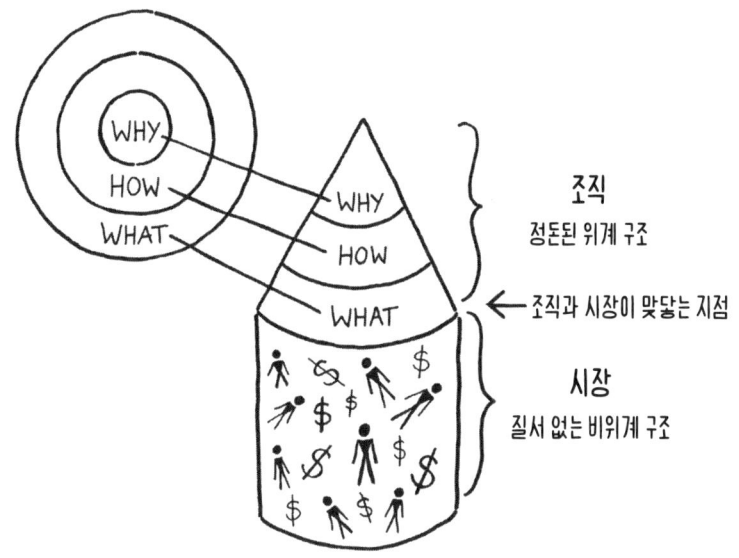

따라서 WHAT층에서 벌어지는 일들이 기업이 존재하는 이유를 분명하게 드러내지 않는다면, 사람들의 마음을 움직이는 힘은 현저히 떨어진다.

기업이 아직 작을 때는 문제가 없다. 창립자가 외부와의 접점을 대부분 책임지기 때문이다. 믿고 맡길 만한 HOW 유형의 인재가 부족하면, 창립자가 주요 의사결정을 도맡아 하게 된다. 제품을 판매하고, 고객과 대화하며, 대부분의 직원을 직접 채용한다. 하지만 기업이 성장하면 시스템이 구축되고 다양한 사람이 합류하게 된다. 그때부터는 개인이 품었던 대의가 서서히 조직의 형태를 갖추며 원뿔형으로 변해간다.

조직이 커질수록 리더의 역할은 달라진다. 더 이상 리더는 확성기로 가장 큰 소리를 내는 사람이 아니다. 이제 리더는 확성기를 통해 전달될 메시지의 '근원'이 되어야 한다.

소규모 조직은 창립자의 개성을 중심으로 운영되는 경우가 많다. 그래서 창립자의 성격이 곧 기업의 성격이 되는 것은 자연스러운 일이다. 이것은 기업이 성공했다고 해서 달라지지 않는다. 스티브 잡스와 애플, 리처드 브랜슨과 버진 그룹의 성격이 따로 구분되지 않는 이유가 여기에 있다.

기업이 성장할수록 CEO는 WHY를 몸소 보여주는 존재가 되어야 한다. WHY를 말하고, 행동하며, 가르치고, 그 존재 자체로 조직의 신념을 상징해야 한다. WHY는 리더의 의도이며, 기업의 말과 행동, 즉 WHAT은 그 목소리다. 훌륭한 창립자는 자신이 기업 운영이 아니라 대의를 상징하는 존재가 되어야 한다는 사실을 안다. 마틴 루서 킹 목사가 민권운동의 상징이었듯, 리더도 자신의 대의를 상징하는 인물이 되어야 한다.

조직이 커지면 리더는 점점 WHAT으로부터 멀어진다. 외부 시장과는 더더욱 멀어진다. 나는 종종 CEO들에게 "당신의 최우선 순위는 무엇입니까?"라고 묻는다. 규모나 구조에 따라 다르지만 대부분 고객 혹은 주주라고 답한다. 그러나 오늘날의 CEO 중에서 고객과 매일 접촉하는 이는 드물다. 고객과 주주는 모두 조직 밖의 무질서한 시장에 존재한다. 앞서 본 원뿔 구조처럼, 리더의 진짜 임무는 외부 시장에 집중하는 것이 아니라 바로 아래층인 HOW에 집중하는 것이다.

리더는 자신과 같은 WHY를 믿고, 그것을 실현할 HOW를 아는 사람들과 함께해야 한다. HOW 유형은 WHY를 이해하고, 그 WHY를 실현할 시스템을 설계하고 사람을 채용할 책임이 있다. 그리고 직원들은 회사가 말하고 행동하는 모든 순간에서 그 WHY를 드러내야 한다. 관건은, 그들이 그 WHY를 얼마나 명확하게 드러낼 수 있는가다.

골든서클의 생물학적 원리를 다시 떠올려보자. WHY를 담당하는 뇌 영역은 감정과 의사결정을 관장하지만, 언어 능력은 없다. 반면 WHAT은 이성과 언어를 다루는 영역에서 작동한다. 뇌의 생물학적 구조와 3차원 골든서클을 비교하면 놀라운 통찰이 드러난다.

조직의 가장 윗자리에 있는 리더는 신념의 상징이며, 우리가 왜 이 일을 하는지를 보여주는 존재다. 뇌로 치면 감정과 결정을 관장하는 변연계에 해당한다. 반면 기업이 세상에 보여주는 WHAT은 이성과 언어를 관장하는 신피질에 해당한다. 사람들이 '내가 왜 이 사람을 사랑하는지'를 말로 설명하기 어려운 것처럼, 기업도 자신이 존재하는 이유를 명확히 표현하기란 쉽지 않다. 감정과 언어를 다루는 뇌의 영역이 다르기 때문이다.

골든서클은 바로 이 생물학적 구조에 근거해 만들어졌고, 3차원으로 표현했을 때 원뿔 모양이 되므로, 규모와 관계없이 어떤 조직이라도 자신의 WHY를 세상에 또렷하게 전달하는 데 어려움을 겪는다. 비즈니스 언어로 말하면, 차별화된 가치 제안을 전달하는 일은 매우 어렵다는 뜻이다.

많은 기업이 자신만의 강점이나 진짜 가치를 세상에 알리기 위해 고군분투한다. 하지만 이 문제는 단순한 경영 전략의 문제가 아니라 생물학의 문제다. 감정을 말로 옮기기 어려운 개인처럼, 기업도 WHY를 설명하기 위해 은유와 이미지, 상징에 기대게 된

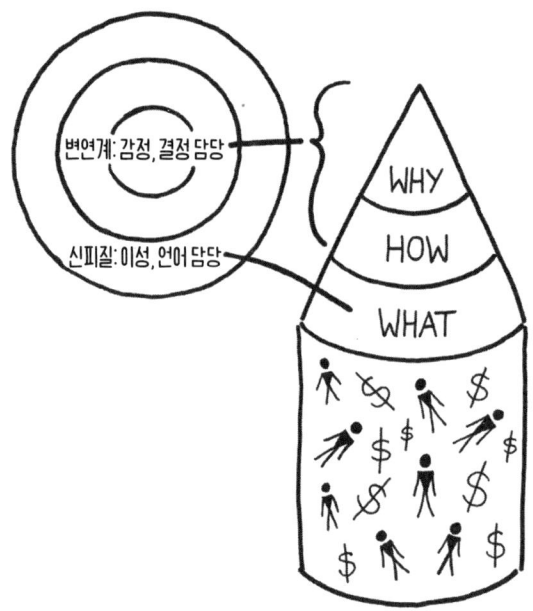

다. 신념을 제대로 표현할 언어가 없으니 이야기를 만들고, 상징을 만들고, 눈으로 확인할 수 있는 뭔가를 제공한다. 신념을 공유하는 사람들이 "그래, 이게 바로 내가 감동한 이유야"라고 말할 수 있도록 말이다.

이 모든 과정을 제대로 해낸다면, 마케팅, 브랜딩, 제품, 서비스는 기업의 WHY를 명확하게 전달하는 확성기가 된다. 그리고 이렇게 말할 수 있다.

"명확하게 표현하면, 세상은 분명하게 이해할 것이다."

10장 | 내가 무슨 말을 했느냐보다, 당신이 어떻게 들었느냐가 중요하다

◇ **상징은 세상을 움직인다**

민권운동의 상징이 된 마틴 루서 킹 목사는 그 유명한 연설 "I Have a Dream"을 링컨 기념관 앞에서 전했다. 그 역시 자유를 위해 싸운 인물이었기에, 킹 목사는 링컨이라는 상징 아래에서 자신의 메시지를 전하고자 했다. 훌륭한 사회일수록 상징의 중요함을 잘 안다. 상징은 사람들이 공유하는 가치와 믿음을 응축해 보여준다. 독재자들 또한 이런 상징의 힘을 잘 안다. 다만 그들은 이를 자기 권력을 강화하는 데 쓸 뿐이다.

상징은 눈에 보이지 않는 신념을 보이게 한다. 이런 상징에 힘이 실리는 이유는 오직 하나, 사람들이 그 안에 의미를 불어넣기 때문이다. 의미는 상징 자체에 있는 것이 아니라, 그 상징을 바라보는 사람들의 마음속에 있다. 그렇기에 어떤 상징이 큰 힘을 갖기 위해서는, 그 상징이 가리키는 신념이 분명해야 한다.

예를 들어 국기는 국가의 가치와 신념을 상징한다. 그래서 병사들은 전장에서 깃발을 따라간다. 그만큼 국기는 강력한 의미를 품고 있다. 미국 군복의 오른팔에 붙은 성조기 패치를 본 적이 있는가? 좌우가 뒤집혀 있다. 실수가 아니다. 전투 중 군인이 국기를 들고 전진할 때, 오른쪽에서 바라보면 깃발이 그 방향으로 휘날리며 뒤집혀 보인다. 실제로 깃발이 펄럭이는 방향대로 패치를 붙인 것이다. 만약 '올바른 방향'으로 붙였다면, 마치 병사가 후퇴하는 듯한 인상을 줬을 것이다.

국기에 담긴 의미는 강력해서, 이를 훼손하지 못하도록 법으로 금지하려는 움직임까지 있었다. 그들이 지키려 했던 것은 천 조각이 아니었다. 그들은 국기를 통해 드러나는 국가의 WHY, 즉 자유와 신념, 정체성을 보호하려 했다. 물론 이런 법안은 대법원에서 기각됐고, 표현의 자유와 상징 보호를 두고 첨예한 논쟁이 이어졌다.

로널드 레이건 대통령은 상징의 힘을 누구보다 잘 이해했던 인물이다. 1982년 국정연설 당시 그는 처음으로 '영웅'을 의사당 방청석에 초청했다. 이때부터 대통령의 연례 국정연설에 일반 시민을 초청하는 전통이 시작됐다. 당시 초청된 이는 레니 스커트닉Lenny Skutnik이라는 공무원이었다. 그는 몇 주 전 일어난 에어 플로리다Air Florida 항공기 추락 사고 현장에서, 헬리콥터에서 떨어진 여성을 구조하기 위해 차가운 포토맥강에 몸을 던졌다.

레이건은 이 사건을 소개하며 말했다.

"미국의 전성시대는 끝났다고, 미국 정신은 사라졌다고 말하지 마십시오. 그렇다고 하기에는 우리는 삶에서 너무나 많은 승리를 봐왔습니다."

그날 이후 스커트닉은 미국의 용기를 상징하는 인물이 됐다.

대부분의 기업은 로고를 갖고 있다. 하지만 그 로고를 진정한 상징으로 끌어올리는 데 성공한 곳은 드물다. 기업들이 자신의 신념을 명확하게 전달하지 못하기 때문에, 로고 또한 아무런 의미를 담지 못하게 되는 것이다. 결국 많은 로고는 브랜드나 제품을 식별하는 데 그치는 '표식'일 뿐이다. 단순히 회사를 식별하기 위한 도구를 넘어, 왜 그 로고가 존재하는지에 대한 더 큰 맥락과 목적이 없다면, 로고는 아무 의미 없는 도형에 불과하다.

"우리 로고는 품질, 서비스, 혁신을 상징합니다"라고 말하는 순간, 그 로고는 상징의 지위를 잃고 평범한 상표가 된다. 품질과 서비스는 제품과 기업에 관한 이야기지, 어떤 대의나 믿음을 담고 있지는 않기 때문이다. 독재자들을 떠올려보자. 그들은 상징의 힘을 잘 안다. 다만 그 상징이 자신을 위한 것이란 점이 문제다.

많은 기업도 이와 다르지 않다. 자기 이야기만 하고, 자신이 얼마나 뛰어난지를 말한다. 우리 모두가 공감할 수 있는 세상의 비전을 보여주지는 않는다. 그 결과, 그런 기업은 독재자처럼 진정한 충성심을 얻기 어렵다. 제품이 사라지면 충성도도 함께 사라진다. 모토로라 레이저가 그랬다.

그리고 이 비유를 더 확장하면, 독재자들이 권력을 유지하는 방식 또한 대체로 조작과 유혹에 기반한다. 약속과 위협, 불안과 욕망을 건드려 자신에게 유리하게 끌고 간다. 한 기업이 독재자가 아닌, 사람들이 믿고 따를 수 있는 리더로 여겨지려면 로고를 포함한 모든 상징이 모두의 공감을 이끌어내는 어떤 믿음을 나타내야 한다.

이것을 확인할 수 있는 아주 간단한 테스트가 있다. '기념품 테스트Swag Test'다. 어떤 회사의 로고가 박힌 티셔츠를 받았을 때, 그것을 친구들과 외출할 때도 자랑스럽게 입는다면, 그 로고는 이제 우리 정체성과 신념의 일부가 된 것이다. 반면 그 티셔츠를 잘 때 입거나 페인트칠할 때 입는 용도로만 쓴다면, 그것은 그저 아무 의미 없는 기업 로고일 뿐이다.

이 테스트의 가장 강력한 사례가 할리데이비슨의 로고다. 일부 사람들은 아예 이 로고를 몸에 문신으로 새긴다. 믿기 어려울 정도다. 심지어 어떤 이들은 할리데이비슨 오토바이조차 갖고 있지 않다. 그런데도 로고를 피부에 새긴다. 왜일까? 이유는 명확하다. 수십 년 동안 자기가 믿는 바를 일관되게 보여줬기 때문이다. 할리데이비슨은 자신들의 가치관과 원칙을 지켰고, 모든 말과 행동에서 WHY를 흔들림 없이 전달해 왔다. 그렇게 로고는 단순한 회사 표식을 넘어, 신념을 담은 상징이 됐다.

할리데이비슨 로고를 문신한 이들 대부분은 회사의 주가가 얼마인지도 모르고, 최근 경영진 변화가 있었는지도 알지 못한다. 이제 그 로고는 더 이상 회사 자체를 뜻하지 않는다. 그들의 삶의 태도, 정체성, 믿음을 상징하는 개인의 표현이 됐다.

전직 미 해병대원이자 캘리포니아주의 한 할리데이비슨 대리점 총괄 매니저인 랜디 파울리Randy Fowler는 자신의 왼팔에 새긴 문신에 대해 자랑스럽게 말한다.

"이건 제 자신을 나타냅니다. 무엇보다, 이건 제가 미국인이라는 뜻이에요."

고객과 회사가 하나가 된 순간이다.

할리데이비슨은 WHY의 명확성, HOW의 행동원칙, WHAT의 일관성을 유지해 왔다. 그래서 사람들은 이 브랜드가 무엇을 상징하는지 알고 있다. 바에 할리데이비슨 로고를 커다랗게 문신한 사람이 들어오면 자연스레 거리를 두게 되는 것도 그런 상징의 힘 때문이다. 놀라운 점은 이 상징이 실제 수익으로 이어진다는 것이다. 전체 매출 중 약 5퍼센트는 로고가 찍힌 상품에서 나오는데, 금액으로는 연간 2억 5,000만 달러 이상, 수익률은 약 40퍼센트에 이른다. 이는 오토바이 수익률인 15~20퍼센트를 훌쩍 뛰어넘는다.

물론 상징은 로고만을 뜻하지 않는다. 신념과 가치를 구체적으로 보여주는 모든 실체가 상징이 될 수 있다. 잉크 묻은 손가락은 민주주의가 막 태동한 국가에서 첫 투표에 참여한 상징이다. 런던의 2층 버스나 카우보이 모자도 각 나라의 문화를 나타내는 상징이다. 국가의 상징은 명확하다. 수세대에 걸쳐 반복되고 축적된 문화가 있기 때문이다.

기업은 다르다. 상징의 의미는 기업 스스로 정할 수 없다. 그 의미는 시장 바깥, 확성기 바깥에 있는 사람들이 판단한다. 사람들이 기업의 말과 행동을 보고 들은 끝에 '이 조직은 이런 걸 믿는구나'라고 명확하고 일관되게 이야기할 수 있을 때, 상징은 비로소 의미를 갖는다. 그것이 바로 진짜 확성기의 효과다. 조직 내부에서 시작된 WHY가 기업 전반에 스며들고, 그것이 밖으로 나와 사람들의 공감을 얻을 수 있을 때, 우리는 말할 수 있다.

"명확한 WHY는 상징을 움직인다."

그리고 그 상징은, 세상을 움직인다.

앞서 소개한 애플의 광고 〈1984〉를 다시 떠올려보자. 그 광고를 본 사람에게 이렇게 물을 수 있다.

"이 광고를 보며 애플 제품이 떠올랐나요? 아니면 그 광고가 주는 감정, 혹은 'Think Different'라는 메시지가 마음에 와닿았나요?"

맥이 한창 인기를 끌던 시절, 애플 고객들은 이 광고를 무척 좋아했다. 광고를 보며 소름이 돋았다는 사람도 있었을 것이다. 이는 애플의 WHY가 그들의 감정, 즉 변연계를 강하게 자극했다는 뜻이다. 어떤 사람에게는 이 광고가 맥을 처음 사도록 한 결정적 계기였을 수 있고, 누군가에게는 열 번째 구매를 확신하게 해줬을지도 모른다.

이 광고는 애플이 자신들의 믿음을 세상에 보여주기 위해 '한 일' 중 하나였다. WHY에 부합하는 WHAT이었고, 그래서 상징이었다. 만약 애플 팬이 아니더라도 이 광고에 끌렸다면, 그 사람은 여전히 '다르게 생각하라'는 신념에 공감하는 이었을 것이다. 광고는 많은 사람에게 '정말 와닿는다'는 느낌을 준다. 그 말은, 수많은 소음 속에서도 그 메시지가 분명히 들린다는 뜻이다. 그리고 그 메시지에 귀 기울이겠다는 마음의 반응이다. 바로 이 순간, 조직의 확성기에서 나오는 목소리가 사람의 마음을 울린다.

확성기의 가장 아래층에서는, 조직이 무엇을 믿는지를 보여주는 표현들이 흘러나온다. 회사가 하는 모든 말과 행동, 모든 제품과 서비스, 광고와 캠페인은 그 표현 방식이다. 많은 기업은 이 중 제품과 서비스에만 지나치게 집중한다. 돈을 벌어다 주기 때문이다. 하지만 세상과 연결되는 확성기의 출구에는 그 외에도 수많은 방식이 있다.

제품은 매출을 가져오지만, 충성심은 그 외의 요소들에서 비롯된다. 나는 애플 제품을 사기도 전에 애플에 대해 좋게 이야기하곤 했다. 반면 오랜 기간 사용해 왔던 어떤 PC 브랜드에 대해서는 좋은 말을 해본 기억이 거의 없다.

애플은 WHY의 명확성, HOW의 행동원칙, WHAT의 일관성을 통해 확성기를 뚜렷하게 만들었고, 이를 통해 강한 충성심을 얻었다. 일부는 애플이 '사이비 종교 같다'며 비판했고, 내부 직원들은 '스티브 잡스의 광신도'라는 말을 듣기도 했다. 그것이 칭찬이든 비난이든, 이런 말을 듣는다는 것 자체가 확성기가 제대로 작동했다는 증거다. 사람들이 애플의 WHY에 깊이 공감했고, 그 신념을 스스로의 신념으로 받아들였다는 뜻이기 때문이다.

전문가들이 애플 제품과 마케팅을 '라이프스타일'이라 부른 것도 같은 맥락이다. 사람들은 애플이라는 브랜드가 하는 일을 통해, 자신의 정체성을 표현하고 있었던 것이다. 이처럼 제품을 삶의 일부로 받아들이는 현상을 '라이프스타일 마케팅'이라 부른다.

애플은 이 방식에 놀라운 효율로 성공했다. 명확한 확성기를 만들고, 혁신확산 법칙을 전략적으로 활용했으며, 자기 신념을 퍼뜨릴 사람들을 자발적으로 끌어들였다. 그리고 그들 모두는 회사를 위해서가 아니라 자신의 신념을 위해 움직였다.

애플은 프로모션과 파트너십에서도 WHY를 일관되게 보여줬다. 2003년과 2004년에는 펩시^{Pepsi}와 함께 아이튠즈 공동 프로모션을 진행했는데, 이는 당시 코카콜라$^{Coca-Cola}$라는 강자에 맞선 도전자 브랜드끼리의 협업이었다. "다르게 생각하라"는 애플의 WHY와 잘 맞아떨어지는 선택이었다.

이처럼 애플은 말하는 방식과 행동 방식, 모든 WHAT에 자신들의 신념을 담아왔다. 내가 이 책에서 애플의 사례를 자주 드는 이유도 여기에 있다. 그들은 HOW를 철저히 지켰고, WHAT에 일관성을 부여했으며, 그 결과 우리는 이 기업이 왜 존재하는지 자연스럽게 알게 됐다.

우리는 애플 관련 책을 읽지 않았다. 스티브 잡스를 직접 만난 적도 없고, 애플 본사를 둘러본 적도 없다. 하지만 우리는 안다. 애플이 무엇을 믿는지를. 그 모든 정보는 애플이 스스로 보여준 말과 행동에서 왔다. 사람들은 '무엇을' 하느냐보다, '왜' 하느냐를 보고 선택한다. 애플은 언제나 신념에 기반해 말하고 행동했다.

당신의 WHAT이 신념을 증명하지 못한다면, 아무도 당신의 WHY를 알지 못할 것이다. 그리고 결국 당신은 가격, 기능, 서비스, 혜택으로만 경쟁해야 하는 '상품'이 될 것이다. 애플은 그 위험에서 벗어났다. 그들은 크고 명확한 확성기를 갖고 있었고, 그 확성기로 자신의 이야기를 정확하게 전달할 줄 아는 기업이었다.

◊ 당신의 WHY를 지키는 기준, 셀러리 테스트

사람들은 더 나은 방법을 찾기 위해 남들이 어떻게 일하는지를 꾸준히 살펴본다. 콘퍼런스에 참석하고, 책을 읽고, 친구나 동료에게 조언을 구한다. 때로는 우리가 누군가에게 조언을 해주기도 한다. 그러면서 우리는, 성공한 조직의 '모범 사례'를 배우고 따르려 한다.

하지만 여기에는 흔히 저지르는 착각이 있다. 어떤 조직에서 잘된 방식이 우리에게도 효과가 있을 것이라는 믿음. 업종이 같든, 규모가 비슷하든, 시장 상황이 유사하든, '그 회사에 좋았으니 우리에게도 좋겠지'라는 생각은 사실 틀릴 수 있다.

어느 기업은 탁월한 조직문화를 자랑한다. 그 회사 직원들에게 이유를 물어보면 "회의실마다 탁구대가 있어요"라고 답한다. 그렇다면 다른 회사도 회의실마다 탁구대를 들여놓으면 문화가 나아질까? 그럴 리 없다. 단지 그 조직에 어울렸던 방식일 뿐이다. 성과 좋은 기업이 일하는 방식을 흉내 낸다고 해서 똑같은 효과가 나오는 것은 아니다. 앞서 이야기한 페라리와 혼다의 사례처럼, 한 조직에 잘 맞는 방식이 다른 조직에는 맞지 않을 수 있다. 모범 사례가 항상 보편적인 정답은 아니다.

'무엇을' 하느냐나 '어떻게' 하느냐가 중요한 것이 아니다. 정말 중요한 것은, WHAT과 HOW 그 자체보다 WHY와 일관되게 이어지느냐다. 그래야 비로소 그 방식이 당신에게도 '진짜 좋은 방식'이 된다. 남의 사례를 보고 배우는 것 자체는 나쁘지 않다. 다만 중요한 것은 어떤 조언을 받아들일지, 어떤 방식이 우리에게 맞는지를 판단할 줄 아는 안목이다.

다행히 이를 판별할 수 있는 아주 간단한 방법이 있다. 나는 이것을 '셀러리 테스트 Celery Test'라고 부른다. 상황을 하나 가정해 보

자. 당신이 비즈니스 디너 파티에 참석해 있는데, 누군가 다가와 이렇게 말한다.

"당신 회사에 꼭 필요한 게 뭔지 아세요? 엠앤엠즈M&M'S 초콜릿이에요. 이걸 안 쓰고 있다면, 돈을 바닥에 흘리고 있는 거나 마찬가지죠."

조금 뒤 다른 사람이 다가와서 말한다.

"요즘 대세는 귀리음료예요. 데이터를 보면 다들 귀리음료를 산다고 하더라고요. 지금 같은 경제 상황에선 이걸 팔아야 해요."

펀치볼 옆에 서 있는데 또 다른 사람이 다가와 조언한다.

"오레오Oreo 쿠키가 정말 좋아요. 우리 회사는 오레오 도입하고 매출이 엄청나게 올랐어요. 무조건 해보세요."

그리고 마지막으로 누군가 다가와 말한다.

"셀러리를 사세요. 셀러리를 꼭 도입하세요."

이렇게 당신은 쟁쟁한 조언들을 한꺼번에 받는다. 그중에는 같은 업계 사람도 있고, 당신보다 성공한 사람도 있으며, 비슷한 조언으로 다른 회사들을 성공시킨 경험이 있는 사람도 있다. 그러면 이제, 당신은 무엇을 선택해야 할까?

마트에 가서 셀러리, 귀리음료, 오레오, 엠앤엠즈까지 이것저것 전부 샀다고 해보자. 구석구석 돌아다니느라 시간도 오래 걸렸고, 이것저것 담다 보니 지갑도 얇아졌다. 문제는, 그렇게 많이 샀는데 이 모든 제품이 실제로 도움이 될지 장담할 수 없다는 것이다. 예산이 빠듯한 상황이라면 결국 몇 가지는 다시 골라내야 한다. 그럴 때 도대체 무엇을 기준으로 고를 수 있을까?

확실한 것은 하나다. 셀러리부터 엠앤엠즈까지 다양한 제품을 들고 계산대 앞에 선 당신을, 누가 봐도 '이 사람은 이런 신념을 가진 사람이구나'라고 알아볼 수는 없다는 점이다. 우리의 행동은 신념을 보여주는 증거여야 하는데, 기준 없이 다 담아 왔다면 그 안에서 당신의 WHY는 드러나지 않는다.

반대로, 마트에 가기 전 자신이 왜 이 일을 하는지, 즉 WHY가 분명히 서 있었다면 어땠을까? 예를 들어 당신의 WHY가 '몸에 좋은 것만 선택하자'라면 상황은 달라진다. 똑같은 조언을 들었더라도 당신은 셀러리와 귀리음료만 장바구니에 담았을 것이다. 이 두 가지가 당신의 WHY에 맞는 선택이기 때문이다. 오레오나 엠앤엠즈가 나쁜 것은 아니다. 다만 지금의 당신에게는 맞지 않는 조언일 뿐이다.

WHY를 기준으로 삼으면 선택하는 데 시간도 덜 들고, 돈도 아낄 수 있다. 무엇보다 중요한 것은 당신이 계산대 앞에 설 때, 누군가 당신이 고른 것들을 보고 말할지도 모른다.

"건강을 중요하게 생각하시는군요. 저도 그래요. 혹시 여쭤봐도 될까요?"

그 한마디가 시작이다. 당신은 아무 설명을 하지 않았는데도, 단지 옳은 선택을 했을 뿐인데도, 그 선택이 누군가의 공감을 이끌어낸 것이다. 고객, 직원, 파트너, 혹은 미래의 추천인이 될 수도 있다. 당신의 WHAT이 당신의 WHY를 분명히 보여줬기 때문이다.

물론 이것은 어디까지나 이상적인 상황이다. 현실에서는 가끔 당장 급한 비용을 충당하거나 눈앞의 기회를 붙잡기 위해 단기적인 결정을 내려야 할 때도 있다. 건강을 생각하는 사람도 초콜릿 케이크를 먹고 싶을 때가 있는 법이다. 그럴 때는 먹어도 된다. 단, WHY가 분명히 있는 사람은 그 케이크가 자신의 신념과는 맞지 않는 선택이라는 것을 알고 있다. 자신을 속이지 않는다. 잠깐 당이 필요해서 그런 것이고, 나중에 이를 상쇄할 뭔가를 하게 될 것이다.

나는 새로운 기회를 잡거나, 신념에는 관심 없는 벤처 캐피털로부터 투자를 받아 성공을 기대했던 수많은 회사를 봐왔다. 그러나 시간이 지나면서, 그들의 사업은 결국 무너지거나 힘없이 꺼져버렸다. 초콜릿 케이크의 유혹을 이기지 못한 것이다. 셀러리 테스트를 무시한 대가다.

WHY로 시작하면 어떤 조언이 나에게 맞는지, 어떤 선택이 중심을 흔드는지 분명히 알 수 있다. 물론 필요하면 중심을 깨는 선택도 할 수 있다. 하지만 그런 일이 반복되면 언젠가는 당신이 믿는 것이 무엇인지, 그 누구도 알 수 없게 된다.

셀러리 테스트의 핵심은 여기에 있다. 내가 당신의 WHY를 '건강하게 사는 것'이라고 말한 순간, 당신은 이미 '이번엔 셀러리와 귀리음료만 사야겠구나'라고 생각했을 것이다. 기준이 생기면 그 기준에 따라 무엇을 선택해야 할지 자연스럽게 알게 된다. 바로 이것이 확장 가능한 WHY의 힘이다.

조직 안에 WHY가 명확히 자리 잡고 있다면, 누구든 창립자처럼 분명하고 정확하게 결정을 내릴 수 있다. WHY는 모든 판단의 필터이자 나침반이다. 채용, 파트너십, 전략, 전술… 조직이 내리는 모든 결정은 이 셀러리 테스트를 통과해야 한다.

◊ 셀러리 테스트를 통과한 기업

마크 루빈^{Mark Rubin}은 좋은 아빠다. 그는 두 딸, 루시^{Lucy}와 소피^{Sophie}와 함께 많은 시간을 보내려고 노력한다. 어느 토요일 오후, 아내 클로딘^{Claudine}이 루시를 친구 집에 데려가고, 마크는 다섯 살 소피와 집에 남게 됐다. 하루 종일 나무 위 오두막 놀이를 반복하느라 피곤했던 마크는, 잠깐이라도 소파에 앉아 쉬고 싶은 마음뿐이었다. 그래서 소피의 관심을 잠시 TV로 돌리기로 했다.

마크는 만화영화 두 편 중 하나를 고르려 했다. 둘 다 본 적 없었고, 언론이나 지인에게서도 들은 바가 없었다. 아이 나이에 적절했고, 별점도 높았다. 단 하나의 차이는, 한 편은 처음 듣는 제작사의 작품이었고, 다른 하나는 디즈니 영화였다는 점이다. 마크는 과연 어떤 영화를 골랐을까? 당신이라면 어떤 선택을 했겠는가?

답은 너무 뻔해서 굳이 묻는 것이 우스울 정도다. 우리는 본능적으로 디즈니 쪽에 더 마음이 간다. 물론 디즈니가 완벽한 회사는 아니다. 경영 문제도 겪고, 주가가 떨어질 때도 있고, 각종 소송에 휘말리는 일도 잦다. 월스트리트 눈치만 보는 탐욕스러운 기업들과 싸잡혀 비판을 받기도 한다. 그런데도 왜 우리는 디즈니를 더 믿게 될까?

이유는 단순하다. 디즈니는 자신들의 WHY가 무엇인지 분명히 알고 있고, 수십 년 동안 말과 행동으로 이를 증명해 온 기업이기 때문이다. 이들은 '선하고 건전한 가족 중심의 즐거움'을 전하고자 존재하며, 이를 위해 지속적으로 일관된 콘텐츠를 만들어왔다. 우리는 디즈니가 어떤 신념을 갖고 있는지 이미 알기에 신뢰한다. 이것이 바로 셀러리 테스트를 통과한 기업의 특징이다.

디즈니는 꾸준히 동일한 메시지를, 동일한 방식으로 전해왔다. 그래서 부모들은 디즈니 영화라면 따로 찾아보거나 고민하지 않아도 아이에게 안심하고 보여줄 수 있다. 이 신뢰는 단순히 영화의 '완성도'나 '논리적 평가' 때문이 아니다. 느낌, 감정, 확신의 문제다. 바로 우리가 WHY에 반응할 때 생기는 깊은 신뢰다.

◊ **길을 잃은 도전, 외면받는 WHAT**

버켄스탁Birkenstock 샌들, 다채로운 무늬의 염색 티셔츠, 데이지 꽃 팔찌, 폭스바겐Volkswagen 밴. 모두 평화, 사랑, 채식주의를 지향하는 히피의 이상을 대표적으로 상징하는 이미지다. 그래서 2004년, 폭스바겐이 무려 7만 달러에 달하는 고급 세단을 출시했을 때 사람들은 고개를 갸웃했다.

폭스바겐은 과거 뉴비틀New Beetle의 대시보드에 꽃병을 얹어, 생화를 꽂을 수 있게 만든 것으로 유명했다. 그런 회사에서 메르세데스-벤츠Mercedes-Benz S클래스, BMW 7시리즈 같은 최고급 자동차와 경쟁하겠다며 페이톤Phaeton이라는 차량을 내놓은 것이다. 335마력의 V8 엔진, 공기압 서스펜션, 4구역 온도 조절 시스템, 전자식 마사지 시트까지 갖춘 이 차는 기술적 완성도와 승차감에서 모두 호평을 받았다. 실제 도로에서도 뛰어난 퍼포먼스를 보이며 다른 고급 차량들을 압도했다. 평론가들의 평가도 극찬 일색이었다.

하지만 문제가 하나 있었다. 사는 사람이 거의 없었다는 것이다. 이유는 단순하다. 페이톤은 폭스바겐의 정체성과 어울리지 않았기 때문이다.

폭스바겐이라는 이름은 독일어로 '국민의 차'를 뜻한다. 수십 년간 이 브랜드는 평범한 사람들을 위한 차를 만들어왔고, '보통 사람도 누릴 수 있는 고품질'이라는 대의를 제품으로 실현해 왔다. 그들의 WHY는 명확했고, 누구나 그것을 알고 있었다. 그런데 단 한 번, 전혀 다른 길을 택했다. 이탈이었다. 그리고 그 결과는 완전한 균형 상실이었다.

이것은 델이 mp3 플레이어를 출시하거나, 유나이티드항공이 저가 항공 브랜드 테드를 만든 것과는 다르다. 이들 브랜드는 애초에 WHY가 명확하지 않았고, 사람들은 그들이 어떤 신념을 갖고 있는지 알지 못했다. 그러니 그들이 무슨 제품을 출시하든, 사람들은 그저 기능과 가격만을 기준으로 판단했다.

하지만 폭스바겐은 달랐다. 이 브랜드의 WHY는 분명히 알려져 있었다. 그래서 전혀 어울리지 않는 WHAT을 내놨을 때, 사람들은 어리둥절했고, 마음이 움직이지 않았다. 셀러리 테스트에 실패한 것이다.

반면 토요타와 혼다는 훨씬 더 똑똑하게 대응했다. 이들은 고급 세단을 개발하면서 기존 브랜드 아래 출시하지 않았다. 각각 렉서스^{Lexus}, 어큐라^{Acura}라는 새로운 브랜드를 만들었다. 토요타는 오랜 시간 동안 '합리적인 가격에 효율성을 제공하는 브랜드'라는 이미지를 쌓아왔고, 대중적인 자동차 라인업을 통해 성장했다. 그런 브랜드가 기존 로고 그대로 고급 차를 내놓으면, 소비자들은 높은 가격을 지불할 이유를 찾지 못할 것이라는 점을 이들은 잘 알고 있었다.

만약 기업이 WHY와 맞지 않는 제품이나 전략을 반복하면, 그 WHY는 점점 흐려진다. 그렇게 되면 사람들의 마음을 움직일 수 없고, 결국 충성도도 사라진다. 기업이 무슨 말을 하고, 무슨 행동을 하는지는 결코 사소한 문제가 아니다. 기업의 대의는 WHAT

을 통해 세상에 실현된다. 바로 이 단계에서 우리는 기업이 진심으로 무엇을 믿는지를 알 수 있다.

START WITH WHY

5부

성공 뒤에 찾아오는 위기

| 11장 | **WHY가 흐릿해지는 순간, 진짜 위기가 시작된다** |

◊ 성공과 실패를 가르는 것은 사람이다

"요즘 잘나가는 기업들을 보면, 터무니없이 많은 보수를 받는 CEO들이 꼭대기에서 사실상 회사를 약탈하고 있어요. 자기 잇속만 챙기고 정작 다른 사람들은 전혀 돌보지 않죠. 이런 일이 정말 화가 납니다. 오늘날 미국 비즈니스에서 가장 심각한 문제 중 하나가 바로 이겁니다."

놀랍게도 이 말은 한때 세상에서 가장 많이 비난받았던 기업의 창립자가 남긴 말이다. 바로 월마트의 창립자 샘 월튼 Sam Walton 이다.

월튼은 미국 중서부 지역의 농장에서 자라며 대공황 시기를 견뎠다. 그런 성장 배경은 그가 자연스럽게 검소함을 몸에 익히도록 했다. 키 175센티미터에 체중 60킬로그램이 채 되지 않았던 그는 고등학교 풋볼팀에서 쿼터백으로 뛰었고, 늘 승리를 위해 누구보다 열심히 임했다. 그의 팀은 결국 주 챔피언에 오르기도 했다.

월튼은 언제나 이기는 데 익숙했다. 그래서인지, 그는 패배라는 것이 어떤 감정인지 제대로 상상해 본 적조차 없었다. 그는 "늘 이길 거라 믿는 그 생각이 결국 나를 그렇게 만든 것 같다"고 말하며, 자기 신념이 스스로를 실현시켰다고 회고했다. 대공황 시절에도 그는 신문 배달을 하며 또래보다 높은 수입을 올렸다. 어떤 상황에서도 그는 늘 뭔가 해냈다.

그가 세상을 떠날 무렵, 월마트는 아칸소주 벤턴빌Bentonville에서 시작된 단 하나의 소매점에서, 매주 4,000만 명이 찾는 유통 공룡이 되어 있었다. 연 매출은 440억 달러에 달했는데, 이는 경제 규모가 세계 23위인 국가와 맞먹는 수준이었다. 단순히 낙천적인 성격이나 승부욕, 근면함만으로 그런 기업을 만든 것은 아니었다. 그 이상이 필요했다.

작은 가게를 열며 큰 꿈을 품는 사람은 월튼뿐만이 아니다. 나는 수많은 기업가를 만난다. 그들은 종종 "우리 목표는 10억 달러짜리 회사를 만드는 것"이라고 말한다. 하지만 그 목표를 이루기는 현실적으로 매우 어렵다.

현재 미국에는 약 3,300만 개의 소규모 사업체가 등록되어 있다. 하지만 《포춘Fortune》 1000대 기업 명단에 오를 수 있는 기업은 오직 상위 1,000개 회사뿐이다. 매출 기준으로도 연 15억 달러 이상이 되어야 진입할 수 있다. 비율로 보면 0.003퍼센트에 불과하다. 그런 거대한 영향력을 가진 기업을 만들기 위해서는 분명히 뭔가 '다른 것'이 필요하다.

사실 월튼이 '저가 유통'이라는 모델을 처음 만든 것도 아니었다. 잡화를 싸게 파는 5&10센트 스토어는 이미 수십 년 전부터 있었다. 월마트가 문을 연 1962년, K마트^{Kmart}와 타깃^{Target}도 같은 해에 출범했다. 당시 할인점 산업의 시장 규모는 이미 20억 달러에 달했다. 월마트보다 자금이 풍부하고, 입지도 좋고, 성공 가능성이 더 높아 보이는 경쟁사들도 많았다.

심지어 월튼이 독자적인 비즈니스 방식을 창안한 것도 아니었다. 그는 솔 프라이스$^{Sol\ Price}$가 창립한 남부 캘리포니아의 소매 할인점 페드마트$^{Fed-Mart}$로부터 여러 아이디어를 "빌려왔다"고 솔직히 인정했다.

월마트만이 저렴한 가격을 제공할 수 있었던 것도 아니었다. 물론 가격은 소비자를 유인하는 강력한 조종전략이다. 하지만 가격만으로는 사람들의 진심 어린 응원을 이끌어낼 수 없다. 대중적 성공을 일으키는 '티핑포인트'는 오직 강한 신념과 그 신념을 공유하는 이들의 헌신으로만 만들어진다. 단순히 저렴하다고 해서 직원들이 피와 땀과 눈물을 쏟아부으려 들지는 않는다. 월마트가 사랑받았고 성공할 수 있었던 이유는 '싸다'는 점 때문이 아니었다.

월튼에게는 다른 동기가 있었다. 그를 움직인 것은 더 깊은 목적, 대의, 신념이었다. 무엇보다 월튼은 '사람'을 믿었다. 사람들을 잘 돌보면 그들도 자신을 돌아봐 줄 것이라 믿었다. 월마트가 직원과 고객, 지역사회에 더 많이 줄수록, 그들도 월마트를 더 많이 지지해 줄 것이라 확신했다. 그는 이렇게 말했다.

"우리는 모두 함께 일합니다. 그게 비결입니다."

이것은 단순히 '고객이 절약할 수 있도록 해주는 것' 이상의 이야기였다. 월튼에게 진짜 동력은 고객 서비스가 아니라, '봉사' 그 자체였다. 월마트는 그가 동료 인간을 섬기기 위해 만든 WHAT이었다. 지역사회를 위해, 직원과 고객을 위해 존재하는 조직이었다. 봉사는 그가 추구한 더 큰 대의였다.

문제는 그 대의가 월튼의 사후에 명확히 계승되지 않았다는 점이다. 창립자가 떠난 뒤, 월마트는 자신의 존재 이유, 즉 '사람을 섬긴다'라는 WHY와 '저렴한 가격 제공'이라는 사업 운영 방법의 HOW를 점차 혼동하기 시작했다. 월마트는 사람을 위한 대의를 버리고, 가격이라는 조종전략을 택했다. 핵심 동기는 '싸게 파는 것'이 됐고, 그에 따라 효율과 수익률이 전부가 되어버렸다. 월튼은 생전에 이렇게 말한 적이 있다.

"컴퓨터는 당신이 무엇을 얼마나 팔았는지 10센트 단위까지 알려주지만, 얼마나 팔 수 있었을지는 말해주지 않습니다."

돈을 벌면 반드시 그에 따르는 대가가 있다. 월마트처럼 규모가 큰 회사가 치러야 했던 대가는 단지 돈의 문제가 아니었다. 창립자의 WHY를 잊었다는 점에서, 월마트는 '사람'을 잃고 말았다. 처음 출발했을 때의 대의를 생각하면, 아이러니한 결말이다.

한때 직원과 고객을 잘 챙기는 기업으로 유명했던 월마트는 이후 거의 10년에 걸쳐 각종 스캔들에 휩싸였다. 핵심은 늘 같았다. 직원과 고객을 형편없이 대했다는 비판이었다. 어느 시점에는 임금 착취와 관련된 집단소송이 무려 73건에 달했고, 수억 달러의 배상금과 합의금을 물었다. '기업과 지역사회는 함께 간다'는 철학을 실천했던 회사가 스스로 그 관계를 파괴한 것이다.

예전에는 지역 정치인들이 월마트의 입점을 돕기 위해 법안을 발의했지만, 나중에는 월마트를 막기 위한 법안을 함께 통과시키기 시작했다. 미국 곳곳에서 월마트 신규 점포 개설을 막기 위한 투쟁이 벌어졌다. 예컨대 뉴욕 브루클린Brooklyn에서는 부당노동행위로 악명이 높았던 월마트의 입점을 막기 위해 시의원과 노동조합이 손을 잡았다.

월마트가 달라진 것은 경쟁자에게 밀렸기 때문이 아니었다. K마트는 2002년 파산 보호 신청을 했고, 3년 뒤 시어스Sears와의 합병했지만 전성기 시절의 그림자만 남아 있을 뿐이다. 한때 687곳에 달했던 시어스 매장은 현재 20곳도 채 되지 않는다. 반면 월마트는 여전히 타깃보다 연 매출이 여섯 배나 많고, 아마존조차 2021년에 이르러서야 처음으로 월마트의 매출을 넘어섰다. 월마트는 세계에서 가장 큰 슈퍼마켓 체인을 운영하고 있다. 외부 경쟁이 이 회사를 흔든 것이 아니다. 월마트가 직면한 가장 큰 위기는 외부가 아니라 내부에서 비롯됐다.

사실 월마트의 WHAT이나 HOW는 크게 달라지지 않았다. 단지, WHY가 흐릿해졌을 뿐이다. 그리고 사람들은 그것을 느꼈다. 한때 그렇게 사랑받던 회사가 이제는 그렇지 않게 된 것이다. 사람들이 느낀 부정적인 감정은 실제였지만, 그 감정이 어디서 비롯된 것인지 머리로는 설명하기 어려웠다. 그래서 사람들은 눈에 보이는 것을 지적하기 시작했다. 회사의 규모, 돈이나 수익.

하지만 진짜 문제는 밖이 아니라 안에 있었다. 외부에서 WHY가 보이지 않는다는 것은 내부에서도 WHY가 흐릿해졌다는 뜻이다. 내부에서 명확하지 않으면, 외부에도 명확하게 드러날 수 없다. 그리고 모두가 느꼈다. 지금의 월마트는 더 이상 샘 월튼이 세운 월마트가 아니라고. 그렇다면 도대체 무슨 일이 벌어진 것일까?

단순히 돈에 집착했기 때문이라고 말할 수 있다면 이야기는 간단하다. 하지만 그것만으로 설명되지는 않는다. 모든 기업은 돈을 벌어야 한다. 재정적으로 성공했다고 해서 WHY를 잃는 것은 아니다. 성공한 회사가 대의를 잊고 '돈이 전부'인 조직으로 변하는 진짜 이유는 따로 있다. 그것은 운명도 아니고, 비즈니스의 사이클도 아니다. 진짜 이유는 바로, 사람이다.

◊ **성취와 성공 사이**

성공에는 아이러니가 있다. 많은 사람이 큰 성과를 이뤘는데도 정작 자신이 성공했다고 느끼지 못한다. 그 이유는 명확하다. 성취와 성공은 같은 것이 아니기 때문이다. 우리는 종종 이 둘을 헷갈린다.

성취는 목표에 도달하거나 뭔가를 이루는 일이다. 측정 가능하고 눈에 보이며, 분명한 정의가 가능하다. 반면 성공은 느낌이다. 또는 상태다. 영어에서 "She feels successful(그녀는 성공했다고 느낀다 – 옮긴이)" 혹은 "She is successful(그녀는 성공했다 – 옮긴이)"라고 말할 때, 'feel'이나 'be'라는 동사를 쓰는 이유도 거기에 있다. 성공은 일종의 존재 상태인 것이다.

우리는 목표를 달성하는 방법을 쉽게 설명할 수 있다. 하지만 성공을 느끼는 방법은 훨씬 더 모호하다. 내가 자주 쓰는 말로 표현하자면, 성취는 내가 원하는 WHAT을 추구하고 얻을 때 따라오는 것이고, 성공은 내가 왜 그것을 원하는지, WHY를 분명히 알고 있을 때 생기는 감정이다. 성취는 외적인 요소에서 동기를 얻는다. 반면 성공은 뇌 깊숙한 곳, 말로 다 표현하기 어려운 내면의 충동에서 비롯된다.

진짜 성공은 매일 아침 깨어날 때마다 내가 왜 이 일을 하는가, 즉 WHY를 되새기며 살아갈 때 찾아온다. 그 과정에서 이루는 성취인 WHAT은 내가 올바른 방향으로 가고 있다는 증거가 된다. 둘 중 하나만으로는 충분하지 않다. 우리는 두 가지가 모두 필요하다.

한 지혜로운 사람이 말했다.

"돈으로 행복을 살 수는 없지만, 행복이 머무는 곳에 세워둘 요트를 살 수는 있다."

이 말에는 깊은 진실이 담겨 있다. 요트는 성취를 상징한다. 보기 쉽고, 계획만 잘 세우면 누구든 얻을 수 있다. 반면 그 옆에 있는 '행복'이라는 감정은 눈에 보이지 않고, 손에 쉽게 넣을 수도 없다. 성취와 성공은 서로 다른 개념이다. 때로는 함께 오기도 하지만, 그렇지 않을 때도 많다.

그래서 우리는 성공을 향한 여정에서 성취를 '목적지'로 착각하지 않아야 한다. 아무리 큰 요트를 갖고, 엄청난 성과를 내더라도, 왜인지 모르게 공허함을 느끼는 사람이 많은 이유가 여기에 있다. 우리는 흔히 '좀 더 성취하면, 언젠가는 성공했다고 느끼겠지'라고 생각한다. 하지만 실제로는 그 반대일 때가 훨씬 많다.

사업을 키우거나 커리어를 쌓아갈수록 우리는 점점 자신이 하는 일, 즉 WHAT에 익숙해진다. 점점 더 HOW를 잘 다루게 되고, 성과는 하나둘 쌓인다. 이정표도 많아지고, 그만큼 앞으로 나아간다는 감각도 생긴다. 겉으로 보기에는 모든 것이 순조롭다. 하지만 대다수 사람은 그 여정 어딘가에서 '처음 왜 이 길을 선택했는지'를 잊는다.

개인에게만 해당하는 일이 아니다. 수많은 기업이 같은 실수를 반복한다. 우리가 앞서 살펴본 월마트의 사례처럼 말이다. 규모가 커지면 커질수록, WHY가 흐려졌을 때 생기는 영향은 더 크다. 직원도, 고객도, 지역사회도 그 어긋남을 고스란히 느낀다.

그럼에도 불구하고, 어떤 이들은 성취와 상관없이 WHY를 잃지 않는다. 그리고 그런 사람들이야말로 우리에게 신념에서 우러난 내면의 힘을 보여준다. 더 나아가, WHY를 지키면서 동시에 성취의 이정표도 하나씩 세워간다. 그런 사람들이 바로 위대한 리더다.

위대한 리더의 골든서클은 언제나 균형 잡혀 있다. 그들은 WHY를 분명히 알고, HOW에 책임을 지며, WHAT으로 자신이 믿는 바를 증명한다. 그러나 안타깝게도 대다수 사람은 어느 순간 WHY와 WHAT 사이의 균형을 잃는다. 결국 보이는 것과 보이지 않는 것이 서로 멀어지는 순간, 우리는 길을 잃게 된다.

12장 | 위대한 기업과 한때 위대했던 기업

◇ **열정이 다시 필요해지는 순간**

월마트는 작은 가게로 시작했다. 마이크로소프트도 그랬고, 애플도 그랬다. 제너럴일렉트릭GE, General Electric, GM, 포드, 거의 모든 대기업이 마찬가지였다. 이들은 인수 합병이나 분사로 시작한 것도, 하룻밤 사이에 거대해진 것도 아니다. 월마트처럼 수십억 달러 규모의 대기업이 되든, 몇 년 안에 사라지든, 대부분의 조직은 아이디어 하나로 출발했고 그 중심에는 한 사람 또는 소수의 사람들이 있었다. 심지어 미국이라는 나라조차도 그랬다.

초기에는 열정이 모든 것을 움직이는 원동력이다. 열정은 이성을 넘어선 강렬한 감정으로, 사람들로 하여금 비합리적인 결정까지 내리게 만든다. 어떤 사람들은 더 큰 대의를 위해 지금 가진 것을 기꺼이 내려놓는다. 안정적인 학교나 직장을 떠나거나, 좋은 조건을 포기하거나, 인간관계나 건강을 희생하면서까지도 불확실한 여정에 나선다.

그리고 그 열정은 주위 사람들에게도 전염된다. 창립자의 비전에 감화된 초기 구성원들, 다시 말해 초기 수용자들은 직관을 따르며 행동한다. 이들은 안락한 일자리를 그만두고, 낮은 급여를 감수하며, 실패 확률이 높은 조직에 들어간다. 하지만 이들에게 중요한 것은 확률이 아니라, 그 안에서 느껴지는 에너지와 가능성이다. 이 시기, 구성원들의 행동은 조직의 미래보다 그들의 내면 신념을 더 잘 보여준다.

수많은 스타트업이 실패하는 이유는 간단하다. 열정만으로는 충분하지 않기 때문이다. 열정이 살아남으려면 반드시 구조가 필요하다. WHY는 HOW 없이 오래 지속되지 못한다. 구조 없는 WHY, 즉 체계 없는 열정은 실패할 확률이 매우 높다. 1990년대 후반 닷컴버블Dot-Com Bubble(인터넷 산업의 발전으로 관련 주식의 급등과 폭락이 전 세계적으로 일어난 거품경제 현상 - 편집자)을 떠올려보라. 넘치는 열정은 있었지만, 그 열정을 지탱할 체계는 없었다.

하지만 오늘날 많은 창업 기업은 정반대의 문제를 안고 있다. 이들의 리더는 조직을 성장시키기 위한 시스템과 절차를 잘 알고 있다. 그래서 이들은 첫 3년 안에 문을 닫는 90퍼센트의 기업과 달리 살아남은 10퍼센트에 속한다. 아니, 살아남는 것을 넘어 꽤 괜찮은 성과를 내는 곳도 많다. 이들의 과제는 다르다. 열정이 구조를 만나야 살아남을 수 있듯, 구조가 성장하려면 반드시 열정이 다시 필요하다.

　나도 그런 기업가들을 여러 명 만나봤다. 스스로 창업할 만큼 뜨거운 열정을 지녔고, 사업을 지탱할 구조를 설계할 능력도 있었으며, 실제로 성과를 낸 사람들이다. 하지만 수년 동안 비전을 사업으로 구체화하는 데 집중하다 보면, 점차 조직의 WHAT이나 HOW에 몰입하게 된다. 매출이나 비용처럼 수치로 측정 가능한 결과를 집요하게 들여다보고, 그런 결과를 어떻게 달성할지를 고민하다가 결국, 왜 이 일을 시작했는지를 잊게 된다. 월마트가 딱 그런 경우였다. 지역사회에 봉사하고자 했던 회사가 어느 순간, 목표 달성에만 몰두하는 조직으로 변해버렸다.

　초기의 월마트는 골든서클의 안에서 바깥으로, 그러니까 WHY에서 시작해 WHAT으로 나아갔다. 하지만 성공이 커질수록 방향이 바뀌었다. WHAT이 먼저가 됐고, 모든 시스템과 프로세스는 눈에 보이는 결과를 추구하는 데 맞춰졌다. 변화의 이유는 단순하다. WHY가 흐릿해졌기 때문이다. 그리고 바로 그 순간, 조직은 갈라졌다.

◇ **조직이 겪는 가장 큰 어려움은, 바로 성공이다**

조직이 겪는 가장 큰 도전은 성공 그 자체다. 회사가 작을 때는 모든 결정이 창립자의 직감에서 비롯된다. 마케팅부터 상품, 전략과 전술, 채용과 해고까지, 그 모든 판단은 말 그대로 '이게 맞아'라는 느낌에서 나온다. 그런데 조직이 성장하고, 성공에 속도가 붙기 시작하면 한 사람이 모든 중대한 결정을 내리기란 물리적으로 불가능해진다. 누군가는 창립자를 대신해 결정을 내려야 하고, 그 사람은 또 다른 사람을 뽑는다. 조직이 커질수록 의사결정권이 확산되고, 사람도 늘어난다. 확성기는 커지지만, 그 안을 지나가는 메시지는 점점 흐릿해진다. WHY의 명확함이 희미해지기 시작하는 것이다.

초기에는 모든 결정이 직감에서 비롯된다면, 시간이 흐를수록 조직은 합리적 분석과 수치에만 의존하게 된다. 그런 조직은 더 이상 스스로를 넘어서는 대의에 이끌리지 않는다. 구성원들은 시스템을 관리하거나 설정된 목표를 달성하기 위해 일한다. 대성당을 짓겠다는 마음은 사라지고, 열정도 시들어간다. 그 지점에 이르면 대다수 사람에게 일은 단지 일일 뿐이다. 조직 안이 이렇게 메말라 있다면, 이들이 고객이나 외부인을 어떻게 대할지는 불 보듯 뻔하다.

그 순간부터 조직은 조종전략에 의존하게 된다. 제품을 판매하는 방식뿐 아니라, 사람을 붙잡는 방식에서도 조종이 작동하기 시작한다. 성과급, 승진, 각종 유혹, 심지어는 공포를 조장하는 방식까지 동원된다. 이것이 사람들에게 진짜 의욕을 주는 방식이 아니라는 것은 누구나 알고 있다. 다음 도표를 하나 보자.

이 도표는 하나의 조직이 어떻게 성장하고 변하는지를 보여준다.

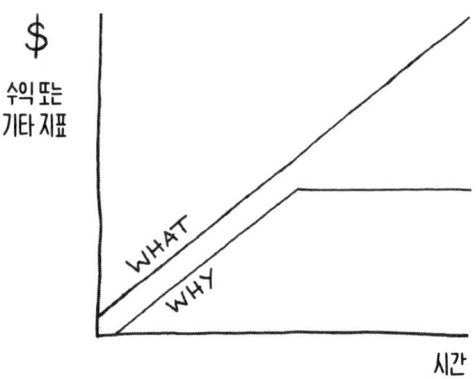

위쪽 선은 WHAT, 즉 조직이 하는 일이 얼마나 성장했는지를 나타낸다. 기업이라면 이 수치는 보통 돈으로 측정된다. 수익, 매출, EBITA Earnings Before Interest, Taxes, and Amortization (이자, 세금, 무형자산의 상각비 차감 전 순이익 - 옮긴이), 주가, 시장점유율 같은 지표들이다. 하지만 유기견을 구조하는 단체라면 구조한 강아지 수가 될 수도 있다. 무슨 조직이든 WHAT의 성장은 비교적 쉽게 측정된다. 그것은 눈에 보이고, 숫자로 환산할 수 있기 때문이다.

아래쪽 선은 WHY를 나타낸다. 조직이 처음 생겨난 목적, 대의, 신념이 얼마나 명확하게 유지되고 있는지를 보여준다. 이상적인 곡선은, WHAT이 성장하는 만큼 WHY도 분명하게 유지되는 것이다. 확성기의 음량이 아무리 커져도, 그 안을 흐르는 메시지는 흐려지지 않아야 한다.

조직의 규모가 커지면 WHAT도 함께 성장하면서 확성기에서 나오는 소리가 자연스럽게 커진다. 그 결과, 많은 회사가 '선도 기업'이 된다. 하지만 그중 극소수만이 WHY를 명확히 유지하며 사람들에게 깊은 울림을 주는 '진정한 리더'가 된다. 조직의 WHY가 희미해지기 시작하는 지점, 그곳이 바로 분기점이다. 이 지점을 지나면, 조직의 목소리는 커져도 그 말이 무엇을 뜻하는지는 점점 알 수 없어진다.

조직이 작을 때는 WHAT과 WHY가 나란히 간다. 창립자의 신념과 개성이 조직의 방향과 문화가 되기 때문에, 초기 구성원들은 굳이 설명을 듣지 않아도 '무엇을 위해 일하고 있는지'를 체감한다. 열정의 원천은 바로 옆에서 함께 일하고, 커피를 마시고, 밤을 새우는 창립자 자신이다.

작은 조직에서는 모든 직원이 한 사무실에서 일하고, 점심도 같이 먹고, 회식도 같이 한다. 가까운 거리에서 창립자의 에너지와 WHY가 전염되듯 퍼져나간다. 그러니 굳이 WHY를 문서로 정리하거나 반복적으로 강조할 필요가 없다. 우리는 지금, 뭔가 특별한 일을 하고 있다는 감정이 자연스럽게 생긴다.

하지만 만약 이 조직이 수십억 규모로 성장하고 싶다면? 시장이나 사회를 바꿀 만큼의 영향력을 발휘하고 싶다면? 창립자가 자리를 비워도 무너지지 않는 조직이 되고 싶다면? 그 순간부터는 스스로 WHY를 명확히 정리하고, 그 WHY가 조직 전체에 일관되게 흐르도록 만들어야 한다. 이 모든 도전은 분기점을 어떻게 넘기느냐에 달려 있다.

스쿨버스 테스트는 간단한 사고 실험이다. 조직의 창립자나 리더가 스쿨버스에 치여 갑작스럽게 회사를 떠나게 된다면, 그 조직은 여전히 예전과 같은 속도로 잘 운영될 수 있을까? 수많은 기업이 한 사람의 강력한 개성에 기반해 세워졌기 때문에, 그 인물이 사라지면 조직 전체가 큰 혼란에 빠지곤 한다. 이 일이 실제로 일어날지 여부는 중요하지 않다. 언젠가는 모든 창립자가 회사를 떠나거나 세상을 떠나기 때문이다. 진짜 중요한 질문은 '그날'을 어떻게 준비할 것인가다. 그 사람을 끝까지 붙잡으려 애쓰는 것이 아니라, 그가 세운 비전을 앞으로도 살아 숨 쉬게 할 방법을 찾아야 한다.

조직이 스쿨버스 테스트를 무사히 통과하려면, 창립자의 WHY를 조직문화 속에 깊이 새겨야 한다. 창립자의 개인적 카리스마가 사라지더라도, 그가 믿었던 대의는 계속해서 사람들의 마음을 움직여야 한다. 더 나아가, 경영 승계는 창립자의 비전을 진심으로 이해하고 그 신념을 다음 세대로 이끌어갈 준비가 된 사람에게 맡겨야 한다. 새로운 리더와 구성원 모두 창립자의 개인적인 특성이나 수익, 주가 같은 외형적 목표를 넘어, 더 크고 의미 있는 가치에서 행동의 동기를 찾아야 한다.

마이크로소프트 역시 분기점을 지나며 WHY가 희미해진 적이 있다. 하지만 방향을 완전히 잃지는 않았다. 얼마 전까지만 해도 마이크로소프트의 구성원들은 '세상을 바꾸자'는 마음으로 매일 아침 출근했다. 그리고 실제로 그렇게 했다. '모든 책상에 PC 한 대씩'이라는 목표는 우리가 일하고 소통하는 방식을 완전히 바꿨다.

하지만 시간이 지나면서, 그들의 WHY는 점차 흐려졌다. 빌 게이츠가 회사를 이끌던 시절부터 그 징후는 보였지만, 스티브 발머가 뒤를 이은 이후에는 그 속도가 빨라졌다. 고객이 최고의 잠재력을 발휘하도록 돕는 일은 더 이상 핵심 목표가 아니었다. 마이크로소프트는 분기 실적에 집착하며, 애플을 이기려는 경쟁에만 몰두하는, 전형적인 기술 기업이 되어가고 있었다.

당시 워싱턴주의 레드먼드Redmond 본사를 방문해 보면, 그들의 WHY가 완전히 사라진 것은 아님을 느낄 수 있었다. 여전히 그 대의를 믿고 마음속에 간직한 일부 구성원들이 있었고, 그들은 언젠가 다시 세상을 바꾸겠다는 희망을 놓지 않았다.

그리고 2014년, 사티아 나델라Satya Nadella가 CEO 자리에 오른 순간, 마이크로소프트는 중요한 기회를 맞이했다. 자신들이 왜 존재하는지를 다시 분명히 하고, 처음 성공을 이끌었던 정신을 회복할 수 있는 결정적 계기였다. 그리고 지금 그들은 그 길을 다시 걷고 있다. 기술업계에서 한때 잊힌 존재였던 마이크로소프트는 다시금 최고의 인재들이 함께하고 싶어 하는 회사가 됐다.

물론 마이크로소프트는 그 시간을 버틸 만큼 충분한 자금이 있었다. 그리고 결국, 사람들의 마음을 다시 움직일 수 있는 새로운 리더를 맞이했다. 하지만 모든 기업이 이처럼 운이 좋은 것은 아니다. WHY가 흐릿해진 채, WHAT만을 관리하며 버티는 기업들은 명심해야 한다. 그렇게 계속 나아가다 보면, 아메리카온라인_{AOL, America Online}처럼 되기 쉽다. 그들의 WHY는 더 이상 남아 있지 않다. 원래의 신념은 수없이 희석됐고, 한때 혁신을 이끌던 그들은 이제 존재감조차 거의 사라져 버렸다.

AOL은 한때 사람들의 마음을 움직이던 회사였다. 오늘날의 구글처럼, 모두가 일하고 싶어 하는 회사였다. 수많은 사람이 비즈니스의 판을 바꾸고 있는, 이 놀라운 기업에 합류하기 위해 버지니아주로 이사를 갔다. 그리고 그것은 사실이었다. 세상을 움직이는 기업들이 늘 그래왔듯, AOL도 세상을 바꿨다. 그들이 촉발한 변화는 우리가 뭔가를 생각하고, 결정하고, 행동하는 방식까지 송두리째 바꿔놨다.

AOL은 온 국민이 온라인 세상에 접속하도록 이끌었다. 그들의 대의는 분명했고, 모든 결정은 WHY를 기준으로 내려졌다. 더 많은 사람을 온라인으로 이끄는 것이 목표였고, 그 목표를 향해 나아가는 길에서 단기적인 손해가 나더라도 개의치 않았다.

WHY가 선명했던 AOL은 경쟁사보다 앞서 나갔다. 인터넷 요금을 시간제에서 월 정액제로 바꾸겠다는 과감한 결정을 내렸고, 그 결과 접속량이 폭주해 서버가 다운됐다. 실용적이지도, 이성적이지도 않았던 이 결정은, 그들의 대의를 실현하는 데는 분명히 옳은 방향이었다. 갑작스러운 트래픽에 시스템이 마비되자 AOL은 더욱 분투했고, 미국 전역이 인터넷에 접속할 수 있는 기반을 스스로 만들어갔다.

그 시절, '@aol.com' 주소를 갖고 있다는 것은 하나의 자부심이었다. 인터넷 혁명의 일부가 됐다는 상징이었다. 하지만 지금은 정반대다. 여전히 AOL 이메일을 쓰는 사람은 시대에 뒤처진 사람으로 여겨진다. 단지 이메일 주소 하나의 의미가 이토록 바뀌었다는 사실만으로도, AOL이라는 브랜드가 더 이상 어떤 대의도 담고 있지 않음을 증명한다. 이제 AOL은 누구의 마음도 움직이지 못한다. 브랜드를 유지하는 내부 사람들에게도, 외부 사람들에게도 마찬가지다. 예전처럼 AOL을 이야기하지도 않고, 그에 대해 같은 감정을 느끼지도 않는다. AOL은 더 이상 구글이나 메타Meta(이전 회사명, 페이스북Facebook – 편집자)처럼 세상을 바꾸는 기업으로 여겨지지 않는다.

거대한 화물열차에 제동이 걸리면 완전히 멈추기까지 시간이 오래 걸리는 법이다. AOL도 마찬가지였다. 규모가 있었기에 한동안은 그 무게로 버틸 수 있었다. 하지만 뚜렷한 WHY, 다시 말해 사람들을 움직이게 만드는 더 큰 목적이나 믿음이 사라진 이후 AOL은 결국 하나의 조직이 아니라 기술과 고객이라는 조각들로 쪼개져 헐값에 팔려나갔다. 그들이 한때 어떤 존재였는지를 생각하면, 참으로 씁쓸한 결말이다.

많은 성공한 기업가가 회사를 창업했던 초창기를 그리워하는 이유는 우연이 아니다. 대기업들이 "기본으로 돌아가자"고 외치는 이유도 마찬가지다. 그들이 말하는 '기본'은 단순한 실행 매뉴얼이나 전략이 아니라, WHY가 또렷했고 그것만으로도 사람들의 마음을 움직일 수 있었던 시절을 의미한다. 그 시절로 돌아가는 것이 맞다. WHAT이 WHY와 완벽히 나란히 있었던 때로 돌아가야 한다.

WHY 없이 WHAT만을 키워가면, 소리는 커지겠지만 메시지는 흐려진다. 그렇게 되면 사람들을 다시 움직이기도 어렵고, 기업이 앞으로도 번영할 수 있으리라는 보장도 사라진다. 월마트, 마이크로소프트, 스타벅스Starbucks, 갭Gap, 델 등 한때 사랑받았던 이들 기업도 모두 분기점을 겪었다. 마이크로소프트처럼 다시 WHY에 집중하며 새로운 리더십을 보여주는 기업도 있다. 하지만 나머지 기업들이 만약 자신들의 WHY를 되찾지 못한다면, 결국 AOL과 비슷한 모습으로 남게 될 것이다.

◊ **WHY를 측정하는 것의 중요성**

대학교 1학년 가을, 크리스티나 하브리지Christina Harbridge는 아르바이트를 구하고 있었다. 골동품 업계에서 일해보고 싶었던 그녀는 새크라멘토^{Sacramento} 지역 신문에서 '컬렉터^{collector} 사무보조 구함'이라는 광고를 발견했고, 망설임 없이 지원했다. 그러나 막상 가 보니 그녀가 하게 된 일은 골동품 수집이 아니라 채권 추심 회사에서 서류를 정리하는 일이었다. 당시만 해도 하브리지는 이 일이 자신의 삶을 어떻게 바꿀지 전혀 예상치 못했다.

그 회사는 수십 대의 전화가 놓인 커다란 사무실이었다. 추심 직원들은 업체와 개인을 대상으로 빚 독촉 전화를 쉬지 않고 걸었다. 자리마다 칸막이도 없어서, 직원들이 어떤 어조로 통화하는지 모두 들을 수 있는 구조였다. 하브리지는 추심 직원들의 말투에 적잖이 충격을 받았다.

"정말 거칠게 몰아붙였어요. 거의 협박 수준이었죠. 정보를 알아내기 위해서라면 무슨 말이든 서슴지 않았습니다."

그녀가 놀란 이유는 따로 있었다. 직원들과 회사 대표는 평소에는 다정하고 따뜻한 사람들이었다. 서로의 이야기를 들어주고, 연말이면 함께 노숙 가정을 후원하기도 했다. 하지만 채무자에게 전화를 걸 때면 딴사람처럼 돌변했다. 냉정하고, 무례하고, 때로는 잔인하기까지 했다. 하브리지는 곧 그 이유를 깨달았다. 그들이 원래 그런 사람이어서가 아니라, 그런 방식으로 행동했을 때 성과급을 받았기 때문이었다. 이들의 행동은 철저히 보상 체계에 기반한 것이었다.

"무엇을 측정하느냐에 따라 행동이 달라진다."

영업 코치 잭 데일리Jack Daly는 이렇게 말했다. 추심업계에서는 수금 실적에 따라 보너스가 주어졌다. 이 시스템은 결국 추심원을 협박꾼으로 만들었다. 하브리지도 어느 순간 동료들과 똑같은 방식으로 채무자를 대하고 있었다.

"전화만 들면 어느새 그들과 똑같이 말하고 있더라고요."

하지만 하브리지는 점점 자신이 하는 일이, 즉 WHAT이 자신이 지닌 WHY와 너무 동떨어졌다는 사실을 절감하게 됐다. 그래서 완전히 다른 길을 택하기로 마음먹었다.

"친절하게 추심하는 회사를 만들어야겠다고 다짐했어요."

업계 사람들은 그녀를 순진하거나 미쳤다고 여겼지만, 하브리지는 뜻을 굽히지 않았다.

1993년, 그녀는 샌프란시스코San Francisco로 옮겨 브리지포트파이낸셜Bridgeport Financial이라는 추심 회사를 설립했다. 그리고 이 회사를 그녀의 WHY, 곧 '모든 사람은 저마다의 사연이 있고, 그 이야기를 들어줄 사람이 필요하다'는 신념 위에 세웠다. 하브리지가 원한 것은 사람을 몰아붙이는 것이 아니라, 마음을 여는 대화였다. 그녀는 직원들에게 3분 동안 채무자와 관계를 형성해 보라고 요청했다. 채무자의 상황을 파악하고, 갚을 수 있는 능력이 있는지, 상환 의지가 있는지, 단기적인 문제로 빚을 지게 됐는지를 알아보게 했다.

"우리는 채무자에게 진심을 듣고자 했습니다. 물론 법무팀도 있었지만, 웬만하면 그쪽 도움은 받지 않으려고 했어요."

하브리지는 잘 알고 있었다. 아무리 좋은 의도를 가졌더라도 기존 업계처럼 수금 액수를 기준으로 성과를 측정한다면, 결국 똑같은 결과가 나올 수밖에 없다는 사실을. 그래서 그녀는 전혀 다른 방식의 인센티브 제도를 고안했고, 추심업계에서 전례 없던 도전을 시작했다. '얼마나 수금했는가'가 아닌 'WHY를 실현했는가'를 측정하기 시작한 것이다.

브리지포트파이낸셜은 수금한 액수를 기준으로 성과급을 지급하지 않았다. 대신 직원들이 채무자에게 감사카드를 얼마나 보냈는지를 기준으로 삼았다. 감사카드에는 '시간을 내줘서 고맙다'는 마음이 담겨 있었다. 이를 위해서는 감사카드를 보낼 만한 통화를 실제로 만들어낼 수 있는 직원을 채용해야 했다.

하브리지는 자신과 같은 신념을 가진 사람만 채용했다. '누구나 자신의 이야기를 들어줄 사람이 필요하다'는 믿음에 공감하지 않는다면 이 회사와 어울릴 수 없었다. 상대방에게 돈을 요구하는 전화더라도, 감사카드를 보낼 수 있는 분위기를 조성할 수 있는 사람만이 이 일에 어울렸다. 하브리지는 WHAT이 아니라 WHY에 기반해 사람을 평가했고, 그 결과 공감이 핵심이 되는 조직문화를 만들 수 있었다.

그렇다면 재무적인 결과는 어땠을까? 업계에서 가장 중시하는 지표인 수금 실적은 평균보다 무려 300퍼센트 높았다. 게다가 더 놀라운 사실은, 처음에 추심 대상이 됐던 개인이나 기업이 나중에는 그 추심을 의뢰했던 원래 회사와 다시 거래를 이어갔다는 점이다. 수금 대행은 대부분 고객과의 관계를 끊는 계기가 되지만, 브리지포트파이낸셜을 거치면서 오히려 신뢰가 회복된 것이다. 이는 이 업계에서는 거의 전례가 없는 일이었다.

하브리지는 단지 WHY를 믿은 것이 아니라, 그것을 측정할 수 있는 방법까지 찾아냈다. 그래서 회사는 성장했고, 그녀의 대의는 선명하게 드러났다. 그녀는 WHY로 시작했고, 그 뒤는 자연스럽게 따라왔다.

오늘날 대부분의 조직은 WHAT의 성과, 즉 매출이나 실적 같은 수치를 측정하는 데는 익숙하다. 하지만 WHY의 명확성을 유지하기 위한 지표는 거의 없다. 그런 점에서 드웨인 오노레Dwayne Honoré의 사례는 매우 특별하다. 그는 루이지애나주 배턴루지Baton Rouge에서 아버지에게 배운 기술로 20년 넘게 건축 회사를 운영해 왔다. 그는 일과 삶의 균형을 진심으로 중요하게 여겼고, 이 가치를 회사 안에 녹여내기 위해 독창적인 시스템을 만들었다.

오노레건축D. Honoré Construction의 모든 직원은 매일 아침과 저녁 한 번씩 출근 시간과 퇴근 시간을 타임카드에 찍어야 했다. 단, 조건이 하나 있었다. 오전 8시부터 8시 30분 사이에 출근하고, 오후 5시부터 5시 30분 사이에 퇴근해야 했다. 만약 늦게 퇴근하면 성과급 대상에서 제외됐다. 이 시스템 덕분에 직원들은 시간을 효율적으로 활용했고, 생산성은 높아지고 이직률은 낮아졌다. 마치 휴가 전날 일 처리 속도가 눈에 띄게 빨라지는 것처럼, 이 회사는 매일이 그런 날처럼 돌아갔다.

오노레는 자신이 중요하게 여기는 가치가 '실제로 작동하는 방법'을 찾아냈고, 그 덕분에 그 가치는 조직 안에 뿌리내릴 수 있었다. 무엇보다도, 그의 행동은 셀러리 테스트를 통과했다. 다른 사람들도 그의 행동을 보며 그가 무엇을 믿는지 명확히 알 수 있었다.

돈은 제품이나 서비스가 거래됐음을 보여주는 확실한 지표다. 하지만 그것이 곧 '가치'를 의미하지는 않는다. 많은 돈을 벌었다고 해서 반드시 많은 가치를 제공했다는 뜻은 아니고, 적은 돈을 벌었다고 해서 적은 가치를 제공했다는 뜻도 아니다. 가치는 수치가 아니라 느낌이고, 인식이다. 기능이 많고 가격이 저렴한 제품이 더 큰 가치를 제공한다고 주장할 수도 있다. 그러나 그 판단은 기준에 따라 달라질 수 있다.

내 삼촌은 예전에 테니스 라켓을 만들었다. 유명 브랜드 라켓과 같은 공장에서, 같은 재료로, 같은 기계에서 만들었지만 단 하나의 차이점이 있었다. 삼촌의 라켓에는 브랜드 로고가 없었다. 그 결과는 예상대로였다. 같은 매장에서 나란히 진열됐는데도, 브랜드 라켓이 삼촌의 라켓보다 매달 훨씬 더 많이 팔렸다. 사람들은 브랜드 라켓에서 더 큰 가치를 느꼈고, 그 느낌을 위해 기꺼이 더 많은 돈을 지불했다. 이성적으로 따져보면 브랜드 없는 라켓이 더 좋은 선택일 수 있었다. 하지만 가치는 결국 감정의 문제다. 그래서 많은 기업이 브랜드에 막대한 자금을 들이는 것이다.

브랜드처럼 가치를 구성하는 비가시적인 요소들은 모두 WHY에서 출발한다. 당신이 말과 행동으로 WHY를 일관되게 전달하고, 확성기 바깥의 사람들까지 그 WHY에 공감하게 된다면 신뢰는 형성되고 가치는 인식된다. 그때부터 충성도 높은 고객은 기꺼이 불편을 감수하거나 더 많은 돈을 지불하며 자신이 느끼는 가치를 스스로 합리화한다.

그들이 말하는 가치는 품질이나 기능, 서비스처럼 측정 가능한 것이 아니라, 마음 깊은 곳에서 일어나는 감정이다. 그리고 이들이 어떤 브랜드를 가리키며 "그들은 이런 믿음을 가진 곳이에요"라고 말할 수 있다면, 그 기업은 분기점을 무사히 지나온 것이거나 아직 분기점을 마주하지 않은 것이다.

그리고 만약 누군가가 어떤 회사를 두고 "나는 그 회사를 사랑해요"라고 말한다면, 그것은 그 기업 안에 분명하고 선명한 WHY가 존재한다는 결정적인 증거다.

◇ **리더가 바뀌어도 WHY는 이어져야 한다**

2008년 6월, 게이츠가 마이크로소프트를 공식적으로 떠나며 발표한 고별사에는 한 문장이 빠져 있었다.

"다시 돌아오겠습니다."

게이츠는 아마 이 말이 필요하다는 사실조차 의식하지 못했을 것이다. 그는 2000년, 스티브 발머에게 CEO 자리를 넘기고 자신의 시간과 에너지를 빌앤드멀린다게이츠재단에 집중하기 시작했다. 그러나 사실상 마이크로소프트 본사에 여전히 자리를 두고 일정한 존재감은 유지하고 있었다. 그는 언젠가 회사를 완전히 떠날 계획이었지만 많은 창립자가 그러하듯, 그 계획이 제대로 작동하도록 만들기 위해 꼭 필요했던 단 한 가지를 빠뜨리고 말았다. 그 사소한 누락은 마이크로소프트에 심각한 영향을 미치게 된다.

게이츠는 특별한 인물이다. 단지 뛰어난 두뇌나 탁월한 경영 능력 때문만은 아니다. 물론 그것들도 중요하지만, 그것만으로는 무無에서 시작해 600억 달러 규모의 회사를 세울 수 없다. 그가 다른 위대한 리더들과 마찬가지로 특별한 이유는, 자신이 믿는 바를 그대로 구현해 낸 사람이었기 때문이다. 그는 마이크로소프트의 WHY를 몸소 드러내는 존재였고, 그 자체로 구성원들이 왜 이곳에서 일하는지를 일깨우는 물리적 등대 역할을 했다.

1975년, 게이츠는 폴 앨런과 함께 마이크로소프트를 설립했다. 그 시작에는 분명한 대의가 있었다.

"올바른 도구를 제공하고 생산성을 높이면, 누구든지 삶의 조건과 상관없이 자신의 진짜 잠재력을 실현할 기회를 가질 수 있다."

그는 '모든 책상과 가정에 PC 한 대씩'이라는 비전을 품었고, 그것은 당시 PC를 직접 만들어본 적 없는 회사로서는 혁명적인 목표였다. 게이츠는 PC를 세상을 평등하게 만드는 도구로 여겼다.

마이크로소프트의 대표 소프트웨어인 윈도우Windows는 누구나 강력한 기술을 활용할 수 있도록 만들었다. 워드, 엑셀, 파워포인트 같은 툴은 새로운 기술의 가능성을 실현할 수 있는 힘을 사람들에게 부여했고, 효율성과 생산성을 높여줬다. 작은 회사도 큰 회사처럼 보이고 행동할 수 있게 됐다. 마이크로소프트의 소프트웨어는 '모든 사람에게 힘을 주자'는 게이츠의 대의를 실현하는 증거였다. 그는 실제로 모든 책상 위에 PC를 올렸고, 그렇게 세상을 바꿨다. 그러나 문제는 마이크로소프트의 WHY를 구현하던 그가 떠났을 때, 어떤 일이 벌어질 것인가였다.

게이츠는 자신이 마이크로소프트에서 맡은 역할에 비해 과도한 관심을 받았다고 말하곤 했다. 그 관심은 대부분 그의 막대한 재산 때문이었다. 위대한 리더들이 그랬듯 그는 본능적으로 알고 있었다. 자신이 이끄는 일은 대의를 향한 길이며, 그 대의를 실현하는 것은 자신이 아닌 다른 사람들의 몫이라는 것을.

마틴 루서 킹 목사가 셀마Selma의 다리를 건널 때, 그 곁에는 민권운동을 대표하는 다섯 명만 있었던 것이 아니라, 그 뒤를 따르던 수천 명의 사람들이 있었다(1965년 미국의 흑인 참정권을 요구하며 앨라배마주의 셀마에서 몽고메리Montgomery까지 행진한 사건으로, '셀마의

다리'는 민권운동의 상징이 됐다-편집자). 진짜 변화는 바로 그 무리 덕분에 가능했다.

게이츠도 진정한 변화는 사람들로부터 나온다는 사실을 알고 있었다. 하지만 그는 한 가지를 간과했다. 어떤 운동이든, 그것이 사회적 운동이든 비즈니스든 앞장서서 비전을 외치고, 구성원들에게 '우리가 왜 이 일을 시작했는가'를 끊임없이 상기시키는 리더가 반드시 필요하다.

킹 목사에게 중요한 것은 다리를 건너는 그 자체가 아니라, 그 다리를 건넌다는 행위가 지닌 의미였다. 비즈니스에서도 마찬가지다. 이익과 주주 가치라는 결과 자체는 정당하고 필요하다. 하지만 그것만으로는 사람들이 아침에 일어나 일하러 갈 이유를 만들지 못한다.

마이크로소프트는 이미 오래전에 분기점을 지났다. 자사 제품으로 세상을 바꾸겠다는 대의로 움직이던 회사에서, 이내 실적에 집중하는 하드웨어 및 서비스 기업이 되어버렸다. 그래도 게이츠가 본사에 남아 있는 동안에는 회사가 왜 존재하는지를 어느 정도는 상기시켜줄 수 있었다. 그러나 그가 완전히 회사를 떠난 후, 마이크로소프트에는 더 이상 WHY를 지속적으로 측정하고 전파할 체계가 남아 있지 않았다.

더 나쁜 점은, 후임 CEO인 발머가 WHY에 별다른 관심을 보이지 않았다는 사실이다. 그 결과, 시간이 흐르면서 마이크로소프트의 기업문화와 브랜드는 점점 WHY에서 멀어졌다. 그렇게 WHY를 회복하는 일은 훨씬 더 어려워졌고, 그 책임은 2014년 CEO로 취임한 나델라에게 맡겨졌다.

선구적인 창립자가 회사를 떠난 후 기업이 흔들리는 일은 전례가 없지 않다. 애플의 WHY를 온몸으로 보여주던 반항적인 혁신가 스티브 잡스 역시 마찬가지였다. 그는 애플 사장 존 스컬리John Sculley와 이사회 간의 전설적인 권력 다툼 끝에 1985년 회사를 떠났다. 그 여파는 매우 컸다.

사실 스컬리는 1983년 잡스가 직접 데려온 인물이었다. 유능하고 실적도 확실한 임원으로, 무엇을 어떻게 해야 하는지 잘 아는 사람이었다. 펩시코PepsiCo에서 유례없이 빠르게 승진하며 명성을 쌓았고, '펩시 챌린지'라는 유명한 광고 캠페인을 주도해 펩시가 처음으로 코카콜라를 제치게 한 주역이기도 했다. 그러나 그는 애플과는 어울리지 않는 사람이었다. 회사를 '운영'할 줄은 알았지만, 애플의 '대의'를 이끌 사람은 아니었다.

그렇다면 어떻게 그가 애플에 들어오게 됐을까? 단순하다. 그는 조종당한 것이다. 스컬리가 먼저 애플에 관심을 보인 것이 아니었다. 잡스는 비전을 더 큰 규모로 확장하려면 자신과 다른 유형, 즉 HOW에 강한 사람이 필요하다는 것을 알고 있었다. 그래서 경력이 탄탄한 스컬리를 찾아가 이렇게 물었다.

"당신은 평생 설탕물이나 팔고 싶습니까, 아니면 세상을 바꾸고 싶습니까?"

잡스는 스컬리의 자존심과 욕망, 불안을 교묘히 자극했고, 그렇게 완벽한 조종전략이 실행됐다. 그러나 결과는 파국이었다. 몇 년 뒤, 잡스는 스스로 만든 회사에서 쫓겨났다.

잡스가 떠난 뒤에도 애플은 한동안 그의 여운으로 버텼다. 맥 판매는 꾸준했고, 소프트웨어 개발도 이어졌다. 하지만 오래가지 못했다. 애플은 예전 같지 않았다. 분기점이 명확히 찾아왔지만 누구도 그것을 직시하지 않았다. WHY는 해마다 흐려졌고, 사람들의 마음을 움직이던 내면의 힘이 사라졌다. 말 그대로, 완전히 사라졌다.

회사를 운영하는 데 능한 스컬리는 있었지만, 대의를 이끄는 사람은 없었다. 당시 《포춘》은 이렇게 평했다.

"애플의 신제품은 혁신이라기보다 진화에 가깝다. 어떤 이는 지루하다고 말할지도 모른다."

스컬리는 애플이 잃어버린 뭔가를 되찾기 위해 조직 개편을 거듭했고, 임원진도 새로 구성했다. 하지만 이 모든 노력은 '어떻게 운영할 것인가'에 집중된 것이었다. 진짜 필요한 것은 WHY였는데 말이다. 조직의 분위기는 갈수록 침체됐다.

그리고 마침내 1997년, 잡스가 복귀했다. 그제서야 사람들은 WHY를 다시 떠올릴 수 있었다. 명확한 WHY가 되살아나자 애플은 빠르게 본래의 힘을 되찾았다. '다르게 생각하라'는 문화가 살아났고, 업계를 다시 정의할 수 있는 능력도 돌아왔다. 잡스가 다시 조직을 이끌자, 현실에 도전하고 개인에게 힘을 실어주는 기업문화가 되살아났다. 모든 결정은 WHY를 기준으로 내려졌고, 그 선택은 옳았다.

다른 위대한 리더들처럼 잡스도 외부의 조언보다 자신의 직감을 신뢰했다. 그는 맥을 복제하는 라이선스를 허용하지 않아 대중시장 전략이 부족하다는 비판을 받았다. 하지만 그는 그 길을 선택할 수 없었다. 그것은 그의 신념에 어긋나는 일이었기 때문이다. 복제를 허용하는 결정은 셀러리 테스트를 통과하지 못하는 선택이었다.

조직 안에 WHY를 구현하는 인물이 있을 때는 사람들이 그를 통해 명확한 방향성을 찾는다. 그러나 그가 떠나고 나면, 그 부재는 흔히 큰 공백을 남긴다. 창립자가 떠난 이후에도 WHY를 흐리지 않고 이어가려면, 그것을 '불멸의 원칙'으로 만들어야 한다. 반드시 글로 기록해 남겨야 한다. 회사를 왜 만들었는지, 그 초심과 사명감을 또렷이 서술한 문서가 필요하다. 그래야 후임 CEO가 명확성과 방향성을 잃지 않고 회사를 이끌 수 있다.

나아가, 후계자를 선정할 때도 그 문서는 중요한 기준이 되어야 한다. 안타깝게도 대부분의 이사회는 후임자를 고를 때 기업의 대의를 진심으로 받아들일 준비가 되어 있는지를 따지기보다, 비즈니스 수완만을 중심으로 판단한다. WHY에 온전히 공감하지 못한 채 CEO가 된 사람은 대개 WHAT의 성장에만 주력하고, WHY의 명확성을 지키거나 대의를 앞으로 이끄는 일은 소홀히 하게 된다.

더 나아가, 조직을 하나로 묶고 움직이게 했던 본래의 신념은 고려하지도 않은 채, 자기만의 비전을 밀어붙이려 들 수 있다. 그렇게 되면, 리더는 기업문화를 이끌고 발전시키기는커녕 무심코 그것을 해치게 된다. 그 결과는 너무나도 뻔하다. 사기는 떨어지고, 구성원들은 회사를 떠나며, 실적은 나빠지고, 조직은 서로 믿지 못한 채 각자도생의 문화로 변질된다.

이런 일이 실제로 일어난 회사가 바로 델이다. 마이클 델Michael Dell은 회사를 세울 때 분명한 대의를 갖고 있었다. 그는 더 많은 사람에게 컴퓨터의 힘을 전하기 위해, 효율성을 극대화하는 데 집중했다. 하지만 CEO 자리에서 물러나기 전까지 그 대의를 다음 세대에 제대로 전달하지 못했다. 2004년 7월, 델이 CEO에서 물러나자마자 회사는 눈에 띄게 흔들리기 시작했다. 고객 서비스 품질은 곤두박질쳤고, 그는 결국 3년도 지나지 않아 회사를 수습하기 위해 다시 복귀해야 했다.

마이클 델은 자신이 자리를 비운 사이 회사가 WHY를 잃고 WHAT에만 매달리게 됐다는 사실을 뼈저리게 깨달았다. 그는 2007년 9월 《뉴욕 타임스》와의 인터뷰에서 이렇게 말했다.

"회사가 단기 실적에만 집착했고, 빨리 결과를 내는 쪽으로 우선순위가 지나치게 쏠려 있었어요. 그게 가장 근본적인 문제였죠."

이 시기 델 내부에서는 성과 목표를 맞추기 위해 2003년부터 2006년 사이 실적 보고서를 조작하는 일까지 벌어졌다. 이는 경영진이 실적 압박에 얼마나 시달렸는지를 보여준다. 그런 사이 회사는 시장 변화에 뒤처졌고, 소비자 시장의 성장 가능성을 놓쳤으며, 부품 공급업체와의 관계에서도 경쟁력을 잃었다.

마침내 2006년, 델은 세계 최대 PC 판매업체 자리를 HP에 넘겨주고 말았다. 분명한 WHY 없이 분기점을 지나면 어떤 일이 벌어지는지를 여실히 보여준 사례다.

스타벅스도 비슷한 길을 걸었다. 2000년, 하워드 슐츠Howard Schultz가 CEO 자리에서 물러났을 당시 스타벅스는 주간 방문 고객이 5,000만 명에 달할 만큼 성장해 있었다. 하지만 사라져 가던 뭔가가 있었고, 회사는 곧 균열을 보이기 시작했다.

스타벅스가 성공한 이유는 커피 맛이 특별해서가 아니었다. 고객에게 새로운 경험을 제공했기 때문이다. 이 회사에 WHY를 불어넣은 인물은 슐츠였다. 그는 고든 보커Gordon Bowker, 제리 볼드윈Jerry Baldwin, 제브 시글Zev Siegl이 시애틀Seattle에서 원두를 팔기 시작한 지 10년쯤 지난 1982년에 스타벅스에 합류했다. 초창기 스타벅스는 그저 커피 원두를 파는 가게였다. 슐츠는 창립자들이 더 큰 비전을 보지 못하는 데 실망했고, 결국 자신이 그 방향을 제시하기로 결심했다. 오늘날 우리가 아는 스타벅스는 이렇게 시작됐다.

슐츠는 이탈리아의 에스프레소 바 문화를 동경했다. 그는 직장과 집 사이에 존재하는 편안한 제3의 공간, 누구든 머물고 싶어지는 분위기를 만들고자 했다. 이 비전은 대학 캠퍼스에 머물러 있던 커피숍 문화를 미국 전역으로 확산시켰고, 스타벅스는 그 중심에 섰다.

그 시절 스타벅스는 단지 커피를 파는 곳이 아니었다. 세상을 보는 뚜렷한 관점을 반영했고, 사람들은 그 믿음에 끌렸다. 그들은 커피가 아니라 그 안에 담긴 생각을 샀다. 스타벅스는 사람들의 마음을 움직이는 브랜드였다. 그러나 많은 기업이 그랬듯, 스타벅스도 결국 분기점을 맞았다. 회사는 WHY를 잊고 결과와 제품에 집중하기 시작했다.

나도 그런 변화를 느낄 수 있었다. 한때 스타벅스 바리스타는 "매장에서 드시나요, 포장해 드릴까요?"라고 물었고, 매장에서 먹겠다고 하면 커피는 도자기 잔에, 페이스트리는 도자기 접시에 담아줬다. 이 작은 세심함이 바로 스타벅스의 믿음을 실현하는 방식이었다. 그런데 어느 순간 일부 지점들에서 그런 질문이 사라지기 시작했다. 그곳에서는 커피는 늘 종이컵에, 빵은 종이봉투에 담겨 나왔다. 스타벅스의 공간에서 느껴지던 감정은 달라졌다. 종이컵은 "고객님을 사랑합니다. 그런데 빨리 나가주세요"라고 말하는 것 같았다. 스타벅스는 제3의 공간이 아닌, 단지 커피를 판매하는 매장이 되어가고 있었다. WHY는 점점 흐려졌다.

다행히도, 그 시기에 슐츠가 있었다. 그는 회사의 WHY를 온몸으로 보여주는 사람이었고, 구성원들에게 스타벅스가 왜 존재하는지를 다시금 떠올리게 만들었다. 그러나 2000년, 그가 CEO 자리에서 물러나자 상황은 더 악화됐다.

불과 10년 만에 스타벅스는 1,000개도 안 되던 매장을 1만 3,000개로 늘렸다. 이후 8년 동안 두 명의 CEO가 회사를 이끌었고, 그 사이 스타벅스는 지나치게 확장됐다. 경쟁자는 예상보다 다양했다. 맥도날드 McDonald's 와 던킨 Dunkin' 같은 대형 프랜차이즈뿐 아니라 수많은 새로운 브랜드가 등장했다.

복귀 직전, 슐츠는 후임자 짐 도널드 Jim Donald 에게 유명한 메모를 남겼다.

"우리 모두가 간직해 온 스타벅스의 전통과 열정을 다시 불러일으킬 변화가 필요합니다."

회사가 흔들린 진짜 이유는 성장 속도가 너무 빨랐기 때문이 아니었다. 슐츠가 WHY를 조직 안에 깊이 심어두지 않은 채 자리를 비운 것이 핵심이었다. 결국 2008년 초, 슐츠는 다시 CEO 자리에 올라 분기점 이전의 스타벅스로 회사를 되돌리려 했다. 그는 2018년에 은퇴했지만, 2022년 다시 임시 CEO로 복귀해 회사를 바로잡고자 했다.

물론 이들 중 누구도 완벽한 경영자는 아니다. 잡스는 편집증에 가까운 완벽주의자로 유명했고, 게이츠는 사회성이 부족한 것으로 알려져 있다. 이들이 이끈 회사들은 규모가 너무 커서 혼자 힘으로 모든 것을 조율하는 것은 불가능했다. 그들은 자신의 메시지를 더 멀리, 더 크게 전하기 위해 팀의 지혜와 관리 역량을 신뢰했고, 회사의 WHY에 공감하는 사람들에게 기대어 조직을 이끌었다. 이 점에서는 다른 경영자들과 다르지 않다.

하지만 이들에게는 한 가지 분명한 공통점이 있었다. 바로 자신이 직접 그 대의를 구현하고 있었다는 점이다. 이들이 조직 안에 존재하는 것만으로도, 모든 임원과 직원은 '우리가 왜 이 일을 하는가'를 잊지 않을 수 있었다. 간단히 말하면, 그들은 사람들에게 회사의 의미를 다시 떠올리게 하는 존재였다.

그렇다면 질문이 남는다. 마이클 델이 다시 회사를 떠난다면, 델은 예전의 델일 수 있을까? 잡스가 떠난 이후의 애플은 여전히 업계의 흐름을 주도하고 있는가? 이제 다시 CEO 자리에서 물러난 슐츠 대신 스타벅스는 정말 WHY에서 출발하는 새로운 리더를 찾을 수 있을까? 과거 이끄는 사람 하나만으로도 전체가 움직였던 그 기업들은 앞으로도 스스로의 WHY를 지켜낼 수 있을까?

누가 봐도 유능한 발머는 게이츠의 세계관을 구현하지 못했다. 발머는 숫자를 중심으로 사고하고 경쟁자와 시장을 분석하며, WHAT을 효율적으로 관리하는 데 능한 경영인이었다. 창립자의 뒤를 이은 CEO들 애플의 스컬리, 스타벅스의 도널드, 델의 케빈 롤린스Kevin Rollins처럼, 발머 역시 선구자 옆에서 일할 사람으로는 적합했을지 몰라도, 그 자리를 대신할 인물은 아니었다.

이런 기업들의 문화는 모두 창립자의 비전을 중심으로 형성됐다. 따라서 진정한 의미의 경영 승계란 단지 능력 있는 사람을 고르는 것이 아니라, 회사를 이끌었던 그 신념을 믿고 이어갈 사람을 찾는 일이다. 발머는 구성원들을 하나로 모으는 데는 능했지만, 사람들의 마음을 움직이지는 못했다.

성공적인 승계란 단순히 업무 역량을 갖춘 사람을 고르는 일이 아니다. 조직이 처음 WHY를 중심으로 세워졌다는 사실에 깊이 공감하고, 그것을 다시 이끌고자 하는 사람을 찾는 것이다. 훌륭한 2대, 3대 CEO는 새로운 비전을 제시하는 사람이 아니라, 창립자가 들었던 깃발을 건네받아 그 깃발을 들고 앞으로 나아가는 사람이다. 그래서 우리는 이를 단순한 교체replacement가 아니라 '승계succession'라 부른다. 비전의 연속성, 즉 WHY의 흐름이 끊기지 않기 때문이다.

강력한 WHY 문화가 자리를 잡은 조직이라면, HOW 유형의 리더 아래에서도 당분간은 조직이 잘 돌아갈 수 있다. 하지만 시간이 지나면 균열이 드러난다. 그 순간부터 조직은 '위대한 기업'에서 '한때 위대했던 기업'으로 내려앉기 시작한다. 구성원과 고객의 마음을 움직이는 능력은 사라지고, 주주 만족이라는 목표만 남는다. 혁신과 산업을 이끄는 힘은 점점 트렌드를 따라가기 급급한 경영으로 바뀐다.

사우스웨스트항공은 WHY 중심의 승계가 잘 이뤄진 대표적인 예다. 그들의 대의는 조직문화에 깊숙이 뿌리내려 있고, 그 비전은 글로 정리되어 댈러스 본사 복도 구석구석에 붙어 있다. 그들은 다음 CEO는 반드시 이 'WHY를 믿고, 말과 행동으로 실천하는 사람'이어야 한다는 사실을 잘 알고 있다.

하워드 퍼트넘은 허브 켈러허의 뒤를 이은 첫 번째 사우스웨스트항공 사장이다. 항공업계에서 잔뼈가 굵은 인물이었지만, 그를 적임자로 만든 것은 화려한 이력이 아니라 그 조직과 '잘 맞는 사람'이라는 점이었다. 퍼트넘은 면접 당시 켈러허를 처음 만났던 순간을 기억했다. 그는 의자에 앉아 몸을 뒤로 젖히다가 우연히 켈러허가 책상 아래에 신발을 벗어뒀다는 사실을 알게 됐다. 더 놀라운 것은, 켈러허의 양말에 구멍이 나 있었던 것이다. 퍼트넘은 그 순간, 자신이 이 조직에 어울리는 사람이라고 확신했다. 켈러허는 자신과 같은 사람이었다. 사실 자신의 양말에도 구멍이 있었기 때문이다.

그렇다면 퍼트넘이 사우스웨스트항공에 어울리는 사람이라는 사실은 어떻게 증명할 수 있을까? 한번은 퍼트넘과 반나절 정도 이야기를 나눌 기회가 있었다. 오후쯤 잠깐 쉬면서 스타벅스에 가자고 제안하자, 그는 이렇게 말하며 단호히 거절했다.

"나는 스타벅스 안 갑니다! 커피 한 잔에 5달러라니, 프라푸치노가 뭔지도 모르겠어요!"

나는 그 말에서 퍼트넘이 이 회사에 딱 어울리는 사람이라는 것을 다시 확인했다. 그는 친근하고 소탈한 '던킨 스타일'의 사람으로, 사우스웨스트항공의 신념과도 잘 맞는 사람이었다. 그는 켈러허의 횃불을 이어받을 준비가 되어 있었고, 실제로 그 역할을 해냈다. 켈러허는 단순히 유능한 사람이 아니라, 기존의 대의를 계속해서 구현할 수 있는 사람을 택했던 것이다.

이후 사우스웨스트항공의 CEO가 된 콜린 배럿Colleen Barrett 역시 마찬가지였다. 그녀는 샌안토니오의 한 로펌에서 켈러허의 비서로 일하다가 경영 전반에 참여하게 됐고, 2001년 정식으로 수장이 됐다. 그 무렵 사우스웨스트항공은 약 3만 명의 직원과 344대의 비행기를 보유한 거대 항공사로 성장해 있었다. 배럿은 그 시기를 이렇게 회상했다.

"경영이란 개인의 힘이 아니라 모든 구성원의 집단적인 노력이 필요합니다."

켈러허는 WHY를 조직 깊숙이 새겨뒀고, 그의 존재 없이도 조직은 그 힘을 유지할 수 있었다.

WHY에 기반한 조직에는 그에 맞는 리더가 필요하다. 배럿은 스스로가 가장 똑똑한 임원은 아니라고 이야기했다. 겸손이 섞인 이 자기평가는 사실 중요한 통찰을 담고 있다. 조직의 리더는 가장 똑똑한 사람이 아니라, 대의를 이끄는 사람이어야 하기 때문이다. 배럿이 최고의 선택이었던 이유는 그녀가 그 대의를 온몸으로 보여주는 사람이었고, 구성원 모두에게 '우리가 왜 이 일을 하는지'를 매일 상기시켜 줬기 때문이다.

좋은 소식은, 후계자가 올바른 WHY를 계승하고 있는지 확인하는 방법이 있다는 것이다. 바로 셀러리 테스트다. 조직의 말과 행동을 보며, 그들이 처음 WHY를 갖고 시작했는지를 짐작할 수 있다. 제품, 서비스, 마케팅, 대외 커뮤니케이션을 통해 그들이 믿는 바를 명확하게 파악할 수 없다면, 그들 역시 WHY를 잊었거나 모른다는 뜻이다. 조직이 잊었다면, 고객도 당연히 모를 수밖에 없다.

◊ **WHY가 사라지면, WHAT만 남는다**

1992년 4월 5일 오전 8시경, 월마트는 WHY를 잃었다. 그날, 회사의 정신적 지주이자 세계 최대 유통 기업의 신념을 구현했던 리더 샘 월튼이 리틀록Little Rock의 아칸소대학교University of Arkansas 의과대학 병원에서 골수암으로 세상을 떠났다. 얼마 지나지 않아 그의 맏아들 S. 롭슨 월튼S. Robson Walton이 회장직을 승계받으며 이렇게 발표했다.

"경영 방침, 통제 체계, 기업 방향성은 변하지 않을 겁니다."

그러나 안타깝게도 그 약속은 지켜지지 않았다. 월튼이 떠난 이후, 월마트는 조금씩 달라지기 시작했다.

월튼은 '평범한 사람'을 상징하는 존재였다.《포브스Forbes》가

1985년 그를 '미국에서 가장 부유한 사람'으로 선정한 이후에도 그는 돈의 가치를 다른 사람들만큼 중시하지 않았다. 물론 그는 강한 경쟁심을 지녔고, 돈은 성공을 측정하는 하나의 기준이 될 수 있다는 것도 잘 알았다. 하지만 그에게, 그리고 월마트에서 일하는 사람들에게 성공의 진짜 의미는 돈이 아니었다. 그 핵심은 언제나 '사람'이었다.

'사람을 먼저 챙기면, 사람도 당신을 챙긴다.' 월튼은 그렇게 믿었고, 그의 모든 행동이 이를 증명했다. 예컨대 창립 초기, 그는 매장 직원들이 주말에도 일하는 것이 공정하지 않다며 자신도 토요일마다 출근했다. 직원들의 생일과 결혼기념일은 물론, 계산원 어머니의 담낭 수술 날짜까지 기억했다. 그는 고급 차를 타는 임원들을 꾸짖었고, 오랫동안 회사 전용기를 거부했다. '평범한 미국인들에게 없는 것을 우리라고 가져서는 안 된다'는 것이 그의 생각이었다.

월튼이 있을 때, 월마트는 단 한 번도 WHY를 잃지 않았다. 왜냐하면 월튼은 결코 자신의 출발점을 잊지 않았기 때문이다.

"이발소에서 머리를 깎는다는 게 왜 뉴스거리인지 모르겠다. 그럼 어디서 깎으라는 건가?"

"내가 왜 픽업트럭을 타느냐고요? 내 개들을 어디에 태우라는 건가요, 롤스로이스Rolls-Royce?"

그는 언제나 트위드 재킷에 트러커 캡trucker cap을 쓴 모습이었다.

말 그대로 그가 이끌고자 했던 '보통의 미국인' 그 자체였다.

그런 월튼도 단 하나의 치명적인 실수를 남겼다. 자신의 WHY를 명확한 언어로 남기지 않았던 것이다. 그가 떠난 뒤에도 사람들이 WHY를 계속 이어갈 수 있도록, WHY를 '불멸의 정신'으로 만들어두지 못했다. 물론 이것이 그의 잘못만은 아니다. 인간의 뇌에서 WHY를 관장하는 영역은 언어 기능을 담당하지 않는다. 그래서 많은 신념 기반 창립자와 마찬가지로, 월튼 역시 자신의 대의를 정확히 설명하기보다 '어떻게' 하면 그 대의를 구현할 수 있을지를 주로 이야기했다.

그는 제품 가격을 낮춰 더 많은 평범한 노동자가 혜택을 누릴 수 있도록 하겠다고 말했다. 또한 도심이 아닌 지방에 매장을 세워, 근로자들이 멀리 이동하지 않고도 필요한 물건을 살 수 있도록 하겠다고도 했다. 모두 셀러리 테스트를 통과하는 결정들이었다. 하지만 이 모든 실행의 출발점인 WHY는 결국 말로 남겨지지 않았다.

그는 건강이 허락하는 마지막 순간까지 경영에 참여했다. 창립자가 직접 회사를 이끌고 있는 동안에는 그의 존재 자체가 WHY를 살아 있게 만든다. 월튼이 회사를 떠나기 전까지 직원들은 매일 출근하는 이유가 무엇인지 분명히 알고 있었다. 그는 그 자체로 사람들에게 내면의 동기를 심어줬다. 그가 세상을 떠난 뒤에도 월마트는 한동안 그가 남긴 WHY의 잔향으로 버텼다.

하지만 시간이 지나면서 WHY는 점점 흐려졌고, 회사는 다른 길로 향하기 시작했다. 그리고 그때부터 월마트의 동기는 월튼이 생전에 가장 경계했던 바로 그것이 됐다. 돈을 좇는 일이었다.

코스트코Costco는 1983년, WHY 유형의 짐 시네걸Jim Sinegal과 HOW 유형의 제프리 브로트먼Jeffrey Brotman이 함께 설립한 회사였다. 시네걸은 할인 매장의 개념을 창안한 솔 프라이스에게서 유통 비즈니스의 기본을 배웠는데, 프라이스는 월튼이 사업 아이디어를 얻었다고 고백한 인물이기도 하다. 시네걸 역시 월튼처럼 '사람이 먼저'라는 신념을 갖고 있었다. 그는 ABC의 시사 프로그램 〈20/20〉에 출연해 이렇게 말했다.

"우리는 모든 직원이 서로를 이름으로 부르는 회사가 될 겁니다."

시네걸은 다른 신념 기반 리더들과 마찬가지로, 코스트코가 직원들을 진심으로 아끼는 기업이 되도록 만들었다. 그리고 그 정신은 그가 떠난 이후에도 후임자들에 의해 그대로 이어졌다. 코스트코는 월마트가 운영하는 샘스클럽Sam's Club보다 평균적으로 약 40퍼센트 더 높은 급여를 지급해 왔으며, 전체 직원의 90퍼센트 이상에게 의료보험을 제공하는 등 업계 평균을 웃도는 복지 혜택을 유지해 왔다. 그 결과 이직률은 샘스클럽의 5분의 1 수준으로 낮게 유지되고 있다.

대의에 기반해 성장한 기업답게, 코스트코는 '확성기'를 통해 회사를 성장시켰다. 별도의 홍보 부서도, 대규모 광고비도 필요하지 않았다. 그 대신, 시네걸은 '혁신확산 법칙'을 이해하고 있었다. 그는 이렇게 말했다.

"좋은 말을 계속 퍼뜨려 주는 충성스러운 홍보대사가 12만 명이나 있다고 상상해 보세요."

그는 광고나 PR보다 신뢰와 충성도가 훨씬 더 강력한 성장 동력임을 알고 있었다.

그런 코스트코의 전략은 오랫동안 월스트리트의 애널리스트들에게 비판받았다. 직원에게 지나치게 많은 돈을 쓰기보다는 비용을 절감해 이익률을 높이고 주주 가치를 키우라는 압박이었다. 그들은 WHY보다 WHAT에 집중하라고 했다. 도이치은행 Deutche Bank의 한 애널리스트는 《포춘》에 "코스트코는 여전히 주주보다 직원과 고객을 더 잘 챙기는 회사"라고 평가했다.

하지만 시네걸은 애널리스트보다 자신의 직감을 더 믿었다. 그는 〈20/20〉의 리포터 빌 리터 Bill Ritter에게 이렇게 말했다.

"월스트리트는 오늘부터 다음 주 화요일까지만 생각하고 돈을 벌려 하죠. 하지만 우리는 50년 후에도 살아남을 조직, 살아남을 기업을 만들고 있습니다. 좋은 급여를 주고 함께 오래 일할 수 있도록 만드는 게 훌륭한 사업 아닙니까?"

이 모든 이야기를 통해 놀라운 사실이 하나 더 드러난다. 시네걸이 사람들에게 내면의 동기를 얼마나 불어넣는 리더였는지도 중요하지만, 그보다 더 주목할 점은 그의 말과 행동이 월튼과 놀라울 정도로 닮아 있었다는 것이다. 월마트도 처음에는 같은 방식으로 성장했다. WHY를 먼저 중심에 두고, 그 WHY가 WHAT을 통해 증명되도록 했던 것이다.

돈은 결코 대의가 될 수 없다. 돈은 언제나 결과일 뿐이다. 코스트코는 이 진리를 결코 잊지 않았다. 하지만 월마트는 그렇지 못했다. 1992년 4월, 월튼이 세상을 떠난 그날부터 월마트는 WHY로부터 점점 더 멀어지는 비탈길을 걷기 시작했다.

이후 월마트는 '주주 가치를 위한다'는 명목으로 고객과 직원을 홀대하며 각종 스캔들에 휘말리기 시작했다. WHY가 희미해지자 사람들은 월마트가 아무리 잘해도 믿지 않았다. 월마트는 비교적 이른 시기에 폐기물 절감과 재활용 확대 등 환경 정책을 도입했다. 하지만 이미 신뢰를 잃은 상태였기에 사람들은 그들의 노력을 진정성 있게 받아들이지 않았다. 《뉴욕 타임스》 오피니언 페이지에는 이런 문장이 실렸다.

"월마트는 환경보호와 이미지 개선에 애쓰고 있지만, 소비를 줄이겠다는 약속은 지키지 못한 채 여전히 소비를 부추기고 있다."

반면 코스트코는 훨씬 나중에 환경 정책을 발표했는데도, 고객과 대중의 반응은 긍정적이었다. 그 차이는 단 하나, 사람들은 코스트코를 '믿고 있었기' 때문이다.

기업의 WHY와 WHAT이 명확하게 연결되어 있으면, 사람들은 기업의 행동을 의미 있게 받아들인다. 하지만 WHY가 희미하면, 아무리 좋은 일도 진정성 없이 느껴진다. 사람들은 행동보다 먼저, 그 행동의 '이유'를 보고 판단한다. 그러니 WHY를 잃으면, 아무리 좋은 WHAT이라도 결국 남지 않게 된다.

그렇다면 결과는 어땠을까? 월튼이 세상을 떠난 직후의 월마트는 여전히 그의 기억과 정신으로 움직였고 기업문화도 당분간 유지됐다. 그 덕분에 사망 후 몇 년간은 월마트와 코스트코의 주가가 비슷한 수준에서 움직였다. 그러나 시간이 지나면서 두 기업의 운명은 갈리기 시작했다. 월마트는 창립자의 WHY가 사라진 채 '분기점 이후의 기업'이 됐고, 코스트코는 WHY의 명확성을 유지한 덕에 주가에서도 큰 차이를 보이기 시작했다. 월튼이 사망한 1992년 4월 5일, 그날 월마트에 투자했다면 2023년 기준으로 약 1,000퍼센트 수익을 올릴 수 있었다. 반면 같은 날 코스트코에 투자했다면, 무려 7,000퍼센트 가까운 수익을 거둘 수 있었을 것이다.

코스트코가 이처럼 지속적인 성장을 이룬 배경에는 시네걸이 있었다. 그는 2011년까지 CEO로 재직했고, 2018년 은퇴할 때까지 이사회 멤버로 활동했다. 시네걸의 말과 행동은 직원들에게 코스트코가 어떤 신념을 바탕으로 운영되는지를 늘 상기시켰다. 그는 WHY를 실천하는 리더였다. 그 증거로, 시네걸은 회사의 규모와 성과를 감안하면 비교적 적은 금액인 43만 달러의 연봉을 받았다. 월마트 전성기 시절, 월튼의 연봉도 35만 달러를 넘지 않왔다. 그것이 바로 그들의 신념이었다. 월튼이 남긴 말을 떠올려 보라.

"요즘 잘나가는 기업들을 보면, 터무니없이 많은 보수를 받는 CEO들이 꼭대기에서 사실상 회사를 약탈하고 있어요. 자기 잇속만 챙기고 정작 다른 사람들은 전혀 돌보지 않죠. 이런 일이 정말 화가 납니다. 오늘날 미국 비즈니스에서 가장 심각한 문제 중 하나가 바로 이겁니다."

월튼의 첫 후임이었던 데이비드 글래스David Glass는 월튼과 오랜 시간을 함께한 인물로, 그의 가치를 고스란히 이어갔다. 하지만 그다음 후계자들로 이어지면서 점차 WHY의 불빛은 희미해지기 시작했다. 명확했던 신념과 대의는 조금씩 방향을 잃고, 그 횃불은 빛을 잃어갔다.

2009년 초, 월마트의 네 번째 CEO로 마이클 T. 듀크Michael T. Duke가 취임했다. 그는 월튼의 WHY를 되살리고 잃어버린 명성을 회복하겠다고 밝혔다. 그러나 그의 시작은 다소 의아했다. 듀크는 연봉으로 110만 달러를 책정했고, 성과급 명목으로 310만 달러를 더 가져갔다. 여기에 엄청난 스톡옵션까지 더해져 CEO 첫해에만 총 2,840만 달러를 챙겼다. 이는 전년 대비 117퍼센트나 증가한 액수였다.

듀크는 마이크로소프트의 발머와 비슷한 길을 걸었다. WHY는 뒷전이 됐고, 단기 실적에만 집중했다. 그의 재임 기간 동안 월마트의 브랜드와 기업문화는 가장 큰 타격을 입었다. 그는 월튼이 비판했던 바로 그 CEO, 즉 자기 이익에만 몰두하는 인물처럼 보였다. 월튼이 지켜온 신념과는 전혀 다른 방향이었다.

하지만 다행히도, 2014년 더그 맥밀런^{Doug McMillon}이 다섯 번째 CEO로 취임하면서 상황은 다시 바뀌기 시작했다. 맥밀런은 마이크로소프트의 나델라처럼 창립자의 철학으로 돌아가려는 리더였다. 그는 월튼의 말을 자주 인용했고, 월마트의 WHY를 되살리는 데 힘썼다. 그의 리더십 아래에서 월마트의 문화는 점차 회복됐고, 브랜드도 다시 빛을 찾기 시작했다. 그리고 무엇보다 중요한 것은, 주가가 듀크 재임 시절보다 세 배 이상 상승했다는 사실이다.

이것이야말로 진짜 역설이다. 숫자에 집착하지 않고 WHY에 집중할 때, 진짜 좋은 숫자가 따라온다는 것. 좋은 기업은 숫자를 좇지 않는다. 신념을 지키고 WHY를 분명히 하면, 숫자는 자연스럽게 따라온다.

START WITH WHY

6부

나의 WHY를 발견하라

13장 | 우리 모두 WHY를 갖고 있다

◇ WHY가 우주에 남긴 흔적

모든 이야기는 베트남전쟁 시기의 북부 캘리포니아에서 시작됐다. 당시 이 지역에는 반정부 정서와 중앙집권적 권력에 대한 불신이 가득했다. 그 중심에 있던 두 젊은이는 정부나 기업에 적대감을 품고 있었다. 그것들이 단순히 거대해서가 아니라, 개인의 자율성과 정신을 억압한다는 이유였다.

그들은 개인이 주체가 되는 세상을 꿈꿨다. 누구든 기존 권력과 고정관념, 익숙한 질서에 맞서 도전할 수 있는 세상. 심지어 그 흐름을 바꾸기까지 할 수 있는 시대를 상상했다. 히피들과 어울리며 비슷한 신념을 나누기도 했지만, 법을 어기거나 시위에 나서지 않고도 세상을 바꿀 다른 방법이 있다고 믿었다.

그 무렵 북부 캘리포니아는 정치적 혁명과 더불어 기술혁명의 태동기이기도 했다. 두 사람은 바로 그 기술 속에서 자신들만의 '혁명'을 시작할 기회를 발견했다.

"애플은 개인에게 기업과 똑같은 일을 할 수 있는 힘을 줬죠."

스티브 워즈니악은 이렇게 회고한다.

"역사상 처음으로, 한 사람이 기술만 있으면 거대기업과 맞설 수 있게 된 거예요."

그는 애플I과 애플II를 누구나 쉽게 다룰 수 있도록 설계했고, 스티브 잡스는 그것을 세상에 어떻게 보여줘야 할지 정확히 알고 있었다. 그렇게 '애플컴퓨터'가 탄생했다.

애플은 단순한 기술 기업이 아니었다. 그들의 WHY는 분명했다. 개인에게 힘을 주는 것. 기존 권력에 맞서고, 낡은 질서를 깨뜨리며, 세상을 다르게 볼 수 있도록 돕는 것. 몽상가와 이상주의자가 현실에 도전해 진짜 성과를 이루도록 힘을 실어주는 것.

하지만 이 WHY는 애플이 만들어지기 전부터 존재해 있었다. 1971년, 캘리포니아대학교 버클리 캠퍼스 기숙사 방에서 두 사람은 블루박스Blue Box라 불리는 장치를 만들어냈다. 이 장치는 전화 시스템을 해킹해 장거리 통화 요금을 내지 않도록 해줬다.

애플이 생기기 전부터, 잡스와 워즈니악은 이미 '빅 브라더' 같은 권력에 맞서고 있었다. 그 대상은 당시 미국의 독점 전화 회사였던 AT&T, 일명 마 벨Ma Bell이었다. 기술적으로는 명백히 불법이었다. 두 사람은 법을 어기면서까지 권력에 대항하고 싶지는 않았기에 그 장치를 직접 사용하지는 않았다. 다만 개인에게 거대 독점의 룰을 따르지 않아도 되는 힘을 줄 수 있다는 생각, 그 자체가 중요했다. 그리고 이 개념은 훗날 애플의 역사에서 수없이 반복된다.

1976년 4월 1일, 그들은 다시 같은 패턴을 반복했다. 이번에는 컴퓨터 산업의 거대한 권력, 빅 블루Big Blue라 불리는 IBM을 향해 도전장을 내밀었다. 애플이 등장하기 전까지 컴퓨터란 펀치카드로 명령을 입력해 어딘가의 거대한 메인프레임에 전달하는 도구였다. IBM은 기업을 위해 기술을 제공했지만, 애플은 기술을 개인이 세상에 맞서는 도구로 삼았다.

그들은 분명한 WHY를 바탕으로, 놀라운 집중력과 행동원칙을 갖춘 팀이었다. 결과적으로 애플의 성장은 마치 혁신확산 법칙을 실험이라도 하듯 완벽한 궤적을 그렸다. 창립 첫해, 신념을 공유한 이들에게 100만 달러어치 컴퓨터를 판매했다. 2년 차에는 1,000만 달러, 4년 차에는 1억 달러를 기록했고, 설립 6년 만에 매출 10억 달러를 넘겼다.

1984년, 이미 대중에게 잘 알려진 이름이 된 애플은 매킨토시를 출시하며 슈퍼볼 경기 중 전설적인 광고 한 편을 선보였다. 영화 〈블레이드 러너Blade Runner〉로 유명한 리들리 스콧Ridley Scott 감독이 제작한 이 광고 〈1984〉는 조지 오웰George Orwell의 동명 소설을 떠올리게 하며 광고계의 판을 뒤흔들었다. '최초의 슈퍼볼 광고'

로 불린 이 작품은 이후 매년 슈퍼볼에서 고예산, 영화 같은 광고를 공개하는 새로운 문화를 만들어냈다.

광고만 파격적이었던 것이 아니다. 맥은 그 자체로도 새로운 흐름을 제시했다. 당시 대부분의 개인용 컴퓨터는 MS-DOS라는 텍스트 기반 운영체제를 사용하고 있었지만, 맥은 그래픽 사용자 인터페이스와 마우스를 탑재한 최초의 대중형 컴퓨터였다. 누구나 코드 없이 '포인트 앤 클릭'으로 작업할 수 있도록 만든 것이다.

아이러니하게도, 이런 사용자 중심의 인터페이스를 진짜 대중화시킨 것은 애플이 아니라 마이크로소프트였다. 빌 게이츠는 윈도우라는 운영체제를 통해 이 방식을 표준으로 만들었다. 애플이 혁명의 불씨를 지폈다면, 마이크로소프트는 그것을 대중 속으로 확산시켰다. 이 차이는 곧 각자의 WHY를 드러낸다. 잡스는 늘 낡은 질서에 맞서 도전했고, 게이츠는 언제나 더 많은 사람에게 다가가는 길을 고민했다.

애플의 도전은 거기서 멈추지 않았다. 아이팟과 아이튠즈는 음악산업 전반을 다시 정의했다. 음악업계가 CD 판매라는 기존 비즈니스 모델에서 벗어나지 못하고 있었을 때, 애플은 온라인 음악시장을 재정립했다. 아이폰 또한 휴대폰 시장의 기존 질서를 완전히 뒤엎었다. 기존에는 통신사가 제조사에게 제품의 기능과 사양을 정해주는 구조였지만, 애플은 그 흐름을 거꾸로 돌렸다. 통신사는 이제 애플이 만든 제품을 받아들여야 했다. 그리고 놀랍게도, 예전 블루박스 시절 애플이 도전했던 바로 그 기업, AT&T가 이번에는 누구보다 먼저 애플의 방식에 동의하며 혁명의 파트너가 됐다.

이 모든 혁신의 근원은 기술력이 아니었다. 당대의 모든 기술 기업이 동일한 자원과 인재를 가질 수 있었지만, 애플에는 다른 것이 있었다. 바로, 캘리포니아주 쿠퍼티노Cupertino에 거주하던 두 청년이 공유했던 뚜렷한 WHY, 즉 세상을 바꾸겠다는 신념이었다.

"나는 우주에 흔적을 남기고 싶다."

잡스는 그렇게 말했다. 그리고 그는 실제로 그렇게 했다. 애플은 잡스의 WHY에서 시작된 회사였다. 애플의 모든 제품은 잡스의 WHY가 실현된 하나의 형태, 즉 WHAT이었다. 잡스와 애플은 성격도 철학도 같았다. 애플에 이끌린 사람들 역시 마찬가지였다. 애플의 고객과 직원은 본질적으로 다르지 않았다. 한쪽은 입사했고, 다른 한쪽은 제품을 샀을 뿐이다. 행동만 다를 뿐, 신념은 같았다.

애플의 주주도 마찬가지였다. 그들이 산 것은 주식이지만, 그것을 고른 이유는 제품을 고른 고객과 크게 다르지 않았다. 애플 제품은 단순한 물건이 아니라 사용자의 정체성을 상징했다. 그래서 사람들은 애플 팬을 '광신도'라 불렀고, 애플 내부에서도 그런 열정은 신앙처럼 퍼져 있었다. 사용한 상징은 달랐지만, 그들이 바친 믿음은 같았다. '광신도'라는 표현은 단순한 과장이 아니었다. 이들은 논리로 설명되지 않는 신념을 공유하고 있었고, 그것은 진짜였다. 잡스, 애플, 그리고 애플의 고객과 구성원 모두 세상의 경계를 넘어서는 도전을 즐겼다. 그들은 혁명을 꿈꿨다.

하지만 애플의 WHY가 아무리 명확했다 해도, 모두가 그 신념에 끌린 것은 아니었다. 어떤 이들은 열광했고, 어떤 이들은 불편해했다. 누군가는 그들을 지지했고, 누군가는 거리를 뒀다. 그러나 한 가지는 분명했다. 애플은 분명한 뭔가를 상징하는 회사였다.

혁신확산 법칙에 따르면, 전체 인구의 단 2.5퍼센트만이 '혁신가' 유형에 속한다. 이들은 직관을 믿고, 다른 이들보다 먼저 움직이며, 더 큰 위험을 감수할 준비가 되어 있는 사람들이다. 수십 년 동안 마이크로소프트 윈도우가 세계 컴퓨터 운영체제의 96퍼센트를 점유했고, 애플이 2.5퍼센트를 차지했던 것은 어쩌면 전혀 우연이 아닐지도 모른다. 지금도 전체 운영체제의 4분의 3 이상은 여전히 윈도우 기반이다. 대다수 사람은 기존 질서를 뒤흔드는 삶을 원하지 않는다.

물론 애플 직원들은 자사의 성공을 제품 때문이라고 말할지도 모른다. 그러나 당시에도 뛰어난 제품을 만든 기업은 많았다. 애플의 제품이 특별했던 이유는, 그들의 WHY에 공감한 사람들에게는 그것이 단연 최고의 선택지였기 때문이다.

애플이 애플다울 수 있었던 이유는, 그들이 하는 모든 생각과 말과 행동 속에 신념이 일관되게 흐르고 있었기 때문이다. 제품 이름에 붙는 알파벳 'i' 하나만으로도 그들은 자신들의 WHY를 상징화했다. 그것은 단순한 글자가 아니었다. 그것은 'I', 곧 '나'였다. 애플은 개인의 창조성을 지지하는 회사였고, 그들의 제품, 서비스, 마케팅은 그 신념을 묵묵히 증명하고 있었다.

◇ WHY는 뒤를 돌아볼 때 보인다

1415년 10월 말, 프랑스 북부 아쟁쿠르^{Agincourt}에서 영국군은 자신들보다 훨씬 큰 규모의 프랑스군과 마주했다. 당시 영국 국왕 헨리 5세의 상황은 낙관적이지 않았다. 보수적으로 보더라도 병력 차이는 3 대 1이었고, 어떤 역사학자들은 6 대 1까지 차이 났다고 본다. 그러나 헨리에게 진짜 문제는 숫자만이 아니었다.

영국군은 거의 3주 동안 400킬로미터 이상을 행군하면서 병사들의 40퍼센트를 질병으로 잃은 상태였다. 반면 프랑스군은 충분히 휴식을 취하며 사기 또한 높았고, 전투 훈련과 경험 모두에서 우위에 있었다. 특히 지난 전투의 굴욕을 되갚을 기회를 고대하고 있었으며, 장비 역시 훨씬 나았다. 프랑스군의 갑옷은 더 무겁고 단단했으며, 영국군의 얇은 갑옷은 상대조차 되지 않았다. 하지만 중세 유럽사를 아는 사람이라면 이 전투의 결과를 이미 알고 있을 것이다. 숫자와 조건 모두 불리했음에도 승리는 영국의 것이었다. 그리고 이 전투는 단순한 역사 이야기에서 그치지 않는다. WHY를 찾는 데도 깊은 통찰을 전해준다.

영국군이 전세를 뒤집을 수 있었던 것은 하나의 기술 덕분이었다. 바로 장궁longbow이었다. 당시 기준으로도 상당한 사거리를 자랑했던 이 무기는 전장에서 멀찍이 떨어진 언덕 위에서, 프랑스군을 내려다보며 화살을 퍼붓는 데 적합했다. 하지만 장궁의 위력을 결정짓는 것은 기술이나 사거리가 아니었다. 날아가지 않는 화살은 그저 깃털 달린 가느다란 나무 막대기에 불과하다. 화살은 칼에 맞설 수도, 갑옷을 뚫을 수도 없다. 그것이 진짜 힘을 발휘하는 순간은 빠른 속도로 하나의 방향을 향해 날아갈 때다. 그때 비로소 화살은 힘이 된다.

그런데 화살이 목표물을 향해 나아가기 위해서는 먼저 그 반대 방향, 즉 180도 뒤로 당겨져야 한다. WHY도 마찬가지다. WHY는 앞으로 성취하고 싶은 목표를 정하고 그에 맞는 전략을 짜는 과정에서 생기는 것이 아니다. 시장조사로 얻어지는 것도 아니며, 고객이나 구성원 인터뷰를 통해 도출되는 것도 아니다. 오히려 지금 서 있는 자리에서 반대 방향을 바라볼 때 비로소 드러난다. WHY는 새롭게 발명하는 것이 아니라, 이미 존재하는 것을 발견해 가는 과정이다.

애플의 WHY가 1960~70년대 반체제 정신 속에서 형성된 것처럼, 모든 개인과 조직의 WHY는 과거에서 비롯된다. 그것은 창립자나 작은 그룹이 살아온 삶의 경험과 성장 환경에서 생겨난다. 모든 사람은 WHY를 갖고 있고, 모든 조직도 WHY를 갖고 있다. 조직은 창립자의 WHY를 눈에 보이게 만든 하나의 WHAT이라는 점을 잊지 말아야 한다.

사람들의 마음을 움직이는 조직이나 기업은 모두, 자신보다 더 큰 뭔가를 위해 움직이려 했던 한 사람 또는 소수의 사람들에게서 시작됐다. WHY를 명확하게 하는 일 자체는 어렵지 않다. 진짜 어려운 것은 그 WHY에 충실하기 위해 자신의 직감을 믿고, 신념을 끝까지 지켜내는 일이다. 특히 균형을 잃지 않고 진정성을 유지하는 일은 가장 어렵다.

회사를 넘어 하나의 확성기를 만들어낸 소수의 사람들만이 사람들에게 깊은 신뢰를 줄 수 있는 힘을 갖게 된다. 이들은 상상할 수 없는 힘으로 사람들을 움직인다. 어느 기업이든, 조직이든, 사회운동이든 그 WHY를 이해하는 출발점은 늘 한 가지다. 바로 자기 자신을 아는 일이다.

◊ 삶의 막다른 길에서 마주한 골든서클

내 기억에 또렷이 각인된 시간이 있다. 2005년 9월부터 12월까지, 그때 나는 인생의 밑바닥을 찍었다.

2002년 2월에 창업했을 당시 나는 정말 신이 났다. 어린 시절부터 내 목표는 사업을 시작하는 것이었고, 마침내 그 꿈을 이뤘기 때문이다. 나에게는 이것이 곧 아메리칸 드림이었다. '내가 해냈다'는 사실만으로도 자존감이 넘쳤다. 누군가 직업을 물으면, 나는 1950년대 TV 시리즈 〈슈퍼맨의 모험 Adventures of Superman〉에 나오는 조지 리브스 George Reeves처럼 두 손을 허리에 얹고 가슴을 펴고 고개를 들며 이렇게 선언했다.

"저는 기업가입니다."

내가 하는 일이 곧 나 자신을 규정했고, 그것은 대단한 감정이었다. 나는 슈퍼맨처럼 느낀 것이 아니라, 슈퍼맨 그 자체였다.

사업을 해본 사람이라면 누구나 공감하겠지만, 사업이란 짜릿한 질주와도 같다. '신생 기업의 90퍼센트 이상이 3년 안에 실패한다'는 통계가 늘 따라다니지만 경쟁심이 조금이라도 있는 사람, 특히 자신을 '기업가'라고 정의하는 사람에게 이 숫자는 위협이 아니라 오히려 불을 붙이는 연료가 된다. 이길 확률이 낮다는 것을 알면서도 자신은 살아남을 소수에 속한다고 믿는, 어찌 보면 비이성적인 확신. 바로 그것이 기업가다운 태도였다.

1년을 넘기고 우리는 자축했다. 아직 문을 닫지 않았으니까. 확률을 이겼고, 우리는 여전히 꿈을 꾸고 있었다. 2년이 지났고, 3년이 지났다. 지금 돌아보면 어떻게 버텼는지 모르겠다. 체계나 시스템도 거의 없었는데, 어쨌든 우리는 버텼다. 나는 통계적으로 증명된 '소수의 성공한 창업가'라는 타이틀을 자랑스럽게 달 수 있게 됐다.

하지만 4년 차부터는 달랐다. '창업가'라는 신선한 타이틀의 매력은 사라졌다. 누군가 직업을 물으면, 이제는 슈퍼맨 포즈를 취하지 않았다. 대신 "포지셔닝과 전략 컨설팅을 합니다"라고 말했다. 그 말에는 더 이상 열정이 담겨 있지 않았다. 이제 이 일은 '내일'이 아니라 그냥 '일'이었다. 그리고 현실은 생각보다 훨씬 답답했다.

우리는 대단한 성공을 이룬 적이 없었다. 생계는 유지했지만 그것이 전부였다. 《포춘》 500대 기업 고객도 있었고 일도 나쁘지 않았다. 우리가 정확히 무엇을 하는지는 분명했다. '어떻게' 다른지를 설명하는 것도 익숙했다. 그래서 나도 다른 회사들처럼, 우리 방식이 얼마나 독창적인지, 우리가 얼마나 뛰어난지를 설명하며 고객을 설득하려 애썼다. 하지만 그것은 정말 힘든 일이었다.

솔직히 말하자면, 우리가 3년을 넘긴 것은 내 열정 덕분이지, 사업 역량 때문이 아니었다. 하지만 이제 그 에너지를 더 이상 유지할 수 없었다. 나는 스스로도 알고 있었다. 사업을 지속하려면 제대로 된 시스템과 프로세스가 필요하다는 사실을.

그 깨달음이 오히려 나를 무너뜨렸다. 머리로는 해야 할 일을 알았지만, 몸이 움직이지 않았다. 2005년 9월, 나는 내 인생에서 가장 깊은 우울 속에 빠져 있었다. 나는 원래 낙천적인 사람이었다. 단순히 '불행하다'는 느낌만으로도 버거운데, 이것은 그런 수준을 훨씬 넘어섰다.

우울감이 깊어질수록, 나는 점점 더 망상에 사로잡혔다. 회사는 곧 망할 것이라 확신했고, 집세를 못 내 쫓겨날 것 같았다. 직원들 모두가 나를 싫어하고, 고객들 역시 내가 실상은 형편없는 사기꾼이라는 것을 알 것 같다는 생각이 들었다. 만나는 사람마다 나보다 똑똑하고, 나보다 뛰어난 것 같았다. 남아 있는 에너지는 이제 회사를 유지하기보다는, 나 자신이 괜찮은 척 연기하는 데 쓰이고 있었다.

무너지기 전에 뭔가 체계를 갖춰야 한다는 사실은 알고 있었다. 그래서 콘퍼런스를 찾아가고, 책을 읽고, 성공한 친구들에게 조언도 구했다. 하나같이 유익한 이야기였지만, 그때의 나는 어떤 말도 귀에 들어오지 않았다. 무슨 이야기를 듣든, 결국은 내가 모든 것을 잘못하고 있다는 말처럼만 들렸기 때문이다. 문제를 해결하려는 노력은 나를 오히려 더 나락으로 끌고 갔다. 무기력감이 더 커졌다. 그러다 결국, 기업가에게는 죽는 것보다 더 절망스러운 생각에까지 이르게 됐다. '어딘가에 취직해야 하나.' 뭐든 좋았다. 매일같이 느끼던 그 끝없는 추락감만 멈출 수 있다면.

그해 추수감사절, 곧 매부가 될 사람의 어머니 집에 갔다. 거실 소파에 앉아 사람들과 대화를 나누는 척했지만, 한마디도 귀에 들어오지 않았다. 누가 말을 걸면 상투적인 대답만 반복했다. 이야기하고 싶은 마음도, 이야기할 힘도 없었다. 그러다 불현듯 진실이 떠올랐다. 3년의 통계는 넘겼을지 몰라도, 나는 실패자였다.

나는 대학에서 인류학을 전공했고, 마케팅과 광고업계에서 전략을 맡아 일해왔다. 사람들은 왜 어떤 행동을 할까, 늘 그 이유가 궁금했다. 사회에 나온 이후에는 그 호기심을 기업 마케팅에 적용하기 시작했다. 업계에는 오래된 말이 하나 있다.

"마케팅의 절반은 효과가 있다. 문제는, 그 절반이 어떤 건지 모른다는 것이다."

나는 수많은 기업이 그런 불확실한 환경에서 막대한 돈을 걸고 사업을 한다는 사실에 늘 놀라곤 했다. 왜 그렇게 중요한 결정을 동전 던지기에 맡기듯 할까? 어떤 마케팅이 효과가 있다면, 그 이유도 반드시 찾아낼 수 있을 것이라 믿었다.

같은 자원을 가진 기업이라면 누구든 동일한 대행사, 동일한 인재, 동일한 미디어에 접근할 수 있다. 그런데 왜 어떤 마케팅은 통하고, 어떤 것은 통하지 않을까? 광고 회사에 있으면서 나는 이 장면을 수없이 봤다. 똑같은 팀이 같은 조건에서 만든 캠페인이 어떤 해에는 대성공하고, 다른 해에는 전혀 반응이 없었다. 나는 효과 없는 마케팅보다는, 효과 있는 마케팅이 어떤 공통점을 갖고 있는지 살펴보기로 했다. 다행히도, 살펴볼 사례는 그리 많지 않았다.

애플은 '어떻게' 매번 경쟁사를 압도할까? 할리데이비슨의 '무엇이' 사람들로 하여금 자신의 몸에 기업 로고를 새기게 할 만큼 열광하게 만든 것일까? 사우스웨스트항공은 '왜' 사람들에게 그렇게 사랑받을까? 사실 특별할 것도 없는 회사인데 말이다. 나는 이 질문들에 대한 답을 체계화하고 싶었고, 그 과정에서 '골든서 클'이라는 단순한 개념을 만들었다. 하지만 그 이론은 내 컴퓨터 파일에 저장된 채, 애써 알리지도 않았다. 실용적인 용도는 없었고, 그냥 흥미로운 개인 프로젝트일 뿐이었다.

그러다 어떤 행사에서 한 여성을 만났다. 그녀는 내 마케팅 관점에 흥미를 보였다. 빅토리아 더피 호퍼Victoria Duffy Hopper. 그녀는 학구적인 집안에서 자랐고, 평생 인간의 행동에 관심을 가져왔다. 그녀는 처음으로 내게 변연계와 신피질에 대해 이야기해 줬다. 흥미가 생긴 나는 뇌과학 관련 책을 읽기 시작했고, 마침내 진짜 발견에 이르렀다.

인간 행동의 생물학적 원리와 골든서클은 완벽하게 맞아떨어졌다. 나는 그저 어떤 마케팅이 효과가 있고 어떤 것은 그렇지 않은지를 이해하려 했지만, 그보다 훨씬 근본적인 진실에 다다른 것이다. 사람들은 왜 그런 행동을 하는가. 그리고 그 순간, 나는 내게 진짜 문제가 무엇이었는지 깨달았다. 나는 무엇을, 어떻게 해야 할지를 몰랐던 것이 아니라, WHY를 잊고 있었던 것이다. 나는 분기점을 지나고 있었고, 내 WHY를 다시 찾아야 했다.

◇ **달라진 단 하나, WHY**

헨리 포드는 이렇게 말했다.

"할 수 있다고 생각하면 할 수 있고, 할 수 없다고 생각하면 할 수 없다."

그는 산업의 흐름 자체를 바꾼, 탁월한 WHY 유형의 인물이자 위대한 리더의 자질을 모두 갖춘 사람이었다. 무엇보다 그는 관점의 중요성을 깊이 이해하고 있었다.

내가 힘든 시기를 겪은 것은 사업을 시작했을 때보다 지식이 부족해졌기 때문이 아니었다. 오히려 그 반대였을지도 모른다. 내가 잃은 것은 관점이었다. 무엇을 해야 하는지는 알고 있었지만, WHY를 잊고 있었다. 눈을 감은 채 온 힘을 다해 달리는 것과, 눈을 뜬 채 목적지를 향해 달리는 것 사이에는 분명한 차이가 있다. 지난 3년 동안 나는 열정과 에너지로 앞만 보고 달렸지만, 눈은 감은 채였다. 내게는 방향도, 초점도 없었다. 나를 움직이게 했던 열정의 원천이 무엇이었는지를 다시 떠올려야 했다.

그때부터 나는 WHY라는 개념에 완전히 사로잡혔다. 그 생각이 머릿속을 떠나지 않았다. 내가 이야기하는 모든 주제는 결국 WHY로 연결됐다. 돌아보니 내 성장 과정에는 일관된 흐름이 있었다. 친구들 사이에서도, 학교나 직장에서도, 나는 언제나 낙관주의자였다. 사람들에게 무엇이든 할 수 있다는 믿음을 심어주는 사람이었다. 그 일관된 태도가 바로 내 WHY였다.

사람들에게 의미 있는 일을 할 수 있다는 확신을 심어주는 것. 그 일은 마케팅이든, 컨설팅이든, 어떤 분야에서든 상관없었다. 사람들 스스로가 마음이 움직이는 일을 하도록 이끄는 것, 그리고 그것이 세상을 바꾸는 연결고리가 되도록 돕는 일, 이것이 내가 살아가야 할 이유였고, 지금 내가 하는 모든 일이 그 이유를 중심으로 돌아가고 있다. 아마 헨리 포드가 지금의 나를 봤다면 자랑스러워했을 것이다. 할 수 없다고 생각하며 주저앉았던 그 시간들을 지나, 나는 비로소 '할 수 있다'는 확신을 되찾았다.

나는 이 개념을 내 삶에 직접 적용하기로 결심했다. 내가 바닥까지 내려갔던 진짜 이유가 골든서클의 균형이 무너졌기 때문이라면, 그 균형을 되찾는 것이 내가 해야 할 일이었다. 모든 일을 WHY에서 시작해야 했다. 그래서 실제로 그렇게 했다. 이 책에 담긴 모든 개념은 내가 직접 실행해 본 것이다. 단 하나도 예외는 없다.

나는 내 목소리가 닿을 수 있는 곳마다 WHY를 이야기했다. 내 메시지를 들은 '처음 움직이는 사람들', 즉 초기 수용자들은 내가 그들의 WHY를 실현하는 데 도움이 될 수 있다고 믿었고, 또 다른 이들에게 나를 소개해 줬다. 그렇게 혁신확산 법칙이 작동하기 시작했다.

골든서클과 WHY의 개념이 내 삶에 실제 변화를 가져오자, 나는 하나의 선택지를 마주했다. 이 개념에 특허를 내고 보호하면서 그것으로 수익을 올릴 것인가, 아니면 모두에게 공유할 것인가. 이 결정은 내 인생의 첫 '셀러리 테스트'가 됐다. 내 WHY는 사람들로 하여금 자신의 마음이 진심으로 움직이는 일을 하도록 이끄는 것이다. 이 대의에 충실하고자 한다면, 내가 택할 수 있는 길은 단 하나뿐이었다. 나누는 것. 이야기하는 것. 함께하는 것.

나만 알고 있는 비밀 공식이나 레시피 같은 것은 존재해서는 안 됐다. 내가 꿈꾸는 세상은, 모든 개인과 조직이 각자의 WHY를 알고, 그것을 바탕으로 자신이 하는 모든 일에 의미를 더해나가는 세상이다. 그래서 나는 그 길을 걷기 시작했다. 사람들이 아침에는 마음을 움직이는 것에 이끌려 눈을 뜨고, 어디에서든 스스로를 안전하다고 느끼며, 하루를 마칠 때는 자신이 한 일에서 충만한 만족감을 느끼는 세상. 바로 그런 세상을 만드는 일이다.

그리고 그 실험은 실제로 효과가 있었다. WHY에서 시작하기 전, 나는 공식 석상에서 강연한 적이 단 한 번뿐이었다. 그러나 이제는 전 세계의 다양한 조직에서 나를 불러 내 비전을 함께 나누고 있다. 방송 출연의 기회도 생겼다. 골든서클을 정립하기 전까지는 군 관련 인맥이 전혀 없었고, 정부 일에 관여한 적도 없었다. 그런데 지금은 펜타곤Pentagon의 장군들과 대화를 나누고, 의회의 여야 의원들과 협업하고 있다.

나는 특별히 인맥이 넓은 사람도 아니고, 세상 누구보다 성실한 사람도 아니었다. 아이비리그 출신도 아니었고, 대학 성적도 평범했다. 난 여전히 같은 사람이었다. 알고 있는 것도, 해왔던 일도 그대로였다. 달라진 것은 단 하나, 이제는 모든 것을 WHY에서 시작한다는 점이었다.

14장 | 우리는 왜
       이 일을 하는가

◊ **유일한 경쟁자는 어제의 나여야 한다**

"탕!"

총성이 울리고 경주가 시작된다. 주자들이 잔디밭을 가로질러 힘차게 출발한다. 전날 내린 비로 땅은 아직 축축하고, 선선한 날씨는 달리기에 더없이 좋다. 처음에는 한 줄로 퍼졌던 주자들이 곧 하나의 무리로 뭉쳐 물결처럼 움직인다. 그들은 마치 물고기 떼처럼 호흡을 맞춰 달린다. 완주까지 에너지를 효율적으로 쓰기 위해, 속도를 조절하며 균형을 잡는다. 잠시 후, 언제나 그렇듯 강한 주자들은 앞으로 치고 나가고, 약한 주자들은 점차 뒤처지기 시작한다.

하지만 벤 코멘Ben Comen은 시작부터 달랐다. 총소리가 울리자마자 맨 뒤로 처졌다. 그는 팀에서 가장 느린 주자다. 해나고등학교

Hanna High School 크로스컨트리 팀에서 활동하며 단 한 번도 우승한 적이 없다. 벤에게는 뇌성마비가 있다.

뇌성마비는 주로 출산 중 생긴 합병증으로, 평생에 걸쳐 움직임과 균형에 영향을 준다. 척추는 휘고 자세는 비틀어지며, 근육은 위축되고 반응도 느려진다. 관절과 근육의 경직은 균형 감각을 더욱 어렵게 만든다. 다리를 끌며 걷는 모습은 사람에 따라 어색하거나, 때로는 부자연스럽게 보일 수도 있다.

다른 주자들이 속도를 올릴수록, 벤은 점점 더 멀어진다. 젖은 풀밭에 미끄러져 넘어지고, 다시 천천히 몸을 일으켜 달린다. 또 한 번 넘어지지만, 다시 일어난다. 고통스러워 보이지만, 벤은 멈추지 않는다.

어느새 주자들의 모습은 시야에서 완전히 사라지고, 벤은 홀로 달린다. 주변은 고요하고, 그의 거친 숨소리만 들려온다. 외로워진다. 또 넘어지고, 또다시 넘어진다. 아무리 강한 정신력을 가졌다고 해도, 얼굴에 드러난 고통과 좌절을 숨길 수는 없다. 벤은 마지막 남은 기운까지 짜내어 다시 일어서고, 또 달린다. 이것이 그의 일상이다. 다른 선수들이 보통 25분 만에 결승선을 통과할 때, 벤은 45분 넘게 걸린다.

결국 벤도 결승선에 도착한다. 몸은 진흙투성이에 상처가 가득하다. 멍이 들고 피가 나도, 그는 끝까지 해냈다. 그의 모습은 많은 사람에게 깊은 울림을 준다. 하지만 이 이야기가 말하고자 하는 바는 '힘든 상황에서 포기하지 말자'는 것이 아니다. "넘어져도 다시 일어서라"는 말도 좋지만, 그런 교훈이라면 굳이 벤의 사례가 아니어도 된다. 올림픽 선수가 경기 몇 달 전 큰 부상을 이겨내고 메달을 따는 류의 이야기는 우리에게 익숙하다. 벤의 이야기가 주는 울림은 그보다 훨씬 깊다.

보통이라면 좌절을 극복한 사람의 이야기 정도로 끝나겠지만, 벤의 경우는 다르다. 모두가 경주를 마친 약 25분이 지나면 놀라운 장면이 펼쳐진다. 경주를 마친 다른 주자들이 코스를 거슬러 다시 벤에게로 향한다. 그리고 함께 달리기 시작한다. 넘어지면 누군가 달려와 그를 일으켜 준다. 결승선에 다다르면, 벤의 뒤에는 백여 명이 함께 달리고 있다.

벤의 이야기는 우리에게 특별한 통찰을 준다. 누군가와 경쟁하고 있을 때, 사람들은 좀처럼 서로를 돕지 않는다. 하지만 오롯이 자신을 넘어서려는 사람에게는 자연스럽게 손을 내밀고 싶어진다. 올림픽 선수들은 서로 돕지 않는다. 그들은 경쟁자이기 때문이다.

하지만 벤은 언제나 아주 분명한 WHY를 마음에 품고 경주를 시작한다. 그는 다른 누구도 아닌, 자기 자신을 이기기 위해 달린다. 그리고 그 WHY를 결코 잊지 않는다. 그 WHY가 그를 다시 일으켜 세우고, 앞으로 나아가게 만든다. 그는 끝없이 도전하고, 또 달린다. 벤이 넘어서야 할 유일한 대상은 언제나 어제의 자신이다.

이제 우리가 일하는 방식을 떠올려보자. 우리는 늘 누군가보다 더 잘하기 위해, 더 나은 품질, 더 많은 기능, 더 뛰어난 서비스를 제공하려 애쓴다. 우리는 끊임없이 다른 사람과 비교한다. 그리고 그렇게 비교할수록, 누구도 우리를 도와주고 싶어 하지 않는다. 하지만 만약 우리가 오늘 더 나은 사람이 되기 위해, 지난주보다 더 좋은 결과를 내기 위해, 지난달보다 더 나은 조직을 만들기 위해 일한다면 어떨까? 오직 단 하나의 이유만 있는 것이다.

모든 조직은 WHY에서 시작한다. 하지만 해마다 그 WHY를 또렷하게 지켜내는 조직은 극소수다. 자신이 왜 시작했는지를 잊은 조직은 자신을 넘어서기보다 남을 이기려 한다. WHY를 잊은 채 달리는 이들에게는 메달을 따거나 경쟁자를 누르는 것이 전부다.

만약 누군가 "당신의 경쟁사는 어디입니까?"라는 물음에 "잘 모르겠습니다"라고 답한다면 어떨까? "경쟁사보다 나은 점은 무엇입니까?"라는 질문에 "모든 면에서 낫다고는 할 수 없습니다"라고 답한다면? 그런 사람이라면 "그렇다면 왜 당신과 함께 일해야 하나요?"라는 물음에는 이렇게 대답할 수 있어야 한다.

> "지금 우리가 하는 일은 6개월 전보다 더 나아졌습니다. 그리고 6개월 뒤에는 지금보다 더 나아질 것입니다. 우리는 매일 아침, 왜

이 일을 하는지 떠올리며 출근합니다. 우리가 경쟁사보다 더 나은가요? 만약 당신이 우리와 같은 믿음을 갖고 있고, 우리가 하는 일이 당신에게 의미 있다고 생각한다면, 그렇습니다. 우리가 더 나은 선택일 것입니다. 그렇지 않다면 아닙니다. 우리의 목표는 같은 신념을 가진 고객들과 함께 일하며, 모두가 함께 성공하는 것입니다. 우리는 협상 테이블을 사이에 두고 좀 더 유리한 조건을 따내기 위한 파트너를 찾는 게 아닙니다. 우리는 같은 목표를 향해 어깨를 나란히 하고 걸어갈 사람들을 찾고 있습니다. 바로 여기, 우리가 왜 이 일을 하는지, 그 대의를 실현하기 위해 하고 있는 일들이 있습니다."

그리고 그제야 비로소 HOW와 WHAT의 이야기가 따라온다. 바로 이것이 WHY로부터 시작한 대화다.

만약 모든 조직이 WHY로 시작한다면 어떨까? 의사결정은 훨씬 단순해질 것이다. 충성도는 깊어지고, 신뢰는 조직의 공통 언어가 될 것이다. 리더가 WHY에 집중하고 이를 지켜나간다면, 조직에는 낙관이 깃들고 혁신이 자라날 것이다. 이 책에 담긴 이야기들이 바로 그 증거다. 조직의 규모가 크든 작든, 산업이나 제품, 서비스가 무엇이든, 우리가 먼저 WHY로 시작하고, 다른 사람도 그렇게 하도록 이끌 수 있다면 우리는 함께 세상을 바꿀 수 있다. 그리고 그것은 정말로 가슴 벅찬 일이다.

⋯

이 책이 당신에게 어떤 울림을 전했다면,
그 마음을 함께 나누고 싶은 사람에게 이 책을 건네주길 바란다.

옮긴이 윤혜리

글밥아카데미 수료 후 바른번역 소속 전문 번역가로 활동하고 있다. 가치 있는 책을 전함으로써 세상을 바꾸는 변화에 힘을 보태고자 한다. 옮긴 책으로는 『스타트 위드 와이』 『인피니트 게임』 『리더 디퍼런트』 등이 있다.

팀 에디테라(Team EdiTera)

우리는 단어 하나, 문장 하나에 깃든 숨은 힘을 믿습니다. 텍스트의 흐름과 의미를 처음부터 다시 살피며, 원작자의 의도를 정확히 이해하고 섬세하게 되살립니다. 그 본질을 현대적 감각으로 새롭게 펼쳐냅니다. Edit(편집), Era(시대) – 두 단어의 결합에서 탄생한 이름처럼, 우리는 텍스트를 새롭게 설계해 편집의 새로운 시대, Edit Era를 열어갑니다.

스타트 위드 와이

수백만의 인생을 바꾼 단 하나의 질문

초판 1쇄 발행 2025년 6월 11일
초판 3쇄 발행 2025년 11월 4일

지은이 사이먼 시넥
옮긴이 윤혜리
펴낸이 최동혁

책임편집 팀 에디테라, 김찬성
표지 디자인 유지혜
본문 디자인 THISCOVER

펴낸곳 임팩터
주소 06168 서울시 강남구 테헤란로 507 WeWork빌딩 8층

이메일 info@impacter.asia
출판등록 2023년 2월 17일(제2023-000061호)
인쇄·제본 예림

ISBN 979-11-989856-3-7 (03320)

책값은 뒤표지에 표시되어 있습니다.
이 책 내용의 전부 또는 일부를 재사용하려면 반드시 저작권자와 출판권자 양측의 서면 동의를 받아야 합니다.
잘못 만들어진 책은 구입하신 곳에서 바꿔드립니다.